日本仏教史研究叢書

天皇制国家と「精神主義」

清沢満之とその門下

法藏館

近藤俊太郎

天皇制国家と「精神主義」——清沢満之とその門下——＊目次

天皇制国家と「精神主義」

――清沢満之とその門下――

序　章　「精神主義」研究の課題

一　本書の対象

本書は、清沢満之（一八六三～一九〇三）とその門下が展開した「精神主義」運動を対象とするものである。「精神主義」運動を担った人々の信仰とその歴史的立場の総体的把握を通して、天皇制国家のもとで展開した運動の全体像の解明を目的とする。ここでいう全体像の解明とは、網羅的な実証によって到達する部分的解明の集合を意味してはいない。本書は、信仰とその歴史的立場の総体的把握という観点から、具体的な歴史状況のなかで「精神主義」運動の果たした役割を、特に天皇制国家との関係に照準を合わせ、分析・検討するものである。

周知のように、「精神主義」とは清沢満之の信仰の到達点であり、それはそのまま「精神主義」運動の基本的立場でもあった。清沢が自己の信仰理解を「精神主義」と表現するのは、彼が『精神界』創刊号（一九〇一年一月）に執筆した同名の論文に始まる。「精神主義」については、清沢に即して第一章で詳述するが、ひとまず要約的に示しておくならば、それは、現実と関わるなかで生じた「煩悶憂苦」を自己の精神内において「絶対無限（者）」（あるいは「他力」、「如来」、「阿弥陀仏」など）と接することで解消し、精神的安定を獲得せんとする信仰だといえよう。そして改めていうまでもないが、清沢の門下の人々は、このような清沢の提唱した「精神主義」を継承しようとするなかで自己の信仰を形成していったのである。

一九〇〇年、清沢と彼に深く傾倒する人々が共同生活を始め、その拠点を浩々洞と命名した。(1)翌一九〇一年に、浩々洞の中心メンバー暁烏敏（一八七七～一九五四）の発案により、彼らは『精神界』と題する機関誌を創刊して運動を本格化する。こうして「精神主義」は、清沢満之とその門下による仏教運動の宗教的立場をあらわすものともなった。暁烏敏の筆による「誕生の辞」は、次のように『精神界』創刊の目的を説明している。

『精神界』は、謗らむか為めに、罵らむか為めに、怒らむが為めに、懲さむが為めに、世に出づるにあらず。仏の慈悲を讃めむが為めに世に出づるなり。／『精神界』は、悲しまむが為めに、泣かむが為めに、争はむが為めに、叫ばんが為めに、世に出づるにあらず。仏の智慧をたゝえむが為めに世に出づるなり。／苦と悲との谷を去りて、安慰と歓喜との野に遊ばむと欲する者は、こゝに来れ。光明はとこしへに、こゝにましまさむ。(2)

『精神界』は、第一巻第一号（一九〇一年）から第二〇巻第二号（一九一九年）まで、基本的には毎月発行され、浩々洞メンバーたちが自己の信仰を追求し、表白する場であり続けた。(3)また、『精神界』の発行部数は概ね三〇〇〇部前後で、仏教関係者および一般知識人がその読者層であったとみられている。(4)そして浩々洞には、三羽烏といわれた暁烏敏・佐々木月樵（一八七五～一九二六）・多田鼎（一八七五～一九三七）らのほか、楠（和田）龍造（一八七四～一九三三）・近藤純悟（一八七五～一九六七）・安藤州一（一八七五～一九五〇）・曾我量深（一八七五～一九七一）・金子大栄（一八八一～一九七六）・山辺習学（一八八二～一九四四）・赤沼智善（一八八四～一九三七）など、近・現代仏教史上で著名な人物が加わり、「精神主義」運動の担い手となった。もとより運動の中心は清沢満之であったが、清沢は一九〇三年に没しており、その後の運動は彼の門下にゆだねられたのである。ここで、彼の門下、と一括りにしているのは、本書は浩々洞メンバーそれぞれの個性に切り込むことよりも、「精神主義」運動全体にまず注意を向けてみたいからである。というのも、浩々洞には三羽烏をはじめとする個性豊かな人物が集まったものの、『精神界』に発表された論説は緩やかながらも一定の方向性を共有しているように思われる。こうした『精神界』の特徴は、たとえば同時期に展開した境野黄洋・高島米峰・杉村縦横・渡辺海旭・田中治六・安藤弘らによる新仏教運動の雑誌『新仏教』の論調が、かなりの振り幅を持っていることに比してみれば瞭然であろう。浩々洞メンバーについての個別研究が必要であることは勿論だが、現在の研究状況では、まず「精神主義」運動全体と具体的状況との関わりを追究することが不可欠だと考える。

ところで、「精神主義」運動の出発点に位置する清沢満之についての研究は、すでにかなりの量的蓄積がある。これまで研究史の中心を占めてきたのは「精神主義」の系譜に属する人々による研究であり、それは、清沢における「信念」確立の道程と「信念」の内容を、実存的関心から尋ねるという、「清沢鑽仰論」(5)が基本的態度となっていた。それに加えて、特に二〇〇三年に清沢満之没後一〇〇年という節目を迎えたことで研究状況は一時的に活発化し、歴史学や哲学、さらには教育学などといった多方面から清沢研究が発表された(6)。清沢研究が一時的な流行であったことに伏在する問題も看過しえないが、ここで重視しておきたいのは、多くの研究が発表されながらも、これまで論争が充分になされてこなかった点である。清沢満之と「精神主義」をめぐっては実に様々な立場から研究が進められてきたし、見解の相違が浮き彫りになった場面も決して少なくはなかった。これまでの重要な論争としては、「清沢鑽仰論」とそれへの「批判」[7]、および「清沢満之批判」についての「検証」[8]などが挙げられよう。だが、火蓋が切られたかのように見えたこれらの論争も、積極的な議論の応酬へとは発展しなかった。すなわち、「清沢鑽仰論」は「清沢満之批判」の方法的次元にまで踏み込んだ問題提起を「伝統」のもとに放置しているし、「清沢満之批判」からは「検証」に対して充分な反論がなされていない。この結果、かつての論争は溶暗へと向かってしまったのではないだろうか。仮に活発な論争に発展しなかったことから、これらの先行研究のなかに重要な問題提起がなかったとするならば、それは早計というほかないであろう。個別の論点については以下の各章で論及するが、清沢満之・「精神主義」研究の全体を貫く問題だけはここで指摘しておきたい。

先行研究のなかで清沢は、国家権力に擦り寄っていった多くの仏教者や教団とは異なって、仏教を「国家権力の呪縛から解放」[9]した人物と目され、近代日本の仏教史の代表格として高い評価を与えられてきた。[10]けれども、そのような清沢理解の一方で、清沢を「天皇制下の日本近代に適合的な信仰形態をつくりあげた」[11]人物にすぎないと把握する研究も少なからず提出されており[12]、筆者もそうした研究を支持する立場にある。ただし、多くの研究は前者の見解を支持しており、後者の見解に立つ論者は少ない。

前者の研究に特徴的なのだが、清沢満之論の多くは、清沢の信仰と歴史的立場を分断してしまっており、両者の連動性に対して充分な注意が向けられておらず、信仰とその歴史的立場を総体として把握できていない。その原因の一つは、清沢の残した文章の性格にあるといえよう。清沢が残した文章には、具体的な現実の状況を論じたものがほとんど見られない。清沢は自己の信仰を表現するときに、それを具体的な現実との関わりのなかで説明していないのである。筆者は、そうした清沢の態度自体も、彼の「精神主義」の性格との関連で考察を加えねばならない問題だと考えるが、従来の研究ではそれが充分に考慮されていなかった。たとえ清沢が現実の状況について論じなかったとしても、それは彼が現実の状況と無関係に生きたことを意味しない。「精神主義」運動がどのように歴史状況との関係を構築していったのか、その考察を外してしまっては、清沢満之や彼の門下の信仰の実質を解明しえないだろう。

このような研究状況から浮かび上がってくるのは、従来の研究が単なる史料的制約にとどまらない別の次元の問題を抱え込んできたのではないかという疑問である。ここでいう別の次元の問題とは、近代日本において典型的に現れた、信仰が内面的世界にのみ関わるという宗教理解や、宗教の歴史性、歴史的立場を裏打ちする宗教性に対する注意の欠落である。天皇制国家の宗教的基盤と深い関連を持つこれらの問題群が、依然として研究主体の側に残存した結果が従来の研究を大枠で規定してきたのではないだろうか。信仰とその歴史的立場を分断して何ら不具合を覚えない研究主体の実態それ自体が、そうした問題群の残存を示唆しているように筆者には見える(13)。これは何も清沢研究に限ったことではないが、清沢研究には、上に指摘したような史料的制約によって、あるいはそうした次元の問題が極端に見えやすくなった側面を認められるのかもしれない。とするなら、清沢満之・「精神主義」

研究は、今なお天皇制国家と仏教との関係をあきらかにするうえで重要な場を提供するものだということになるのではないか。

日清戦争による国家意識の高揚と資本主義体制の軍国主義化、そしてそれに伴う「社会問題」の発生と社会主義思想の普及、こうした状況下で出発した「精神主義」運動は、近代日本の諸問題とどのような関係を構築しえたのだろうか。そして清沢門下は、清沢没後も継続して発行された『精神界』に拠って、日露戦争や「大逆」事件、三教会同や天皇の代替わりといった問題とどのように向き合ったのか。これまで清沢満之と彼の「精神主義」に関する研究は相当な量的蓄積があるけれども、清沢没後の「精神主義」運動についてはほとんど本格的に論じられてこなかった[14]。やがて清沢門下は、十五年戦争期には真宗教団の「戦時教学」[15]と同等の、あるいはそれ以上に積極的な戦争翼賛を行うことになるものの、そうした問題もいまだ充分に解明されていない[16]。その理由の一つは、従来の清沢研究の多くが「国家権力の呪縛からの解放」を清沢の「精神主義」に認めようとしてきたことにあるのではないか。そうした清沢像を読み込もうとすればするだけ、そこから遠く隔たった清沢没後の「精神主義」は積極的に論じるだけの価値がある研究対象だとは考えられ難くなる。特に、戦後の仏教史研究には、国家と仏教を対立構図のなかで描き出すという問題意識が存したから、戦争協力へと至る清沢門下の問題については、やはり現在のような研究状況にならざるをえなかったといえよう。

以上を踏まえ、本書は、清沢没後の「精神主義」運動も分析対象として、上に示した諸問題との関係を『精神界』に注目しながら考えてみたい。清沢と同様に清沢門下が『精神界』に発表した文章には、具体的現実の諸問題に対する論評が必ずしも多く掲載されているわけではない。さらに、『精神界』には一見したところ矛盾すると思われる論説がいくつも存在する。本書は、運動を担った人々の信仰との関連において関係史料を分析・検討することで、現象的矛盾の統一的把握を目指したい。

二　本書の問題視角――〈天皇制国家と仏教〉

ヨーロッパ政治思想史で〈国家と宗教〉は、もっとも基本的な座標軸を形成する問題である。しかしヨーロッパの研究動向に敏感に反応し、その方法を受容し続けてきた日本の思想史研究のなかで、特に近代史に限っていえば、近年、〈国家と宗教〉は積極的に論じられてはいないテーマであろう。とりわけ日本近代史研究一般にとって宗教の問題は、おそらく歴史状況とは別の研究領域で扱うべき事柄として把握されてきたのではないだろうか。しかし、日本の近代が廃仏毀釈と神道国教化政策に始まることや、大日本帝国憲法や教育勅語が宗教性を帯びていたこと、戦時下では靖国神社が戦争に国民を動員するものとして機能し続けたこと、『国体の本義』や『臣民の道』が神祇祭祀に少なからぬ頁数を割いていることなどから考えてみれば、終始、宗教の問題が状況と不可分に存在したことは否認し難い。さらに、近代日本に成立した国家は、神々の体系を背負った現人神天皇の神聖性・絶対性、それを中核に据えた天皇制国家であったのだから、そもそも状況の全体から天皇制やその宗教性を切り離すことはできないのである。考察の対象が近代日本の仏教史である場合も、むしろ仏教史であればこそ、当然のことながらこれらの点が前提とならざるをえない。

このように考えるなら、近代日本の国家と仏教との関係を主題化するときには、現人神天皇を中核に置く国家とその国家の帯びた民族宗教性、そして天皇制国家を支える国民一般の問題とその国民の従属を基礎づけた宗教性、これらを充分に視野に入れた考察が求められよう。したがって、本書の問題視角たる〈天皇制国家と仏教〉は、天皇制国家のなかで仏教が果たした役割を問うとともに、天皇制国家に内在する宗教性と仏教との関係を解明する視角であることが、まずは確認されねばならない。

ところで、近年の近代仏教史研究の牽引者が林淳と大谷栄一であることは、おそらく衆目の一致するところであろう。また、両氏が従来の近代仏教史研究の到達点とそこに孕まれた問題点を整理して、新たな研究領域・課題を積極的に展望していることも周知のとおりである[17]。両氏の整理によって、近代仏教史研究は、敗戦を契機として「明治仏教」研究からシフトしたものであったこと、吉田久一・柏原祐泉・池田英俊らを中心に研究が展開していったこと、その「三人の先駆的研究者は、関心の方向に違いはあれ、仏教者が近代化にいかに取り組み、対応していったのかという実存的関心を秘めていた」[18]ことなどが確認できる。そして、本書の立場からして見落とせない指摘は、吉田と柏原の研究において、清沢満之と「精神主義」が非常に重要な位置を占めていたという点である。この点に関わって、まずは近代仏教史研究のなかで「精神主義」がどのように問題にされてきたのかを、近代仏教史研究の有力な開拓者であった吉田久一の研究を参照しながら確認しておきたい。

「精神主義」研究に引きつけて考えてみても、吉田久一の『日本近代仏教史研究』（吉川弘文館、一九五九年）所収の「精神主義運動の社会的意義」と人物叢書『清沢満之』（吉川弘文館、一九六一年）は、研究史上で極めて重要な成果である。人物叢書の影響力というのはいうまでもなくあきらかだが、吉田の『日本近代仏教史研究』もまた、「近代日本仏教史研究の記念碑的作品」[19]と評される著作であり、後続の研究者が避けて通れない位置を獲得している。たとえば、吉田の『日本近代仏教史研究』が提起した近代仏教の時期区分や近代仏教の特質といった問題は、「精神主義」研究ばかりでなく、後続の近代仏教史研究にとっても必須の参照事項となった。『日本近代仏教史研究』は刊行されてから半世紀を過ぎた現在でも、なお近代仏教史研究において絶大な影響力を誇っている。そこで、以下では「精神主義運動の社会的意義」に即して、吉田の「精神主義」研究を一瞥しておこう。

吉田は、「現在特に望まれるのはその内在的展開と、客観的な社会条件とのかかわり合いのもとに、精神主義を捉える歴史的理解だと考えられる[20]」という課題設定のもとで、多くの史料を提示しながら清沢満之と「精神主義」運動を把握しようとした。そこでは、「精神主義運動と日本近代」「精神主義運動における信仰と社会」「精神主義運動と国家権力」「精神主義運動の戦争観」「社会主義と精神主義運動」といったテーマに沿って、清沢満之と「精神主義」運動が追跡された。設定された問題の性質上、論点は実に多岐にわたるが、吉田論文に一貫しているのは、それぞれのテーマに関連する史料を逐一提示することで「精神主義」運動を捉えようとする立場であろう。この吉田論文によって、「精神主義」運動が眼前の状況に何を発言したのか、その概略があきらかとなった。吉田論文がそうした成果を提示しえたのは、「精神主義」を清沢満之個人の信仰としてだけではなく、運動体の宗教的立場として把握し、追跡したからである。

本書にとって重要なのは、吉田が明治三〇年代の「精神主義」運動を新仏教運動とともに「近代的信仰」の成立、あるいは「近代宗教の資格の獲得」と評価していることである[21]。そこで吉田が指標とした「近代」とは、「王法や国家権力の呪縛から解放されない以上、宗教の近代化は果されない[22]」という指摘に確認できよう(23)。つまり、吉田はここで国家権力と仏教との対立関係を重視して、国家権力から解放された仏教を「近代」的な仏教として把握しているのである。この「近代仏教」理解からは、吉田が国家権力と仏教とを対立構図のなかで把握する視点に立っていることと、「近代仏教」を国家権力の外部に位置づけていることがわかる。吉田のみならず、従来の〈国家と仏教〉の関係を究明しようとした研究の多くが国家権力による弾圧に注目してきたことも、こうした対立構図が研究状況に底流していた事実と無縁ではなかろう。つまり、従来の研究成果の多くは〈国家対仏教〉とでもいうべき視点によってもたらされたものであったように思われる。研究史に沈澱しているそうした対立構図は、戦後の仏教史研究が、「大日本帝国」の崩壊によって、それまで国家主義的色彩に塗りつぶされてきた仏教史と自己を剝離し、仏教が本来具備すべきはずの権力との対決性を回復しようとする問題意識、あるいはそれによって民主主義を実質化しようとする問題意識に立脚していた事実の証言ともなっている。実際に仏教への抑圧は、廃仏毀釈に始まり、近代日本の歴史状況に一貫して存したから、〈国家対仏教〉の視点は実に多くの研究成果を約束するものとなった。だが筆者はこうした問題意識と研究成果に大いに共感しながらも、なお従来の〈国家対仏教〉という視点ですべてを論じきってしまおうとする態度には違和感を禁じえない。なぜなら、仏教勢力が「教育と宗教の衝突」の際にキリスト教を攻撃したことや、仏教教団が「大逆」事件の際に連座した僧侶を「擯斥」処分としたこと、さらには「戦時教学」を形成して敗戦まで戦争賛美を繰り返すことなどからは、近代仏教の実態が大勢において国家と対立するものとはおよそ縁遠く、むしろ天皇制国家を積極的に支える側に立つものであったと考えざるをえないからである。普遍宗教としての仏教が国家との対立・緊張関係を構築せざるをえないことは、従来の研究で繰り返し確認されてきた貴重な成果である。ただし、そうした視点と実態とがそのまま照応するわけではない。従来の研究が、国家と対立関係を構築しえなかった仏教徒については「限界」を指摘することで満足してしまい、考察をそれより先の地点にまで進められなかったことや、あるいは対立関係を無理に読み込もうとするあまり、「内面的な抵抗」などという把握によって従属と抵抗との本質的な相違点を転倒させた評価を下してきたのは、〈国家対仏教〉という視座の安易な一般化と、さらに踏み込んでいえば、仏教の本来性に対する理解の不徹底から生じた制約だったと考えるべきではないだろうか(24)。

何もこの問題は吉田にのみ限ったことではないが、とりわけ吉田の場合は、清沢満之とその「精神主義」を「近代仏教」の資格獲得と関連づけて評価したことが軛となって、「精神主義」が国家権力をどのように支えることになったのかという点を充分に追究できなかった(25)。筆者は、国家権力からの自由という問題を、仏教史研究の課題として引き受けることについて異存はない。それどころか、依然としてその問題の重要性は高いと考えている。ただし、近年はそうした問題から大きく離れた地点へと、研究者の関心が移行しているのではないだろうか。たとえば、近年の戦後歴史学を改めて対象化しようとする様々な営みと並行して、近代仏教史研究も徐々にではあるが従来の研究方法や研究主体の立場性に対する自覚的な問い直しを始めている。その際、新たな研究領域の提示に積極的な反面、吉田や柏原に代表される近代仏教史研究を「近代主義」として一括し、そこで提起された国家権力と仏教との関係を問う視点とそれを支えた問題意識や責任意識をも放棄しかねない傾向から、さらには「近代仏教」を研究対象としながらも、その「近代仏教」や「近代」とは何かという問題さえ問わないで済ませてしまう風潮まであるように感じる。筆者は新たな研究領域の開拓が不可欠であることを否定するものでは勿論ないが、現在の研究状況をみるとき、従来の研究の視点を簡単に過去の遺物とするのではなく、むしろ鍛え直すべき課題としていくことの重要性を強調しておきたく思う。われわれは近代主義者でなくとも、近代と国家権力のなかに、しかも戦前とは大きく性格を異にしながらも存続する天皇制国家のなかに生きているのであるから、決してそれを軽視すべきではないだろう。克服すべき問題を対象化したことで、自分の立ち位置がその外部に確保されるほどわれわれの生活は単純な構造となってはいないのである。

特に〈国家と宗教〉という問題には、信教の自由をはじめとする人権の確立という課題が不可避的に関わってくる。近代日本の場合、大日本帝国憲法で規定された「信教ノ自由」もおよそ人権としてのそれとはかけ離れた内実であった。人権の確立には、それぞれの人間が超越的原理との関係において自己の尊厳性を自覚し、国家権力の支配原理との内面的格闘とともに現実の国家権力からの自律を成立させようとする二重の営為が必須条件となるのだから、国家権力との対立関係は、こと人権に関してては不可欠の視点である。だが、上のような対立構図のもとで近代仏教史を論じきってしまおうとすれば、ほとんどの場合が国家権力と対立しなかったという極めて平板な議論に終始してしまい、かえって人権を成立させられなかった原因の追究が不徹底にならざるをえない。したがって、天皇制国家を支える宗教的基盤となった仏教の解明も、政教分離の制度的実現後も空洞化し続ける人権を再度実質化せんとする立場にとっては重要な課題だといえよう。

それに関連して注意が必要なのは、天皇制国家が祭政一致の支配体制をとっており、状況の全体が一定の宗教性を帯びていた点である。なぜなら、福嶋寛隆が明確に指摘したように、天皇制国家の宗教的基盤と等質な立場には、そもそも人権を要求するだけの前提が成立しないからである[26]。近代日本の〈国家と仏教〉もこうした問題意識と本来的には切り離せないはずだが、吉田の「近代仏教」論には〈国家権力と仏教〉という視点はあっても、その国家権力が宗教性を内在した天皇制国家であったという点まで掘り下げて検討した形跡はない[27]。近代天皇制国家が祭政一致の支配体制をとった以上、国家権力からの解放には、国家権力を支えた宗教性からの解放が伴わねばならないだろう。では、こうした天皇制国家の宗教的基盤の問題はどのように考えたらよいのだろうか。示唆的なのは、近年ふたたび活発化してきた国家神道研究である。

国家神道研究の代表格である村上重良が、「非宗教」とされた神社神道とそれを補完する事実上の公認宗教たる神仏基三教とによって形成されたものとして国家神道体制を位置づけたこと、また超宗教の国家祭祀として君臨する国家神道とその抑圧的な側面を重視したことは広く知られている[28]。近年の国家神道論のなかには、そうした「上から」の抑圧的な側面に加えて、「下からの国家神道」に注目するものも提出されている[29]。このように国家神道を、天皇制国家を「下から」支えた宗教的基盤との関連で把握しようとする研究は、近代仏教史研究にとっても注目すべき成果であろう。天皇制国家に限らず、権力支配の安定に被支配者の同意が不可欠であることは論を俟たない。ゆえに、敗戦を迎えるまで権力機構としての天皇制国家が崩壊しなかったことも、天皇制国家が広範な支持基盤を確保していたことを外しては正しく理解しえないだろう。ただしここで重視しておきたいのは、そうした天皇制国家の権力基盤に宗教が決定的な耐久性を与えていたこと、したがって、そこには被支配者側の内面性が深く関わっていたことである。つまり、天皇制国家が抑圧の体系として君臨するとき、それを可能にした条件として、国家神道を受容する広範な人々の存在とそれを裏打ちする宗教性が不可欠なのである。[30] さらに天皇制国家が存立し続けるには、国家神道を受容するだけでなく、それをみずから担い、再生産する主体の形成が必須となるはずである。ここに要請されているのは、天皇制国家による内面収奪であり、同時に天皇制国家を支えた宗教性に基づく主体形成にほかならない。[31] そうして構造化され、状況の全体と絡みつく天皇制国家は、環境それ自体として新たな主体形成を規定し続けるのである。要するに、主体形成による環境構築と環境に規定された主体形成が不断に循環すること、それこそが天皇制国家の存続を可能にした決定的な要因だったのではないか。「精神主義」運動が出発する一九〇〇年頃は、すでに天皇制国家の支配機構が確立している時期である。そういった支配機構にどのような実質が与えられていくのかという問題との関わりにおいても、「精神主義」は注目すべき位置にあるといえよう。

近年活発に国家神道論を展開している島薗進は、近代日本で「祭政一致」と「政教分離」が同時に成立したのは、「公」（国家神道、秩序理念）と「私」（諸宗教・諸思想、信条）との「二重構造」があったためだと指摘しているが、[32] そうした「二重構造」をその時代に生きた人々に即していえば、信仰の二重構造となろう。自己の信仰と同時に国家神道を肯定していくような立場は、信仰と生き方との二元論にほかならないが、近代の真宗教団が一貫して主張し続けた「真俗二諦」とは、まさしくそうした立場であった。たとえば、一八八六年に定められた浄土真宗本願寺派の「宗制」では、その「第二章」に「一宗ノ教旨ハ仏号ヲ聞信シ大悲ヲ念報スル之ヲ真諦ト云ヒ人道ヲ履行シ王法ヲ遵守スル之ヲ俗諦ト云是即チ他力ノ安心ニ住シ報恩ノ経営ヲナスモノナレハ之ヲ二諦相資ノ妙旨トス」[33]と「真俗二諦」を説いているが、ここには「真諦」と「俗諦」の両者を原理的に分断し、信仰と生き方との二元化がもたらされていたのである。島薗は近代日本の宗教構造を形態として分析しているので、そういった二元的に並列する両者が矛盾しないということが何に起因するのか、という個々の信仰主体に即した分析を本格的に行ってはいない[34]。だが、国家神道と並存が可能な信仰とは、形態ではなく実体として国家神道と等質性を共有していたということになるのではないか。つまり二元的並列を可能にした理由は、天皇制国家の宗教的基盤たる民族宗教性が、「公」と「私」の双方を貫いていたからだと考えるべきであろう。形態上は腑分けされていても、総体としては実質的に民族宗教性を内在した信仰だからこそ、国家神道とも並存可能なのである。

ただし、あくまでも仏教徒を自認する者にとって、少なくとも主観的には天皇制国家への従属が第一義的な問題となっていたわけではないだろう。「精神主義」に引きつけて考えてみても、清沢と彼の門下が天皇制国家への自発的奉仕を第一義的な問題としていたとは思われない。本来的に、仏教徒であろうとする者にとっては、仏教とは何か、という仏教の本質的把握と、理解した仏教をいかに踏まえるかという信仰の確立こそが課題のはずである。ことに清沢と彼の門下の場合、同時代を生きた他の仏教徒に比してみても、仏教の本質的把握への志向性は際立っている。たとえば、「精神主義」運動は、天皇制国家と密接な関係を構築した真宗教団とはいくらか異質な立場から活動を展開していた。また、「教学」の改革を課題として教団改革運動を展開し、その挫折から自己の「信念」の確立へと向かう清沢満之の思想的営為は、彼自身にとっては既成の仏教理解に対する不満の表出であるとともに、仏教の本質的把握への道程でもあった[35]。したがって、まずは「国家権力の呪縛からの解放」ばかりに着目せず、さらに結果としてあらわれた天皇制国家への従属のみを注視するのでもなく、「精神主義」運動を彼らなりの独自の問題関心や価値観を持った存在として把握しなければならない。つまり、「精神主義」の信仰主体がどのような内部構造を有したのか、それを解明することと同時に天皇制国家との関係を把握する視点が必要だろう。

このように見てくるとき、天皇制国家と仏教との関係の解明とは、個々の仏教徒の信仰とその外部に存する天皇制国家との関係ではなく、天皇制国家の宗教性と信仰それ自体に内在する宗教性との関係こそを検討課題とするものだといえよう。その際、信仰が、どこまで天皇制国家の宗教性への否定の契機を具備したのか、あるいは天皇制国家の宗教的基盤と通底する性格を保持したのか、そしてその性格が何に起因したのかを解き明かすことが必要になってくる。そうした場合、天皇制国家とその宗教性への否定とは、一体どのような意味を持つのであろうか。

先行研究が指摘してきたように、日本の民族宗教社会において、祭祀権の掌握と支配権の確立とは不離一体であった[36]。そこでは、祭政一致の支配体制が敷かれているために、被支配者側の欲望充足を祈願する天皇が、祭祀王ゆえに政治支配者として君臨する。一方で、被支配者側は欲望充足を祈願しようとすればするだけ支配体制のなかに搦め捕られていくという社会構造が存した。こうして支配・被支配側がともに民族宗教性に貫かれた社会構造では、政治支配への抵抗が支配を支えた宗教性の次元にまで踏み込まなければ何ら抵抗たりえないばかりか、その抵抗がかえって支配体制をより強固に再編成する側面を伴うことになる。逆に政治支配への抵抗をそれ自体として志向せずとも、支配を支える民族宗教性への否定の契機が存した立場は、実質的に支配体制の原理的解体への射程を具備することになるのである。そして、そうした民族宗教性への否定を通して、歴史のなかに新たな主体を成立させるものこそが普遍宗教にほかならない。したがって、普遍宗教として成立した仏教が天皇制国家のもとで何ら違和感なく並存するという事態は、仏教が本来的な普遍宗教性を喪失し、民族宗教化した結果として理解されねばならないだろう。

天皇制国家が神祇祭祀を中核に置いている以上、国家の問題は神祇の問題と不可分であり、天皇制国家の問題は民族宗教性の問題と切り離せない。したがって天皇制国家と仏教との関係の解明とは、いわば神仏関係の解明であり、仏教の内なる民族宗教性とそれへの否定の原理の模索を意味するものでもある。その際、研究をどこまで徹底していくことができるのかは、ひとえに研究主体が内なる民族宗教性への不断の否定をどれだけ自覚しているのかにかかっているといえよう。

本書では以上の視角から、天皇制国家と「精神主義」とを対立構図のなかにそれぞれ吸収して把握するのではなく、「精神主義」の信仰それ自体に内在する宗教性に注目し、それと天皇制国家の宗教的基盤との関係の解明を目指す。以下の各章では、それぞれの問題系のなかでの論点を指摘しながら、天皇制国家と「精神主義」との関係の全体を再構成するための考察を展開したい。

三　本書の構成

最後に本書の構成について概観しておきたい。

本書の課題とする「精神主義」運動の全体像の解明にあたっては、まず清沢満之に即して「精神主義」の基本的立場をあきらかにしておく必要がある。したがって、まず第一章では清沢の信仰とその政治性について考察する。清沢の信仰には現実に対する鋭い相対化が特徴的なので、第一章ではそうした彼の信仰と天皇制国家の宗教性との関係に照準を合わせて検討しよう。また、従来の研究の多くは清沢と清沢門下の間に変質を前提して論じている。変質の有無は措くとしても、それが清沢理解と連動する問題であることはいうまでもない。いずれにしても清沢理解は本書全体の鍵となるだろう。

第二章以下では、「精神主義」運動による近代天皇制下での具体的諸事件への対応を検討する。第二章では、日清戦争後に顕在化した「社会問題」への対応を、足尾鉱毒事件に注目して考察する。第二章では浩々洞のなかでも特に暁烏敏と清沢満之が考察の対象となる。彼らが「自由」と「服従」をどのように理解したのかを分析することで、足尾鉱毒事件への『精神界』の対応の内実を検討したい。

続く第三章では日露戦争への対応を検討する。日露戦争期には近代日本史上でも例外的に主戦論と非戦論とが全面衝突した。すでに清沢は没していたが、清沢門下は日露戦争について積極的に発言している。ここでも「精神主義」に特徴的な現実に対する相対化が、どのように戦争との関係を切り結んだのかに注目して考察を進めよう。そして、日露戦争下で非戦の論陣を張った平民社をあわせて取り上げ、天皇制国家への抵抗の拠点をどこに構築すべきかを考えてみたい。

第四章では「大逆」事件への対応を検討する。従来、「大逆」事件と仏教の関係については、事件に連座した仏教者の思想に関心が集中し、天皇制国家との緊張関係ばかりが論点となっていた。「精神主義」運動の事件への対応は、そうした従来の分析の枠組みでは把握しえない性格のものであるから、従来の分析の枠組みを問題設定から見直しつつ、「精神主義」運動の対応の根拠となったものを探ってみよう。

また、第五章では天皇の代替わりへの対応を検討する。『精神界』では明治天皇の死去に際して、没後の明治天皇を浄土教的文脈のなかに位置づけている。それは天皇制国家の神話とは異なる新たな天皇像の形成であった。「戦時教学」の先駆形態とも思われるその天皇像は、どのような立場ゆえに形成されたのかについて考えてみたい。

最後に第六章では十五年戦争期の「精神主義」の神仏関係論を検討する。この時期すでに『精神界』は存在しないので、暁烏敏と金子大栄の著作を中心に論じる。特に彼らの神仏関係論に注目しながら、それと戦争への対応の関連を考察するなかで、二人の立場の相違を注視しつつ、「精神主義」運動の全体像にも論及したい。

各章はいずれも、「精神主義」が天皇制国家とどのような関係を構築しえたのかを分析・検討するものである。具体的な歴史状況のなかで清沢満之とその門下の生き方を跡づけながら、彼らの信仰とその歴史的立場を総体として把握することで、「精神主義」運動の全体像の解明を目指したい。

註

(1)　その後、浩々洞は移転を繰り返し、一九一八年から洞の名前は消えることになる。

(2)　「誕生の辞」『精神界』第一巻第一号、一九〇一年一月。暁烏敏は後年『精神界』創刊とその周辺事情を、「『精神界』は明治三十四年の一月から出た。私が三十三年の八月に東京へ来た時、それを計画して来た。その時既に発行の辞を書いておいた。何にも知らぬ田舎の青年が雑誌を出すのです。それで発句の道で世話になつた高浜虚子氏を知つてをつたから、万事指導を受けて計画した。表紙は中村不折君を煩はした。さういふ風にして出た雑誌『精神界』は、仏教の大衆化民衆化といふやうな目的で出されたのであります」（『親鸞聖人の信念の底に流る、神ながらの道』仏教研究叢書4、大東出版社、一九三二年、一三頁）と回顧している。

（3）『精神界』は、当初、清沢満之を主幹として、暁烏敏（庶務・署名人）、佐々木月樵（会計）、多田鼎（編輯）らを中心に創刊された。『精神界』の命名は、投票によって佐々木月樵の案が採用されたという。内容は、「精神界」「論説」「寄書」「講話」「報道」などにより構成されていた。編集・発行は、暁烏敏（第一巻第一号～第一五巻第三号）、金子大栄（第一五巻第四号～第一六巻第九号）、曾我量深（第一六巻第一〇号～第二〇巻第二号）が担当した。発行所は、「精神界発行所」（第一巻第一号～第五巻第一号）→「浩々洞」（第五巻第二号～第九巻第四号）→「精神界発行所」（第九巻第五号～第二〇巻第二号）となっている。

本書で『精神界』を引用する際には、『精神界 復刻版』（法藏館、一九八六年）を使用した。また、『精神界』の論説の標題には、しばしば目次との異同が見られるが、原則として目次に拠った。ところで、浩々洞は講話会や座談会といった活動も積極的に行っていた。ただ、こうした活動の内容は『精神界』の記事に反映されてもいたから、本書では『精神界』を重視した。

なお、浩々洞の活動については、法藏館編『近代の宗教運動――『精神界』の試み――』（法藏館、一九八六年）所収の「年表」に詳しい。同書には『精神界』の「総目次」と「執筆者索引」も掲載されており、たいへん参考になる。

（4）吉田久一『清沢満之』吉川弘文館、一九六一年、一五五頁。

（5）西村見暁『清沢満之先生』（法藏館、一九五一年）、寺川俊昭『清沢満之論』（文栄堂書店、一九七三年）、安冨信哉『清沢満之と個の思想』（法藏館、一九九九年）等。

（6）それまでの清沢満之・「精神主義」研究は、暁烏敏・西村見暁編『清沢満之全集』（全八巻、法藏館、一九五三～一九五七年）を主たる研究史料として進められていた。そして一九八六年には暁烏敏・金子大栄・曾我量深編『精神界 復刻版』（法藏館）が出版され、一九九一年には清沢の関係資料を収載した福嶋寛隆・赤松徹真編『資

料　清沢満之』（全三巻、同朋舎）が刊行されていて、「精神主義」運動、特に清沢満之に関する研究の基礎は充分に整えられたといえよう。さらに、清沢没後一〇〇年に合わせて新版の大谷大学編『清沢満之全集』（全九巻、岩波書店、二〇〇二〜二〇〇三年）が刊行されたことで、それまで「宗門内（東本願寺）ではウルトラ有名人、宗門外ではほとんど忘れられた思想家」（今村仁司「あとがき」『現代語訳　清沢満之語録』岩波現代文庫、二〇〇一年、四九〇頁）であった清沢満之は、研究対象として多くの研究者を獲得することとなった。そうした研究状況をもたらすうえで大きな役割を果たしたのが今村仁司であった。今村は清沢没後一〇〇年の前後に『現代語訳　清沢満之語録』のほか、『清沢満之の思想』（人文書院、二〇〇三年）や『清沢満之と哲学』（岩波書店、二〇〇四年）を立て続けに発表し、清沢研究の新たな流れの一つを形成したといえよう。だが今村の研究は「精神主義」以前の、そして宗教哲学者としての清沢に注目することで新たな論点を提示する反面、「精神主義」の把握に問題を残したように思われる。今村の清沢研究とその問題点については、子安宣邦「今村仁司と「清沢問題」」（『東京経大学会誌（経済学）』第二五九号、東京経済大学経済学会、二〇〇八年）、末木文美士「今村仁司氏の清沢満之研究」（『東京経大学会誌（経済学）』第二五九号）を参照。

（7）　赤松徹真「近代日本思想史における精神主義の位相――清沢満之の信仰とその陥穽――」（二葉博士還暦記念会編『仏教史学論集』永田文昌堂、一九七七年）、福嶋寛隆「帝国主義成立期の仏教――「精神主義」と「新仏教」と――」（『仏教史学論集』）、同「「精神主義」の歴史的性格」（『日本仏教』第五〇・五一号、日本仏教研究会、一九八〇年）、伊香間祐學「明治三十三年十月三十日」（『「精神主義」を問い直す――近代教学は社会の問題にどう答えたか――』北陸聞法道場叢書Ⅲ、北陸聞法道場出版部、一九九二年。初出一九八七年）、川本義昭「清沢満之の教学的陥穽――「精神主義」における二諦的問題――」（信楽峻麿編『近代真宗思想史研究』法藏館、一九八八年）。

（8）　久木幸男『検証　清沢満之批判』法藏館、一九九五年。久木がここで「検証」した「清沢満之批判」とは、註（7）に挙げた一連の研究である。

（9）　吉田久一「精神主義運動の社会的意義」『日本近代仏教史研究』吉川弘文館、一九五九年、三二三頁。

（10）　吉田久一や柏原祐泉による評価はこうした立場の典型であろう。吉田久一「精神主義運動の社会的意義」、同

『清沢満之』、柏原祐泉「「精神主義」の教団的基盤」（『日本近世近代仏教史の研究』平楽寺書店、一九六九年。初出一九六五年）、同「近代仏教八十年の変遷」（『真宗史仏教史の研究Ⅲ〈近代篇〉』平楽寺書店、二〇〇〇年。初出一九六七年）、同「清沢満之」（柏原祐泉・薗田香融編『日本名僧列伝』社会思想社、一九六八年）。

（11）福嶋寛隆「「精神主義」の歴史的性格」。

（12）註（7）の諸論文のほか、中川洋子「清沢満之における〝絶対の探求〟」（福間光超先生還暦記念会編『真宗史論叢』永田文昌堂、一九九三年）。

（13）この問題は、ビリーフ中心主義をその特徴とする近代日本の宗教概念が、戦後にまで影響をしてきたことと関連づけて考えられよう。こうした問題を考えるうえで特に有益なのは、やはり磯前順一の研究だろう。磯前順一『近代日本の宗教言説とその系譜――宗教・国家・神道――』（岩波書店、二〇〇三年）、同『宗教概念あるいは宗教学の死』（東京大学出版会、二〇一二年）参照。

（14）吉田久一が、「従来この関係の研究の大部分は、清沢満之の思想に焦点があてられ、精神主義運動としてではなかった」（「精神主義運動の社会的意義」二七六頁）と半世紀前に指摘してから、現在でもそうした研究状況に大きな変化は見られない。

（15）「戦時教学」については個々の論文のほか、福嶋寛隆監修・「戦時教学」研究会編『戦時教学と真宗』（全三巻、永田文昌堂、一九八八～一九九五年）と、真宗大谷派教学研究所『教化研究』の「資料・真宗と国家」の特集号が史料紹介を行っている。

（16）その代表的人物といえば、やはり暁烏敏であろう。ただし従来の研究では清沢門下の戦争協力についても、門下が清沢の立場を大きく変質させた結果として把握する傾向が強いように思われる。暁烏については以下の研究を参照した。福島和人「真宗仏教徒の戦争観――暁烏敏の場合――」（下出積与博士還暦記念会編『日本における国家と宗教』大蔵出版、一九七八年）、大西修「戦時期の真宗思想（3）――隠された「力への意志」――」（『戦時教学と浄土真宗――ファシズム下の仏教思想――』社会評論社、一九九五年）、福島栄寿「近代日本における自他認識――アイデンティティと「信仰」――」（『日本思想史研究会会報』第二〇号、日本思想史研究会、二〇〇三年）、同「国民「宗教」の創出――暁烏敏 天皇「生仏」論をめぐって――」（大桑斉編『論集 仏教土

着』法藏館、二〇〇三年）、同「「国民宗教」の創出――戦時期・暁烏敏の教説をめぐって――」（『真宗研究』第四八輯、真宗連合学会、二〇〇四年）、同「日本主義的教養と一九三〇年代の仏教者――暁烏敏と記紀神話の世界――」（『季刊日本思想史』第六九号、日本思想史懇話会、二〇〇六年）、中島法昭「柏木義円と暁烏敏――一九三〇年代の思想と行動――」（信楽峻麿先生傘寿記念論集編集委員会編『現代社会と浄土真宗の課題』法藏館、二〇〇六年）。

(17) 林淳「近代仏教と国家神道――研究史の素描と問題点の整理――」（『禅研究所紀要』第三四号、愛知学院大学禅研究所、二〇〇六年）、同「近代仏教の時期区分」（『季刊日本思想史』第七五号、日本思想史懇話会、二〇〇九年）、大谷栄一「「近代仏教になる」という物語――近代日本仏教史研究の批判的継承のための理路――」（『近代仏教』第一六号、日本近代仏教史研究会、二〇〇九年）参照。また、両氏に代表される、近年の近代仏教研究の実践性については、藤原正信「「真俗二諦」の諸相――浄土真宗と国家神道――」（宇治和貴・斎藤信行編『真宗の歴史的研究』永田文昌堂、二〇一一年）による鋭い批判がある。

(18) 林淳「近代仏教と国家神道」。

(19) 大谷栄一「「近代仏教になる」という物語」。

(20) 吉田久一「精神主義運動の社会的意義」二七六頁。

(21) 吉田久一は「精神主義」運動と新仏教運動について、「前者は、人間精神の内面に沈潜することによって、近代的信仰を打立てんとし、後者は積極的に社会的なものに近づくことによって、近代宗教の資格を獲得しようとした」（「新仏教運動と二十世紀初頭社会の諸問題」『日本近代仏教史研究』三五五頁）と指摘したが、こうした理解の枠組みは現在の研究状況にも少なからず影響を与えているように思われる。また、柏原祐泉は「精神主義」に「全仏教的ないし近代的な性格」（「「精神主義」の教団的基盤」三九四頁）を認め、「清沢満之の精神主義が、単に真宗教学の再確立を意味するのみでなく、近代的な仏教信仰への覚醒としての性格をもつ」（同上、三九三頁）とする。柏原はまた、「近代仏教史の上からいえば、その意義は、仏教を煩瑣な論理や因習的迷妄から解放して、近代精神と接触して、はじめて宗教的な自律性を確立し、信仰の本来的な意味を明確にしようとするところにあった」（「近代仏教八十年の変遷」四二二頁）としている。「精神主義」を近代仏教史の流れのなかで把握しようとするためか、柏原の議論には、「精神主義」が「近代精神との接触」という歴史的な背景から形成されたことが強調されているという特徴がある。

(22) 吉田久一「精神主義運動の社会的意義」三二三頁。吉田は『清沢満之』でも、「近代宗教としての資格を獲得するためには、王法や国家権力の呪縛から解放されなければならない」(二〇二頁)と述べているように、同様の理解を示している。

(23) 吉田久一の「近代仏教」概念についての詳細な紹介は、大谷栄一「「近代仏教になる」という物語」、林淳「近代仏教の時期区分」を参照。

(24) 「内面的な抵抗」とは、宮川透「日本思想史における〈修養〉思想――清沢満之の「精神主義」を中心に――」(古田光・作田啓一・生松敬三編『近代日本社会思想史Ⅱ』近代日本思想史大系第二巻、有斐閣、一九七一年)の表現であるが、これと同様の評価を下す研究は少なくない。典型的なものとしては、田村円澄「「精神主義」の限界」(『仏教文化研究』第六・七号、仏教文化研究所、一九五八年)があげられよう。田村論文の問題性については、すでに川本義昭「清沢満之の教学的陥穽」が鋭く指摘しているところである。筆者は川本論文から多大な示唆をえた。

(25) 清沢の「精神主義」を「近代教学」として高く評価しようとする立場にも同様の指摘が可能であろう。けれども、清沢の「精神主義」を「近代教学」として把握しようとする人々にとっては、そもそも〈国家と仏教〉という視点が重視されているとは思えない。それどころか、歴史状況との関連で信仰を問うという問題意識がそもそも存していないようでさえある。

(26) 福嶋寛隆はこうした視点に立って、「人権としての信仰の自由は、元来、国家対国民の関係において、宗教的原理を政治的判断にもとづいて棚上げすることによってもたらされる「事実上の寛容」としてではなく、個人の尊厳性の自覚にもとづく独自性・自律性を積極的に確認せしめるべく、国家の権力行使に限界を画するところに成立するものであるといえよう。したがって、諸々の雑多な宗教の存在が認められているという状態をもってただちに「信仰の自由」の成立とすることはできない。なぜなら、その状態は応々にして、国家権力の基盤となっている宗教と同質の宗教が、形態を異にして存在しているという、単なる雑多性を意味するからである。信仰自由成立の前提条件は、権力の基盤となっている宗教と異質な宗教が成立・存在し、それに根拠づけられて権力の介入を原理的に排除せずにはおかない自律的内面が確立することでなければならない」（「近代天皇制国家の成立と信教自由論の展開」『歴史のなかの真宗――自律から従属へ――』永田文昌堂、二〇〇九年、八六〜八七頁。初出一九七三年）と述べているが、このような本質的な問題こそ近代仏教史研究において確認されるべきであろう。

(27)　子安宣邦『国家と祭祀――国家神道の現在――』（青土社、二〇〇四年）は、「近代国家の祭祀性という普遍的な問題を前提としてもちながら、日本が近代国家としてその宗教性・祭祀性をどのように成立させたか」（二七頁）を、「国家神道」の問題として考察したものである。政教分離原則を踏まえて成立した近代国家の場合でさえも、国家権力そのものが宗教性・祭祀性を帯びざるをえないという子安の指摘には、軽視しえない問題提起があるように思われる。というのも、この議論は俗流化したマルクス主義の単純な進歩史観・歴史法則に対する見直しだけではなく、自明視されている近代的理念の価値や近代国家の性格それ自体に対する見直しをも要求しているからである。近代天皇制国家が宗教性・祭祀性とともにあったという点は、今後も充分に留意されねばならないであろう。あわせてそれが、天皇制国家の封建的性格によって規定されていたがゆえに宗教性を残存させ、政教分離が不徹底となったのではなく、筆者も子安の指摘のとおり、近代国家それ自体に内在する性格として追究される必要があると考える。したがって、近代国家の問題は宗教性の問題を含めて考えられねばならないし、そもそも政教分離が状態として成立するのかどうかも含めて検討する必要がある。

(28)　村上重良『国家神道』（岩波新書、一九七〇年）。村上説への批判および研究史については、新田均「「国家神道」論の系譜（上）・（下）」（『皇学館論叢』第三二巻第一・二号、皇学館大学人文学会、一九九九年）、磯前順一「国家神道をめぐる覚書」（『近代日本の宗教言説とその系譜』）を参照。村上重良については、林淳「村上重良の近代宗教史研究――政教分離をめぐる生き方――」（安丸良夫・喜安朗編『戦後知の可能性――歴史・宗教・民衆――』山川出版社、二〇一〇年）も参照。

(29)　たとえば、畔上直樹『「村の鎮守」と戦前日本――「国家神道」の地域社会史――』（有志舎、二〇〇九年）。

(30)　すでに一部の先行研究では、こうした課題が具体的に検討されている。たとえば、藤原正信「近代真宗における「神道非宗教論」の展開」(『仏教文化研究所紀要』第二二集、龍谷大学仏教文化研究所、一九八三年)は、「国家神道を単に制度の上からとらえるのではなく、それを受け容れていく側からみようという問題意識」とみずからの立場を説明している。そうした立場からの研究として注目すべきものに、福嶋寛隆『歴史のなかの真宗』、藤原正信「教育勅語と国家神道――研究序説――」(『龍谷大学論集』第四五八号、龍谷学会、二〇〇一年)などがある。

(31) したがって、「天皇制国家の支配様式の特質が、国民の内面の最深部までを収奪しつくす点にあったこと」は、近代仏教史研究においても重視されねばならない問題である。福嶋寛隆は「近代天皇制国家の内面収奪装置としての国家神道」(「国家神道解体後の「神社問題」」(『歴史のなかの真宗』二七八頁。初出一九八七年)と把握しているが、上のごとき天皇制国家の支配の特質と不可分に成立したものとして国家神道を押さえようとする視点は重要である。

(32) 島薗進『国家神道と日本人』(岩波新書、二〇一〇年)、同「国家神道と近代日本の宗教構造」(『宗教研究』第三二九号、日本宗教学会、二〇〇二年)。

(33) 本派本願寺編『本山達書』一八八三~一八八六年、龍谷大学図書館蔵。一八八六年一月三一日に日野沢依により末寺一般に向けて出された「甲第一号」(『本山達書』所収)には、「今般宗制寺法別冊之通内務省ヱ御伺相成候処御認可相成候条此段相達候事/但施行期限之儀者追テ可相達候事」とあるが、引用はこの「別冊」の一頁部分である。龍谷大学図書館蔵の『本山達書』はこの「別冊」もあわせて製本されている。

(34) 島薗進『国家神道と日本人』には、「精神主義」運動の中心メンバー暁烏敏への論及が繰り返し見られる。島薗はどうやら暁烏を近代日本の国家神道の展開を象徴的に表現する人物だと目しているようである。そうした理解の一方で島薗には内村鑑三とともに清沢満之を扱った論文もあり、そこでは清沢満之の立場を国家神道との間に緊張関係をはらむものと見ているようである(「宗教言説の形成と近代的個人の主体性――内村鑑三と清沢満之の宗教論と普遍的超越性――」『季刊日本思想史』第七二号、日本思想史懇話会、二〇〇八年)。これに関連して確認しておくべきことは、第一に、島薗の議論に即していうなら、「私」ばかりでなく「公」の次元で、ということは歴史のなかの信仰主体のありようとしていかなる立場を「精神主義」が成立させたのかを問題としなければならないこと、第二に、清沢と暁烏の立場には大きな相違が認められるのか否かを改めて検討しなければならないこと、この二点である。本書では具体的な歴史状況のなかでこれらの問題についても考えてみたい。

(35)　教団改革運動期に『教界時言』に掲載された「仏教者盍自重乎」(大谷大学編『清沢満之全集』第七巻、岩波書店、二〇〇三年。初出一八九八年)や、「教界回転の枢軸」(同上)などにはそうした立場がうかがえる。あわせて、拙稿「教団改革運動期の清沢満之」(『国史学研究』第三〇号、龍谷大学国史学研究会、二〇〇七年)を参照されたい。

(36)　代表的なものとして、二葉憲香の一連の研究があげられよう。『二葉憲香著作集』(全一〇巻、永田文昌堂、一九九九～二〇〇四年)参照。

第一章　清沢満之の信仰とその政治性
――「精神主義」運動の出発点――

はじめに

二〇〇三年の清沢満之没後一〇〇年を契機として、清沢や「精神主義」運動が改めて注目を集め、それに関わる多くの研究が発表されたことは記憶に新しい。だが数年を経過したいま、それらを振り返ってみると、そこでの研究には一部に新たな動向が認められるものの、清沢と彼の「精神主義」については従来指摘されてきた枠内での議論が大半であり、概して「清沢鑽仰論」であったといっても過言ではないように思われる。

そこに内在する様々な問題のなかで特に見落とせないのは、かつて「清沢鑽仰論」的研究(1)に根本的な反省を促す形で登場した「清沢満之批判」と称された一連の研究(2)が提起した問題を、ほぼすべての研究が素通りしたことである。では、「清沢満之批判」の提起した問題とは一体何であったか。それは個別・具体的な論点から仏教史研究の立場や方法といった基本的な問題にまで及んでいるが、ここではひとまず次の三点を確認しておきたい。すなわち、第一に、信仰がいかなる歴史的立場を獲得しうるかを問題にしなければならないこと、第二に、「精神主義」が当該状況の全体を貫く天皇制国家との関係のなかで把握されねばならないこと、第三に、仏教・真宗の本来性という視点を分析に導入する必要があること、の三点である。これらの問題が看過されたのは、何も清沢没後一〇〇年の際の研究に限ったことではない。「清沢満之批判」による問題提起はその直後から、僅かな例外[3]を除いてはほとんど等閑視され続けてきたといってよいだろう。[4]そうした研究状況は大きく変化することもなく、没後一〇〇年を契機とした清沢満之研究は盛り上がり、そして過ぎ去ったのであった。まるで何事もなかったかのように沈静化した現在の研究状況がわれわれに暗示しているのは、外来思想の輸入に明け暮れしたり断片的な新発見を手放しで歓迎してみたりする精神風土、本質的な問題を粘り強く問い続けようとする思想的伝統の希薄さではないだろうか。それはおそらく、本書で繰り返し論及する天皇制国家の宗教的基盤とも通底する問題である。

上のような研究状況ゆえに、全体からすればもともと多くもなかった「精神主義」を天皇制国家との関係で考察した研究は、近年ますます少なくなっている。例外的に国家との関係を論じる場合にしても、たとえば清沢の、それ自体が信仰確立の手段にすぎない「国家も捨てねばなりませぬ」や「宗教的天地に入らうと思ふ人は、形而下の孝行心も、愛国心も捨てねばならぬ[5]」といった片言を過当に評価して、結果的に天皇制国家が全肯定されることを触れないで済ませたり[6]、「国に事ある時は銃を肩にして戦争に出かけるもよい[7]」という発言でさえも、「方言」ゆえの「否定表現」と捉えて、清沢が「明治人のもつ限界はあるにせよ、原則的には反国家主義的[8]」であったとする程度である。また、その両者ともに論及する場合でも、信仰と歴史的立場を総体として把握しようとせず、個々の部分をあきらかにしてそれを接ぎ木するというものばかりだから[9]、上記の問題が本格的に論究されているとは到底いえない[10]。特に「精神主義」と天皇制国家との関係を考究する際に、天皇制国家の宗教性を議論から欠落させては、「精神主義」を総体として把握しえないだろう。

以上の研究状況は、「清沢満之批判」の提起した問題の重要性を示唆しているのではないだろうか。そこで本章は、すでに「清沢満之批判」によって提起されながらも長く置き去りにされてきた問題を改めて正面に据えて、清沢満之の「精神主義」と天皇制国家との関係について考えてみたい。考察の筋道としては、まず、天皇制国家の支配の特質をその宗教的基盤に照準を合わせて検討する。次に、清沢満之の信仰構造を信仰確立と現実認識との関係に注目しながら分析を加え、続けて「精神主義」を踏まえて成立する主体の実質を、特に責任の問題を軸に検討しよう。これらの考察を踏まえ、最後に当該の政治・宗教の全体状況のなかで、「精神主義」が発揮する政治性をあきらかにしたい。

一　天皇制国家の宗教的基盤

周知のように、日本の近代化は神道国教化政策と廃仏毀釈に始まったが、それは欧米諸国に対峙しうる国家形成を課題とした維新政府が、「現人神」天皇を中核に据え、それを成し遂げようとしたことを象徴的に表現するものであった。「西側の衝撃」のもとで国際秩序に編入された日本にとって、いかにして不平等条約を改正して「半独立国」的状況を打開するかは対外関係の最重要課題であり、それにはともかくも「半開」たる現状を欧米と対等の「文明国」として認められるところまで引き上げることが不可欠だと考えられた[11]。そこで維新政府は、祭政一致の支配体制を創出することにより、祭祀王かつ「現人神」たる天皇のもとに広範な国民の服属・恭順を調達して、富国強兵と国家独立を早急に実現しようしたのである。こうして神道強制とそれによる他宗排除により始まった「復古」政策は、一八七〇年の国学者や神道家などによる「宣布大教詔」の宣教から、一八七二年の教部省設立と仏教勢力を抱き込んだ「教則三条」の教導によって推進された。やがて天皇制国家がそうした露骨な神道国教主義から表面的には一転して「神道非宗教」論に立ったことで、神道の国民への内面化は、国民にそれとして自覚させることなく着実に進行していったのである[12]。

このように天皇の神聖性・絶対性を軸に近代化を推進し、神道国教化の実質的な成功、つまりは国家神道体制へと至ったのには様々な歴史的な経緯があったとはいえ、それを否定するだけの根拠を確保した人間があまりに少数であったことを根本的な要因として押さえねばならないだろう。それは民族宗教性を内面化した人間が広範に存在していたことと不可分の問題である。抑圧的な体系の外圧のみならず、人間を内面から服属させることによって天皇制国家の支配体系は整えられていくのである。島地黙雷らを中心に「信教自由」と「政教分離」の獲得をめぐって天皇制国家に抵抗した真宗教団でさえも、その例外的存在たりえなかった。島地らは権力の圧迫のなかで真宗信仰を何とか守ろうとしながらも、結局は天皇制国家の支配体制にみずからを編成していったのである。先行研究で繰り返し指摘されてきたように、島地のたたかいの成果としてもたらされた一八七五年一一月二七日の「信教自由保障の口達」が次のような内容しか持ち合わせていないこと、そしてそれが島地らの要求のほとんどすべてを実現したものであることは、天皇制国家の支配のありようが民族宗教性によって内面から服属させるそれとしてあった事実を知らせるものである[13]。

抑政府ヨリ神仏各宗共信教ノ自由ヲ保護シテ之ヲシテ暢達セシムル以上ハ乃又之ヲシテ行政上ノ裨益ナルモ妨害タラシメス以テ保護ノ終始ヲ完全スル是レ政府ノ教法家ニ対スル所以ニシテ而シテ其教法家ハ信教ノ自由ヲ得テ行政上ノ保護ヲ受クル以上ハ能ク　朝旨ノ所在ヲ認メ啻ニ政治ノ妨害トナラサルニ注意スルノミナラス務テ此人民ヲ善誘シ治化ヲ翼賛スルニ至ルヘキ是レ教法家ノ政府ニ報スル所以ノ義務ト謂フヘシ(14)

近代真宗教団の方向性もまた、こうした島地の立場の延長線上に定まったのであった。すなわち、廃仏以降、旧来の国家的保護を失っていた教団は、天皇制国家への自発的奉仕に照準を合わせた教勢拡大へと舵を切ったのである。現実の権力秩序に対する緊張関係を喪失した真宗教団は、天皇制国家が推進する政策なら「復古」や「開化」、さらには富国強兵や戦争にさえも積極的に追随することになる。(15)そうした真宗教団の従属を基礎づけたものこそ、一八八六年の「宗制」で教団の正統教義とされた「真俗二諦」にほかならない。真宗大谷派の「宗制」では、「真諦」と「俗諦」についてそれぞれ以下のように定めた。

本宗ノ教旨ハ一向専念ノ宗義ニシテ諸神諸仏ヲ念セス余行余善ヲ修セス一心ニ阿弥陀如来一仏ニ帰スルヲ以テ往生浄土ノ安心トスコノ一念発起ノトキ往生ノ業事成弁スルカ故ニ爾後偏ニ称名念仏ノ一行ヲ以テ報謝ノ経営トス之ヲ真諦門ト云フ　皇上ヲ奉戴シ政令ヲ遵守シ世道ニ背カス人倫ヲ紊ラス以テ自己ノ本業ヲ励ミ以テ国家ヲ利益ス之ヲ俗諦門ト云フスナハチ真諦ヲ以テ俗諦ヲ資ケ俗諦ヲ以テ真諦ヲ資ケ二諦相依テ現当二世ヲ相益ス是ヲ二諦相資ノ法門トス(16)

このように真宗教団は、往生浄土の安心を「真諦」として、天皇制国家への従属を「俗諦」としてそれぞれ規定した。「真諦」と「俗諦」、この両者の原理的分断は信仰と生き方との二元化を不可避としたから、「真俗二諦」は信仰に基づく実践の否認を、したがって現実の権力秩序への追随を結果せざるをえなかったといえよう。さらに、真宗教団は世俗権力への服属を浄土往生とともに「諦」――「真実」として等価に位置づけたことで天皇制国家を神聖化し、それへの積極的従属に教学的根拠を与えた。こうして真宗教団は、神道が「宗教」ではなく習俗であり、神官が葬儀への関与を禁止されている限りは、「俗諦」を根拠に何の問題もなく天皇制国家に従属しえたのである。

やがて天皇制国家の支配体制は、一八八九年に大日本帝国憲法が、そして一八九〇年に教育勅語が出されることで制度的確立をみた。「大日本帝国ハ、万世一系ノ天皇之ヲ統治ス」「天皇ハ、神聖ニシテ侵スベカラズ」[17]と憲法に明記されたように、着々と整備されていった外見上の近代性の一方で、「現人神」天皇を中核とする「大日本帝国」には民族宗教的性格が宿っていたし、国民の生命・自由・財産などを守らせるための国家、という社会契約論的視点はそもそもなかったから、憲法には国民としての権利保障ではなく、「臣民」としての「権利義務」が列挙された。たとえば、「信教ノ自由」にしても「日本臣民ハ、安寧秩序ヲ妨ゲズ、及臣民タルノ義務ニ背カザル限ニ於テ、信教ノ自由ヲ有ス」[18]という、天皇制国家の許容する枠内での「恩賜的」な「自由」であり、実質は常態的に国民の内面性を圧迫するものとなっていた。そして国民は、「常ニ国憲ヲ重シ国法ニ遵ヒ一旦緩急アレハ義勇公ニ奉シ以テ天壌無窮ノ皇運ヲ扶翼」[19]する「臣民」として定式化され、天皇制国家に服従し、富国強兵や「万国対峙」といった国家目標のために動員される存在とされていたのである。こうした天皇制国家の支配を受けいれる人間を成立させるのに、やはり「神道非宗教」論の果たした役割は決して小さくはなかった。なぜなら、天皇自体がすでに神話を世俗に接続して「現人神」となっている以上、それを肯定する神道を「非宗教」として「強制」しうることは、現実を突き破る原理の確立を阻害し、そのまま世俗権力を肯定するしかない人間を生産し続けるからである。ただし看過しえない問題は、真宗教団の「真俗二諦」がそれを何ら矛盾なく受容し続けたことであろう。つまり天皇制国家の宗教的基盤との等質性が、いわばここでの「真俗二諦」の内実にほかならなかったがゆえに、真宗教団はみずから天皇制国家の支配の体系に組み込まれていったのである。

以上の問題状況を念頭に置いたとき、「然るに今の世の人、或は倫理を以て、或は利害を以て、或は親の為を以て、或は君の為を以て、或は家族の為を以て、或は国家の為を以て宗教の価値を批定せんとす、豈に誤ならずや[20]」という清沢満之の主張には、真宗教団の「真俗二諦」とは一線を画した仏教理解を期待させる。果たしてここに見られる清沢の世俗的価値への消極的態度や現実否定の方法には、内面収奪を徹底することで被治者の自発的従属を引き出していく天皇制国家の支配、それへの同意とは異なる性格の歴史的内実が備わっていたのであろうか。

清沢が天皇制国家と無関係でないことは、天皇制国家の支配様式が整えられていく時期に思想を形成したこと、天皇制国家への従属の根拠を鮮明にした真宗教団に関わるなかで真宗信仰を確認していったこと、「精神主義」運動を本格化する以前の段階で、清沢自身が「真俗二諦」を踏まえて死後の往生と国家への従属が重要だと日記に記していたことなどからあきらかである[21]。そもそも「精神主義」と表現された彼の信仰も、天皇制国家のなかで成立・展開したのである。とすれば、すでに状況の全体が天皇制に覆われている以上、「精神主義」がその宗教的基盤たる民族宗教性をどれだけ自覚的に斥けることができるのか、あるいは、清沢が真宗信仰を踏まえ直して打ち立てた「精神主義」には「真俗二諦」を解体する原理性がどこまで回復されていたのかが、本書の立場からして問題とならざるをえない。

さらに、日清戦争による国家意識の高揚と資本主義体制の軍国主義化、そしてそれに伴う「社会問題」の発生と社会主義思想の普及、こうした歴史状況のなかで「精神主義」運動が本格化していることも重視すべきであろう。だが、清沢は基本的にそれらの具体的な歴史状況との関連で「精神主義」を説明していない。そうした清沢の態度自体も、彼の「精神主義」の性格と切り離せない問題の一つではないだろうか。それをあきらかにするためにも、まずは清沢の信仰構造を分析し、「精神主義」が現実とどのような関係性を構築しようとするものであったのかを考えてみよう。

二　清沢満之の信仰構造

清沢満之が『精神界』に発表した論説は、そのどれもが「煩悶憂苦」からの解放、つまりは精神的安定をどのようにして獲得するかという問題関心に貫かれている。それはみずからを囲繞する外的状況に振り回される信仰理解への不満と一体のものであったといえよう。すなわち清沢はいう、「精神主義は、彼の社会の為め、国家の為めを先として、自己の為めを知らざる主義が、吾人に安住を与ふるものとする能はざるなり[22]」と。このように、彼は「安住」という目的からすれば、「社会」や「国家」ではなく「自己」を問題にしなければならないと主張したのである。そしてその「自己」というのは、より正確にいえば、みずからの内面性の問題を意味していたから、清沢は「内観的省察」[23]の重要性を繰り返し強調した。このように、清沢は外的状況を軸にした信仰理解に内面性を対置して、徹底的に後者を問題にしていったのである。逆に外面はどのようにしても「煩悶」の原因とならざるをえず、そうした外面の問題をいくら掘り下げていっても「自己」を問うこととは相違すると考えた。状況のなかの自己を掘り下げていくのではなく、状況を遮断した「自己」を「内観」していく、こうした清沢における内面と外面との関係は、彼が自身の「三部経」の一つとして高く評価した『エピクテタス氏教訓書』の「如意」「不如意」論に着想を得て構築したものであった。

如意なるものと不如意なるものとあり　如意なるものは意見動作及欣厭なり　不如意なるものは身体財産名誉及官爵なり　己の所作に属するものと否らざるものとなり　如意なるものに対しては吾人は自由なり制限及妨害を受くることなきなり　不如意なるものに対しては吾人は微弱なり奴隷なり他の掌中にあるなり　此区分を誤想するときは吾人は妨害に遭ひ悲歎号泣に陥り神人を怨謗するに至るなり　如意の区分を守るものは抑圧せらるることなく妨害を受くることなく人を謗らず天を怨みず人に傷けられず人を傷けず天下に怨敵なきなり[24]

清沢はこの「如意」「不如意」論によって主体の内面と外面とを分離して理解しえた。そして外面を断念し内面へ沈潜して、そこで「絶対無限者」[25]により「不変不動の立場」[26]を確立することで精神的安定を獲得しようとしたのである。その一方で外面の現実状況を、「宗教的信念」獲得のためには徹底して「捨てねばならぬ」とした。

真面目に宗教的天地に入らうと思ふ人ならば、釈尊がその伝記もて教へ給ひし如く、親も捨てねばなりませぬ、妻子も捨てねばなりませぬ、財産も捨てねばなりませぬ、国家も捨てねばなりませぬ、進んでは自分其者も捨てねばなりませぬ。語を換えて云へば、宗教的天地に入らうと思ふ人は、形而下の孝行心も、愛国心も捨てねばならぬ。其他仁義も、道徳も、科学も、哲学も一切眼にかけぬようになり、茲に始めて、宗教的信念の広大なる天地が開かるゝのである(27)。

このように、清沢は「宗教的信念」の獲得に際しては現実のすべてが捨てられねばならないことを「釈尊」の立場に即して述べた。仏教の出発点に回帰しようとするそうした立場は、現実一切の相対化をもたらしたのである。それとともに清沢が示したのは、現実状況へいくら積極的に関わろうとしてみたところで、そこから「宗教的天地」に繋がる道はないということであった。その理由は、現実がどこまでも相対的であるかぎり、相対的なものにどれだけ頼ってみても絶対的な信仰は得られないという点に存する。相対的な現実への「依頼心」を捨てて「宗教に熱中(28)」すべきことを彼が説いたのもそのためであった。つまり、清沢は外的状況に振り回される他律的な信仰理解を清算せんとして、自己と現実との関係性を無価値化したのであり、それゆえ信仰確立の際に徹底した現実の相対化を求めたのである。ただ、この相対化は現実の否定ではなく、現実に頼る心の否定にすぎない。とするなら次に問題となるのは、現実の状況を断念して構築された清沢の内面的根拠の実質とそれが創出しようとする現実との関係性である。

清沢はいう、「一度如来の慈光に接して見れば厭ふべき物もなければ、嫌ふべき事もなく、一切が愛好すべきもの、尊敬すべきものであつて、この世の事々物々が光りを放つやうになる(29)」と。このように、徹底して相対化された現実は、信仰の確立と同時に一転して「如来の慈光」により肯定されることになった。清沢のいう「完全なる立脚地」[30]の獲得とは、こうした現実認識をもたらす根拠として成立したのである。頼みにならない現実でさえも「如来の慈光」により肯定すべき対象として認識しえたのは、当然だが現実が変革されたからではなく、現実の捉え方自体を変化させたからである。では、そうして現実を捉え直せたとき、信仰主体はその現実に対してどのように向き合うというのか。

此に至ると、道徳を守るもよい、知識を求むるもよい、政治に関係するもよい、商売するもよい、漁猟をするもよい、国に事ある時は銃を肩にして戦争に出かけるもよい、孝行もよい、愛国もよい、工業もよい、農業もよい。即ち、「資生産業皆これ仏教」で、「仏教は日用の処、穿衣喫飯の処、撤屎放尿の処、行住坐臥の処に在り」である。それで私は宗教的信念を得た者か総ての世間のことに対する態度は、蓮如上人が、「王法をもて本とし、仁義をさきとして、世間通途の儀に順して当流安心をば内心にふかくたくはへて」と云はれたは、尤もありがたい規矩であると思ひます[31]。

このように、清沢は「如来の慈光」によって現実全般が肯定すべき対象となること、したがってその現実にはどのように関わっても「よい」ということをあきらかにした。その際、蓮如の「王法為本」「仁義為先」「世間通途」といった主張を引用して、みずからの議論を真宗信仰のあるべき立場として提示してはいる。だが、「ありがたい規矩」とされた蓮如の「王法為本」や「仁義為先」ですら、清沢にしてみれば「寧ろ附けたりの事」[32]にすぎず、何より重要なのは「内心にふかくたくはへ」る「安心」であったに相違ないだろう。それほどまでに現実の相対化は徹底したものであり、おそらくは、彼にとって現実のなかでの当為などは関心外のものだったと考えられる。それは上に表出したような現実への態度、要するに、何でもよい、という点からもあきらかではないだろうか。現実はどこまでも「相対有限[33]」なのだから、それらに振り回されて「苦痛」、あるいは「快楽」を感じる必要などないのである。問題はむしろ、「快楽苦痛の主観的現象なることを覚りて、其転換の自由あることを知らしめ[34]」ることだったから、清沢は「快楽苦痛」を感じる主観内においての「転換」を強調した。そして内面を起点に、現実全般の肯定がもたらされることを彼は明かした。それが清沢の主張する信仰の絶対性だったといえよう。つまり、信仰の絶対性は現実に転化されて、現実全体は肯定すべきものとなったのである。逆に、どのようにしても現実を肯定しきれない場合、そこに伏在している問題が何であるかを清沢はこう説明した。

吾人が自己心中に満足を得る模様を撿察するに、吾人は世上百般の事に当りて、不満足の為に煩悶することあるも、一たび転じて絶対無限如来大悲の実在に想ひ到れば、先の不満足の煩悶は煥然として消散し、満足の歓喜は油然として流出するを覚ふ。蓋し吾人が不満足を思ふは畢竟自己の意力の薄弱なるに基因するものにして、若し自己の意力の牢強なるものは、如何なる境遇に臨み、如何なる状態に陥りても、毫も不満に沈むことなく、常に其境遇と其状態とに満足して、只管自己の職分を尽さんことに進むのみなり。然るに此の如き意力は、決して吾人の常に有する所にあらず。吾人は寧ろ意力（只意志あるのみを云ふにあらず、能く其意志に順じて終始を貫徹する力用をも併せ云ふ）の非常に薄弱なるを感ず。而して此意力の薄弱なるものが、其心中に満足を得る所以は、如何と云ふに、吾人が無限大悲の実在を感ずるにより、自己は唯其無限大悲の賦与に属する分限内にのみ自由を得、其分限外の範囲に於ても、別に如来大悲の妙巧あるべきこと

を信ずるが故に、自己の内外に対して、共に不満の念あることなし。是れ豈無限大悲の他力的感動と云ふべからずや。(35)

このように、信仰の確立が現実に対する全面肯定を結果することを説く一方で、そうした現実認識の不在が信仰の不徹底として説明されている。より端的には、「若し不足ありと思はゞ、是れ爾の不信にあらずや(36)」ということである。清沢はいう、「絶対無限如来大悲の実在」は必ず「煩悶」の「消散」と「満足の歓喜」をもたらすのであって、その結果、自己と現実の全体を肯定することができるのである、と。なぜなら、「天はくだけ、地は破れても、これだけは変らぬといふ堅固なる位地に住すること(37)」をもって「精神主義」は確立するのであり、それに至らないのはすべて信仰の未確立でしかないからである。

三 「精神主義」における責任の問題

清沢は現実認識の「転換」については繰り返し説明したが、それによって現実との関係性をどのように構築しようとするのかに関しては、何ら具体的な内容を示しえていない。そのため「精神主義」からの現実への働きかけは極めて消極的に見えるのだが、清沢によれば「活動と発動を一視し、発動にあらされば活動にあらす(38)」というのは「誤解」であって、「受動」も「活動の一部分たるなり(39)」ということになる。そうした理解の背後に存するのは、すべての物事が実は有機的に関連しているとする世界観、つまり清沢のいう「万物一体」論である。(40) 彼は現実の「全体」性を仮構することで、現実を認識する視座の射程を極限まで引き伸ばし、活動をそれとの関連で把握しようとしたのである。そして一見すると「非活動的」に映る「精神主義」が、実は「活動主義」である理由を清沢は次のように述べた。

精神主義が、共同作用の規律秩序に就て、特に貢献するものあり。他にあらず、精神主義は、外他の如何なる作用に対しても、常に内部の満足を得るものなるが故に、共同作用の調和し難き場合にありては、容易に全体の便宜に服従して、其共同作用を調和せしむることを得るなり。是れ精神主義が、或は頗る非活動的のものたるか如くにして、却て非常なる活動主義たる所以なり。(41)

このように、清沢は「調和」によって現実「全体」を維持する「精神主義」の「活動主義」を誇示したのであった。彼は、現実に「満足」して何ら不足を感じないからこそ「服従」し、みずからを状況にどこまでも溶解させていけるのだという。だが、この主張からはむしろ「精神主義」が信仰主体に規範意識を成立させず、状況に対して受動的に追随すること、また「精神主義」が変革・創造性ではなく、不断の平衡性を発揮して既存の権力秩序を補完し続けようとするものであったことが浮き彫りになってくるのではないか。換言すれば、ここには現実を突き破ることのできない「精神主義」の体制内的性格が顕在化しているのである。この点を「精神主義」における責任の問題との関連で、いましばらく考えてみよう。

「精神主義」が現実を徹底して相対化しながらも、信仰確立後は何ら「不足」を感じない完全な世界として現実を捉えようとするのは、「我等は絶対的に他力の掌中に在るものなり」(42)という認識を信仰確立の際に獲得すると考えるからであろう。「只管、絶対無限の我等に賦与せるものを楽しまんかな」[43]という現実への態度が奨励されるのも、それと表裏一体のことであった。こうして、現実のすべてを「満足の歓喜」を得て「楽し」みながら受容するのならば、そこには一定の目的のもとに現実を選別して何らかの改善を加えようとする態度がもたらされるはずもない。それはつまり「精神主義」の確立が、具体的な倫理性を具備する実践主体の創出ではなく、「為すも仏陀なれば為さぬも仏陀なり」[44]というように、責任をすべて「仏陀」に負わせるような、いわば無倫理の主体の形成を意味しているということになろう。信仰を踏まえることで倫理観を喪失するのであるから、たとえば親孝行・忠君・孤児貧民扶助・労働者救済[45]といった物事に対して、「精神主義」には選択・判断の座標が定立しないということになる。みずからの決断によって、したがってみずからの責任によって現実と向き合い行動しようとするとき、信仰主体に基本的方角を示唆する基準はどこにもない。さらにいえば、「精神主義」は自己の行動のすべてを「仏陀」の命令・指導だと観念しているのだから、原則的にはそうした決断自体を必要としない主体を形成しようとするのである。そして、かかる態度からは責任などということが問題になるはずがない[46]。責任意識が生じることがあるとすれば、少なくともそのような無責任の主体からの決別が不可欠だが、逆に責任を感じて苦悶することは「如来の仕事を盗むこと」[47]であって、あくまでも「一切を如来に任かせ奉りて、其導き玉ふまゝに従はねばならぬ」[48]ことを清沢は強調している。というのも清沢は、そうすることで「倫理以上の大安心の基礎が立つ」[49]と理解したからである。そして、そうした「倫理以上の大安心」の「立脚地」を得てこそ、「如何なる場合にも平気に活きて居る様にな」[50]る「現在安住の妙境」[51]に至れると彼は説いた。すなわち、「無限大悲の如来」が「一切の責任を引受けてくださる、ことによりて、私を救済したまうことである」[52]というように、信仰主体が現実のなかで責任意識を喪失することが「精神主義」の「救済」の実質だったのである。

清沢はまた、たとえ責任を感じて何らかの物事を実行してもその十全な達成が不可能であること、それによって「煩悶苦悩」が生じることを強調したのだが、そうした議論は彼の「俗諦」論とも連関している。彼の説く「俗諦」は、「俗諦の教を以て積極的に人道を守らしむるものであるとか、国家社会を益するものであるとか云ふ様に思ふは大なる見当違ひである」[53]というように、「諦」――「真実」である「俗諦」が世俗権力への従属を意味してはいない。したがって、ここには真宗教団の説く「俗諦」とは相違した内容が提出されているといえよう。では、清沢は「俗諦」を一体どのように理解していたのか。清沢はいう、「俗諦の教は其実行の出来難きが為に、愈無限大悲に対する感謝の念を深からしむるが目的である」[54]と。このように、清沢は「俗諦」を「真諦」へと到るための手段として捉えた。つまり現実のなかでの物事の実行が、実行不可能性を梃子にして「無限」に到達する手段となることを、清沢は「俗諦」として説いたのである。ここで注意しておきたいのは、この主張は「俗諦」が「無限」に到達する手段でありさえすれば、その内容を規定する必要がないという点である。清沢が「俗諦」の内容を「何でも構はぬ」[55]としたのは、そうした理解の帰結であったといえよう。このように、明確な内容を与えられない清沢の「俗諦」は、内容の空洞化ゆえにあらゆる生き方を際限なく受けいれ、内容を充塡することが可能となっている。とするなら、こうして何事に対しても否定を加えず受容しうる「精神主義」には、果たして天皇制国家への従属に対する原理的否認が成立するだろうか。

こうした清沢の「俗諦」論を踏まえたとき、われわれは彼の宗教に「熱中」していく態度の特徴をよく理解できるだろう。真宗教団の「真俗二諦」のごとき天皇制国家への従属など、清沢にとっては自身の信仰確立に比べれば問題にする価値のないものであった。そうした問題を不問に付して、「他を顧みないほど宗教に熱中し」[56]ていこうとする際に、清沢は自己と現実との関係性を、すなわち信仰とそれに基づく生き方を、全体として把握せず、両者を切り離したなかで信仰のみを問題にすることができると考えたようである。彼が「真諦」「俗諦」という二元論的信仰理解を基本的な枠組みとして維持するなかでみずからの議論を構築しているのは、そうした立場に起因すると考えられる。要するに清沢は、現実と切り離された「自己」や、生き方を伴わない信仰などがありえないこと、信仰が人間の生き方の総体に関わるということを理解しえなかったのである。清沢が「精神主義」を説明しようとするときに具体的な歴史状況との関連で論じないのは、そうした信仰の性格を反映した結果だともいえよう[57]。したがって、たとえ清沢の主張通りの信仰、つまりは「精神主義」を樹立しえたとしても、そこから倫理や責任といった問題が出てこないのは、信仰確立の前提となった二元論的信仰理解からして当然の結果ということになるのである。このように考えると、清沢の「精神主義」が「真俗二諦」を克服したとはいえない。「精神主義」は「真俗二諦」と同じ枠組みのなかで成立したのである[58]。

すでに見たように、所与の現実の完全性のみが強調される「精神主義」からは、あるべき現実に向けた変革が構想されない。もともと具体的で立体性を帯びた現実が現実一般として、あるいは唯一の現実としてしか認識されなくなれば、現実との具体的な対峙の方法など構想しえないのである。そして、そうした現実認識は既存の権力秩序への同意という役割を果たすことにならざるをえないだろう。というのも、現実に対する不足の表明および変革の構想は、現実状況の中核に存在する政治権力への不信と密着した問題だからである。また、「精神主義」のような現実認識からは、みずからがその現実を構成する一員だという観念が成立し難くなるし、あるいはそのような観念を持ち難くさせられているという事態に気づくこともできない。さらに、現実の人為的側面を捨象して、あたかも自然現象のように現実を受け止めるところからは、当然その現実に対する責任意識の欠落は避けられないと考えられるのである。

四　「精神主義」の政治性

すでにみたように、天皇制国家は民族宗教性を基盤として支配の安定を獲得していた。それはまた、天皇制国家の宗教性を共有した人々が広範に存在したということでもあった。こうした祭政一致の支配体制下では、民族宗教性との異質性の不在は天皇制国家の支配体系への帰納を結果せざるをえない。言い換えれば、天皇制国家の権力秩序に対する原理的な拒絶の不在は、天皇制国家の宗教性をなにほどか共有していることを意味する。とすれば、天皇制国家の支配体系に包摂されていった「真俗二諦」にはその宗教的性格が認められねばならず、したがって、それは真宗信仰の民族宗教化として把握されねばならないだろう。清沢の「精神主義」が「真俗二諦」の枠内で成立したということは、「精神主義」における天皇制国家を支える宗教性の共有と、その結果として不可避である天皇制国家との緊張関係の喪失を予想させる。それを明確にするためにも、最後に清沢の宗教理解およびその政治性について考察しよう。

たとえば、清沢が「宗教」と「道徳」との関係を説明するとき、彼の「宗教」理解の特徴が明瞭に示されているように思う。周知の通り、教育勅語で国民道徳が体系化されてから、宗教が道徳とどのような関係を構築するのかについては「教育と宗教の衝突」を典型的な事例として度々問題になっていた。国家を超えた価値への自覚をもたらすキリスト教は、井上哲次郎の標的となって天皇制国家支配への非適合性の烙印を押されたのであった。ただ問題は、そうした天皇制国家支配への非適合性に対する批判の背後で、国民道徳と原理的に矛盾しないあらゆる宗教が天皇制国家の宗教的基盤に編成されることであったといえよう。したがって、清沢における「宗教」と「道徳」の関係もまた、以上の問題との関連で考えなければならない。

注目しておきたいのは、「宗教者は宗教的見地よりして法を説き道徳家は道徳的見地よりして説を為す。二者別立して毫も牴触する所なきことである[59]」というように、清沢が「宗教」と「道徳」との立場を区別していることである。かかる立場からは、国民道徳の積極的な内面化が回避されよう。清沢はあくまでも「宗教者」としての立場を堅持しつつ「道徳」と向き合うのであるから。だが、そうした「宗教者」としての立場が「道徳」とどう関わるのかについては、「宗教と道徳の区別が明かでありて宗教者は宗教の分を守り、道徳家は道徳の分を守りて各其能を尽せば各其功績を国家社会に貢献することである[60]」と述べているように、清沢は「宗教」と「道徳」とをそもそも別領域の問題として押さえていたのであって、両者が否定的関係を切り結ぶことなどは想定していなかった。ここに確認できるのは、清沢においては、信仰がすでに全体性を喪失して生き方とどのように関わるのかを問題にしえなくなったこと、その部分化された信仰に何ら不自由を覚えていないこと、さらにはその信仰を起点にした現実への「貢献」が構想されていることである。信仰が全体性を喪失しても何ら痛痒を感じないその立場がすでに、天皇制国家の支配にとっては「貢献」なのだが、われわれは「精神主義」がそうした立場を突き破るだけの根拠を具備していなかった点にまず注意すべきであろう。浄土往生に関わる領域である「真諦」を唱導することが可能であれば、天皇制国家への従属も「俗諦」として積極的に肯定していった真宗教団の立場、すなわち「真俗二諦」との共通性はこうした側面からも看取しうる。したがって、欧米列強のごとき富国強兵を志向していく天皇制国家を民衆教化によって「裨益」し、また従軍布教などの具体的方策によって翼賛していく真宗教団を支えた「真俗二諦」、それを「精神主義」が解体しえないであろうことも同様の理由から説明できるのである。

また、清沢は「宗教は迷悶せるものに安慰を与ふるものなり、迷悶なき人には宗教は無用なるものなり。而して吾人教家が、広く一般世人に対して、宗教を宣布せんとする根拠は、世人一般に宗教の必須欠くべからざるなることを認むればなり(61)」と「宗教」を理解していた。清沢の理解に即していえば、苦悩する人々の存在はそのまま「宗教」不在の証であって、その苦悩は「宗教」を踏まえることで解消される。そうした「宗教」理解であるかぎり、すでに「非宗教」として「一般世人」が内面化している神道を対象化できないばかりか、それが自己の最深部に及んでいる事実に気づくことも不可能となろう。苦悩の原因を自己の内面性に求め、苦悩を生み出す現実と対峙しえない立場は、自明視した現実を慣習的・無自覚的に支え続ける神道的宗教性と通底するからである。苦悩を解決する手段として「宗教」を理解する立場は、欲望充足の祈願を基本的な属性とする民族宗教性の特質でもある。したがって、「精神主義」が神道に典型的な民族宗教性を基盤にして支配を成立させようとする天皇制国家と緊張関係を持ちえないのは当然の帰結となろう。「精神主義」運動が「迷悶せるものに安慰を与」えようとして運動を展開していくというのは、人間の利己性を是認したうえでの充足の供給を意味する。ということは、「精神主義」は、天皇制国家による内面収奪の結果として、残存する利己性に縛られて現実に埋没し続けるしかない人間への是認、およびそうした利己的人間の拡大再生産という役割を果たすことになるのである。人間の利己性に否定を加え、生き方に根源的な転回を要請する原理がそこにはない。したがって、「精神主義」は利己的充足を志向する人間に「安慰」を供給し、現実批判性を喪失した人間、つまりは言挙げしない人間を生産することで、天皇制国家を支えようとするものだったといわねばならない。「俗諦」によって天皇制国家を神聖化しようとする「真俗二諦」とは相違して、「精神主義」はみずからの「安慰」の追求にひたすら「熱中」する。ただし、それはそのままで天皇制国家への従属を結果するのである。

「精神主義」の核心がいくら表現としては「絶対無限」であろうとも、それが現実を突き破るだけの根拠、つまりは超越的原理として主体化されるものでない以上、その「絶対無限」は現実それ自体を否定できないどころか、逆に支え続けることになるのである。祭政一致の支配体制下では、民族宗教性への否定の契機を持たない限りは天皇制国家への抵抗は成立しないし、仮に一見抵抗らしきものが成立しても、それは原理的・徹底的なものとはならずに、結果としてより強固に天皇制国家を再編する役割しか果たしえない。したがって「精神主義」の天皇制国家に対して果たした役割はどこまでも、支配への同意、としかならないだろう。そうした民族宗教性への否定の契機の成立が、当該状況のみならず日本の歴史を天皇制が貫いている以上、非常に困難であることはいうまでもない。しかし、仏教に立脚するということは、本来そうした民族宗教性を否定的に踏まえ、現実と対決する主体の成立を意味するのである。

おわりに

本章で考察した清沢満之が稀にみる誠実さによって真宗信仰と向き合った人物であったことや、それゆえ真宗教団の仏教理解との簡単な妥協などはなかったこと、また「精神主義」を説く論文中に示された現実を超絶するかのごとき信仰態度や「絶対無限」という表現は、彼に存した真実への志向をうかがわせるようである。よく知られた信仰獲得過程の悪戦苦闘ぶりがそれを象徴しているともいえよう。

そしてその悪戦苦闘のすえに、清沢はひたすら自己の内面を省察し、「絶対無限者」によって「完全なる立脚地」を自覚しえた。その結果、自己の「精神内」に「充足」を得て、現実に「服従」してさえも「満足」することができた。つまり、清沢は「煩悶憂苦」の磁場たる現実のなかで、信仰の確立を精神的安定の獲得だと理解し、そのような信仰の確立を、すなわち精神的安定の獲得を徹底的に追求したのであった。ただし、そうした利己性を否定的に踏まえられない信仰理解こそが、まさしく天皇制国家の宗教的基盤たる民族宗教性にほかならない。したがって、近代日本の全体を貫いていた天皇制国家の宗教的基盤と異質な信仰に立脚しえなかった「精神主義」は、結果的に支配体系に包摂されたといいえよう。そして、清沢を中心とした「精神主義」運動が本格化して、都会の青年・知識人層へと受けいれられて支持者を獲得すればするだけ、「精神主義」はそれらの人々に精神的安定を供給しながら、同時に天皇制国家の支配体系に編成する役割を果たすのであった。いくら清沢とその門下が「自己」の信仰確立のみを徹底的に追求していたのであっても、終局的にはそうした役割を果たさざるをえないものとして「精神主義」運動は展開したのではないだろうか。とするなら、真宗教団の「真俗二諦」とは異質な信仰を形成しながらも、天皇制国家の支配体系に自身と多くの人々とを編成していこうとする点で、実のところ「精神主義」と真宗教団とは同じ地平に立っていたといえよう。両者は天皇制国家の宗教的基盤に多くの人々を編成していく役割を共有しながら、それを分業によって遂行しようとしていたのである。

一九〇三年、「精神主義」運動は、その中心たる清沢満之を失うことになる。だが、一九一九年まで『精神界』は継続して発行され、清沢の門下が、近代日本の諸問題に対して発言する場、そして自己の信仰を表白する場であり続けた。清沢の死によって、「精神主義」が天皇制国家とどのような関係を具体的に構築していくのかという問題は、清沢の門下に残されることとなったのである。

註

（1）西村見暁『清沢満之先生』（法藏館、一九五一年）、寺川俊昭『清沢満之論』（文栄堂書店、一九七三年）、安冨信哉『清沢満之と個の思想』（法藏館、一九九九年）等。

（2）　赤松徹真「近代日本思想史における精神主義の位相——清沢満之の信仰とその陥穽——」（二葉憲香博士還暦記念会編『仏教史学論集』永田文昌堂、一九七七年）、福嶋寛隆「帝国主義成立期の仏教——「精神主義」と「新仏教」と——」（『仏教史学論集』）、同「「精神主義」の歴史的性格」（『日本仏教』第五〇・五一号、日本仏教研究会、一九八〇年）、伊香間祐學「明治三十三年十月三十日」（『「精神主義」を問い直す——近代教学は社会の問題にどう答えたか——』北陸聞法道場叢書Ⅲ、北陸聞法道場出版部、一九九二年。初出一九八七年）、川本義昭「清沢満之の教学的陥穽——「精神主義」における二諦的問題——」（信楽峻麿編『近代真宗思想史研究』法藏館、一九八八年）等。

（3）　僅かな例外としては、中川洋子「清沢満之における〝絶対の探求〟」（福間光超先生還暦記念会編『真宗史論叢』永田文昌堂、一九九三年）。

（4）　そうした研究状況を受けて、久木幸男は「清沢満之批判」を実証主義的方法により「検証」したのであった（「あとがき」『検証　清沢満之批判』法藏館、一九九五年）。だが久木が「清沢満之批判」の提起した問題を実質的に受け止めていないということは、一読すればあきらかである。久木の「検証」に内在する問題については、福島栄寿「〈新刊紹介〉久木幸男著『検証清沢満之批判』」（『近代仏教』第六号、日本近代仏教史研究会、一九九九年）が指摘している。また、筆者も拙稿「清沢満之の信仰とその歴史的立場」（『仏教史研究』第四一号、龍谷大学仏教史研究会、二〇〇五年）で少しく論及した。

（5）　「宗教的信念の必須条件」『精神界』第一巻第一一号、一九〇一年一一月。大谷大学編『清沢満之全集』第六巻、岩波書店、二〇〇三年、七七頁。なお、本書は『精神界』の引用に際して『精神界　復刻版』（法藏館、一九八六年）を使用しているが、本章の清沢満之の『精神界』所収論文については、大谷大学編『清沢満之全集』第六巻（岩波書店、二〇〇三年）を使用し、『精神界』の巻号数を併記した。

（6）　こうした立場は、久木幸男「清沢満之とその教育思想」（『横浜国立大学教育紀要』第八集、横浜国立大学教育学部、一九六八年）に典型的に見られた理解である。久木論文は、清沢の「「如来の慈光」のもとでの国家肯定は、単なる肯定ではなく、いわば否定をうちに包む肯定」であり、「清沢の国家肯定は、つねに国家悪へのいたみを内にひめている」とした。そして、「かれにおける国家肯定は、国家至上主義へ安易に帰ることではなく、どこまでも「不視国家」という否定的契機を含み、肯定と否定との緊張関係の中に現成する「絶対無限の国家」の肯定なのである」と論じた。だが、本章であきらかにするように、清沢の国家への態度は相対化した現実に対する全面肯定との関連のなかで把握されねばならないのであって、久木論文の主張するところは「清沢鑽仰論」を背景とした強引な解釈といわざるをえないであろう。また、近年では福島栄寿「福沢諭吉の「宗教」認識の波紋」(『思想史としての「精神主義」』法藏館、二〇〇三年。初出一九九七年)が、「清沢によって、「宗教」と国家などとの関係は、次のように自覚されるのであった」(八一頁)として、本文中に示した清沢の宗教的天地に入るためには国家、愛国心を捨てなければならないといった発言を提示し、それを「当時の常識的な「宗教」観を否定的媒介として」(八二頁)いるものとした。だが、清沢における「宗教」と国家との関係については、清沢が結果的に国家を全肯定することも含めて判断すべきであるように思われる。

(7) 「宗教的信念の必須条件」七九頁。

(8) 今村仁司／末木文美士「〈対談〉清沢満之と仏教の今日的再生」『思想』第九六七号、岩波書店、二〇〇四年。引用は今村の発言。

(9) 末木文美士「内への沈潜は他者へ向いうるか――明治後期仏教思想の提起する問題――」(『思想』第九四三号、岩波書店、二〇〇二年)は、そうした立場からなされた研究の代表的なものである。

(10) たとえば、島薗進「宗教言説の形成と近代的個人の主体性――内村鑑三と清沢満之の宗教論と普遍的超越性――」(『季刊日本思想史』第七二号、日本思想史懇話会、二〇〇八年)もその例に漏れない。島薗論文は、近代化途上の日本における普遍的超越性と個人の主体性を強調する宗教言説の形成を論じ、その典型として内村鑑三と清沢満之の宗教論を位置づけ、彼らの「普遍的原理としての宗教の権威を強調し個の自立と主体性に力点を置いた宗教言説は、確立されてくる国家神道との間に緊張関係をはらみうるものだった」と評価するものである。内村については不敬事件の事例を提示して論旨を補強しているが、清沢と国家神道との関係性については何の説明も加えられていない。少なくとも島薗論文が上のように主張するには、「精神主義」が国家神道とは質的に相違する主体を成立させるか否かがあきらかにされねばならないはずだが、その点についての考察は本格的に行われなかった。おそらく島薗論文は宗教言説のみに注目するあまり、「精神主義」がどのような主体を成立させるかという問題に迫りきれなかったのであり、結果として清沢の語った言葉の表面をなぞったという次元にとどまったように思われる。

(11) 福沢諭吉『文明論之概略』岩波文庫、一九三一年。初出一八七五年。特に第十章「自国の独立を論ず」を参照。『文明論之概略』における福沢の宗教理解については、藤原正信「初期啓蒙期における福沢諭吉の宗教理解――『文明論之概略』を中心に――」(福嶋寛隆編『日本思想史における国家と宗教』上巻、永田文昌堂、一九九九年)を参照。

(12) そもそもいかなる政治権力であっても被治者の同意なくしては支配が成立しえないことからすれば、被治者の内面の掌握はいわば支配の関鍵である。したがって、天皇制国家のイデオロギー政策もそれとの関連で考えねばならないだろう。すなわち天皇制国家はイデオロギー支配を貫徹することで被治者に支配――被支配関係を自然なものとして観念させ、支配を安定させようとしたのである。仮に内面収奪が不徹底となれば、天皇制国家の支配は脅かされ、強権的弾圧の発動が要請されざるをえない。強権的弾圧の発動はそれゆえ、支配の不安定さの顕在化にほかならないのである。このように考えれば、「神道非宗教」論を根拠に国家神道体制が構築されたのは、天皇制国家が被治者の内面を掌握するのに、人間の生き方を根底から方向づける宗教こそが支配の要具だと判断したことに起因するといえよう。そして神道がそこで採用されたのも、それが支配権力にとって好都合な宗教的性格を有していたこと、つまり神道が原理・原則的な思考とは無縁であって、その時々の欲望と結びつきながら惰性的に現状を肯定していく民族宗教であったからだろう。

(13) 福嶋寛隆「神道国教政策下の真宗――真宗教団の抵抗と体制への再編成――」(『日本史研究』第一一五号、日本史研究会、一九七〇年)、同「近代天皇制国家の成立と信教自由論の展開」(『歴史のなかの真宗――自律から従属へ――』永田文昌堂、二〇〇九年。初出一九七三年)、藤原正信「国家神道確立の一側面――「信教の自由保障の口達」の評価をめぐって――」(二葉憲香編『続 国家と仏教』近世・近代編、日本仏教史研究4、永田文昌堂、一九八一年)、中川洋子「近代天皇制国家成立期の仏教と人権論」(二葉憲香監修、反靖国連帯会議編『反靖国への連帯』永田文昌堂、一九八九年)参照。

(14) 「宗教関係法令一覧」、安丸良夫・宮地正人校注『宗教と国家』日本近代思想大系5、岩波書店、一九八八年、四六八頁。

(15) 真宗大谷派が「大逆」事件の際、教団構成員に加えられた弾圧をも支持するのは、教団に一貫した天皇制国家への積極的従属を象徴しているように思われる。真宗大谷派および「精神主義」運動の「大逆」事件への対応については、本書第四章を参照。

(16) 「真宗大谷派宗制寺法（告達第二十九号報告十五号之続）」『本山報告』第一六号、真宗大谷派本願寺寺務所文書科、一八八六年一〇月一五日。引用は、『本山報告（一）』「宗報」等機関誌復刻版3、真宗大谷派宗務所出版部、一九八八年、一七四頁。

(17) 「大日本帝国憲法」、江村栄一校注『憲法構想』日本近代思想大系9、岩波書店、一九八九年、四三〇頁。

(18) 同上、四三一頁。

(19) 「教育ニ関スル勅語」、山住正己校注『教育の体系』日本近代思想大系6、岩波書店、一九九〇年、三八三頁。

(20) 「御進講覚書」、大谷大学編『清沢満之全集』第七巻、岩波書店、二〇〇三年、一九二頁。

(21) 清沢は一八九三年一月二六日の日記に次のように記している。「誰ノ人モ早ク後生ノ一大事ニ心《（ママ）》ヲカケテ他力ノ大信心ヲ決定セネバナラヌ《スルヨリ外ハナヒ》（中略）仁義忠孝天恩国恩ヲ奉戴シテ人ニ損ヲカケヌ様自身モヤリハコナヒヲシナヒ様互ニ悪ヲ誡メ善ヲ勧メテ生テハ国家ノ良民トナリ死シテ安養浄土ノ快楽ヲ受クルハ実ニ不可思議ノ因縁ナリト存知シテ有難ク目出度真俗二諦ノ喜ヲ得奉リ称名シ乍ラ勉強ヲスルガ肝要」（「〔骸骨日記　第二〕」、大谷大学編『清沢満之全集』第八巻、岩波書店、二〇〇三年、五八頁）。ここから「精神主義」運動が本格化する以前の清沢が、「真俗二諦」に立脚して天皇制国家へ従属しようとする立場であったことを確認できる。

(22) 「精神主義と三世」『精神界』第二巻第二号、一九〇二年二月。『清沢満之全集』第六巻、九二頁。

(23) 「迷悶者の安慰」『精神界』第二巻第一号、一九〇二年一月。『清沢満之全集』第六巻、八四頁。

(24) 「序言」『静観録』無尽灯社出版部、一九〇二年。『清沢満之全集』第六巻、三四七頁。

(25) 「精神主義」『精神界』第一巻第一号、一九〇一年一月。『清沢満之全集』第六巻、三頁。

(26) 「一念」『精神界』第一巻第三号、一九〇一年三月。『清沢満之全集』第六巻、二七頁。

(27)(28) 「宗教的信念の必須条件」七七頁。

(29) 同上、七八頁。
(30) 「精神主義」三頁。
(31) 「宗教的信念の必須条件」七九頁。
(32) 「宗教的道徳（俗諦）と普通道徳との交渉」『精神界』第三巻第五号、一九〇三年五月。『清沢満之全集』第六巻、一五六頁。
(33) 「精神主義」三頁。
(34) 「精神主義と三世」九一頁。
(35) 「精神主義と他力」『精神界』第一巻第一一号、一九〇一年一一月。『清沢満之全集』第六巻、七三〜七四頁。
(36) 「絶対他力の大道」『精神界』第二巻第六号、一九〇二年六月。『清沢満之全集』第六巻、一一一頁。
(37) 「一念」二七〜二八頁。
(38)(39) 「精神主義と共同作用」『精神界』第二巻第三号、一九〇二年三月。『清沢満之全集』第六巻、九八頁。
(40) 清沢の「万物一体」とは、「宇宙間に存在する千万無量の物体が、決して各個別々に独立自存するものにあらずして、互に相依り相待ちて、一組織体を成ずるものなることを表示するものなり」（「万物一体」『精神界』第一巻第二号、一九〇一年二月。『清沢満之全集』第六巻、一一頁）という、宇宙有機体説のコスモロジーである。
(41) 「精神主義と共同作用」九八頁。
(42) 「絶対他力の大道」一一一頁。
(43) 同上、一一〇頁。
(44) 「天職及聖職」『精神界』第二巻第八号、一九〇二年八月。『清沢満之全集』第六巻、一二〇頁。
(45) 同上、一一九頁。
(46) やがて日露戦争に突入したとき、「精神主義」が戦争を如来からの贈り物であると把握したこと、そして日露戦時中の戦争協力の発言を戦後に堂々と編集・出版していることなどは、こうした現実認識のうえに成立したとみることもできるだろう。これに関しては、本書第三章を参照。
(47)(48)(49) 「倫理以上の安慰」『精神界』第二巻第九号、一九〇二年九月。『清沢満之全集』第六巻、一二二頁。

(50)(51)　同上、一二二頁。
(52)「我信念」『精神界』第三巻第六号、一九〇三年六月。『清沢満之全集』第六巻、一六四頁。
(53)「宗教的道徳（俗諦）と普通道徳との交渉」一五六頁。
(54)同上、一五三～一五四頁。
(55)同上、一五六頁。
(56)「宗教的信念の必須条件」七七頁。
(57)たとえば明治期最大の社会問題であった足尾鉱毒事件でさえ、ほとんど『精神界』には取り上げられていない。なぜ「精神主義」運動がそうした立場をとったのかについては、本書第二章の結論部分で少し言及した。
(58)こうした点から、清沢の「真諦唯一主義」は「真諦が実践性を持たない」「観念論」だとする川本義昭「清沢満之の教学的陥穽」の見解には首肯しうるのであって、「精神主義」が「真俗二諦の歪曲化や、王法から仏法を解放した」（吉田久一「精神主義運動の社会的意義」『日本近代仏教史研究』吉川弘文館、一九五九年、三二四頁）という評価や、「信仰の絶対性、自律性の回復」（柏原祐泉「近代真宗大谷派の歴程」『真宗史仏教史の研究Ⅲ〈近代篇〉』平楽寺書店、二〇〇〇年、一六七頁。初出一九八八年）を達成した「真俗二諦」の克服形態として「精神主義」を把握する立場には同意しえない。
(59)(60)「宗教的道徳（俗諦）と普通道徳との交渉」一五八頁。
(61)「迷悶者の安慰」八五頁。
(補注)　ここで近年に発表された清沢満之・「精神主義」研究のなかから特に二つの成果について論及しておきたい。

まず、繁田真爾「清沢満之「精神主義」再考――明治後半期の社会と「悪人の宗教」――」（『仏教史学研究』第五四巻第一号、仏教史学会、二〇一一年）だが、この論文で繁田は、「資本主義化する生活世界」と「一般化する国家理性」といった二つの歴史的条件に規定された世界のなかで清沢が遂行した内面的価値の原理的追求は、ラディカルな社会性や否定の実践へとつながっていったと把握し、「精神主義」を、人間の根源悪＝有限性の認識を原理として、善（無限）と自己変容への不断の実践を志向する〈知―主体〉のあり方だと論じてみせた。そして清沢が到達したのは、究極的には「無限」へと自己を変容しえない有限者がその世界に内在しつつそれを否定し尽くそうとする独自の「否定の方法」（「部分否定」）だと指摘し、それが明治後半期の社会において、罪を背負う人間を真の意味での救済に導くことができない「国民道徳」論、あるいは形式的規範や常識的道徳論などとはかなり異質であり、むしろ対抗的な位相にあったとした。

繁田論文は、清沢の再検討を突破口にこれまで近代仏教史研究で自明視されてきたパラダイムをも問い直そうとする意欲的な試みでもあり、かつ広く深い現実認識（問題意識）に裏打ちされている点で優れた成果であると思う。ただし、繁田のいう「歴史的条件」から宗教情況が完全に捨象されていることへの疑問や、繁田の仏教理解に筆者が首肯しえないことを急いで付け加えておきたい。すでにあきらかなように、繁田と筆者の清沢理解は大きく相違するが、その相違はそうした問題に起因するものであろう。

山本伸裕『「精神主義」は誰の思想か』（法藏館、二〇一一年）は、これまで清沢の執筆と考えられてきた『精神界』所収の論文のなかには、編集過程に暁烏や多田ら門下の手が加えられたことで論旨に重大な変更があった可能性を否定できないと主張するものである。本章で引用した史料についても、山本によれば清沢の執筆としえないものが含まれることになるから、本章も清沢満之論としては史料の取捨選択に、あるいは修正が求められるかもしれない。

基本的な史料批判を伴う山本の主張は、「精神主義」と表現された清沢晩年の信仰について再考を促す重要な問題提起であろう。ただし、山本の研究は、その意図がどうであれ、議論の組み立て方や分析手法が、清沢とその門下を切り離して清沢を免責する従来型の「清沢鑽仰論」にとって、利用価値の高い結論を約束するものとなってしまっている点に大きな問題があると思う。何を、どう問題にするのか、それ自体に研究主体の立場性は鋭く関わっているのである。付言すれば、清沢に責任を押しつけて批判すれば事足れりという発想自体に大きな問題性があることはいうまでもないが、その裏返しとして、清沢を免責すれば御の字ということでもないはずである。

山本の立場からすれば、必須の基礎作業を従来の研究が充分に進めてこなかったことへの異議申し立ては不可避なのだろう。無論それを軽視すべきだとは思わないけれども、「『精神主義』は誰の思想か」が「精神主義」研究にとっての基礎的な作業の一部ではあっても本質的な問題ではないということを筆者は強調しておきたい。山本はまた、『清沢満之集』（岩波文庫、二〇一二年）で校注・解題を担当しているが、前著と同様の立場から執筆していると思われるので、ここでは特に論及しない。

筆者はこうした意欲的な研究に学びつつも、それをどのような研究主体の問題意識が支えているのかに充分な注意を払いながら研究を進めたいと思う。

第二章　「精神主義」と足尾鉱毒事件

はじめに

天皇制国家が日清戦争を契機として資本主義を飛躍的に発展させたその背後に、賃金労働者の深刻な実態が存したことは、「特に日清戦役以来、機械工業の勃興によりて労働問題を惹き起し、物価の暴騰は貧民問題を喚起し、漸次欧米の社会問題に接近せんとす」[1]、「日清戦争終結を告げて社会運動の舞台は開かれぬ」[2]という指摘とともに、もはや周知の事実であろう。この、いわゆる「社会問題」の発生によって、その解決策としての労働組合結成や争議の増加、さらには社会主義運動の展開へと状況は変化していった。日本における社会主義運動は一八九八年の社会主義研究会結成、一九〇〇年の同研究会の社会主義協会への改組、そして一九〇一年五月の社会民主党創立という一連の流れのなかで本格化していったが、日清戦争以後の戦後経営のなかでの日本の課題が仮想敵国としてのロシアに対する軍備増強は勿論のこと、広くは欧米列強の帝国主義に対抗しうるだけの国力の形成にあったことから、さらなる資本主義化に歯止めはかからなかった。

このような状況のなかで、いち早く「社会主義の必要」（『六合雑誌』第一九一号、一八九六年一一月一五日）を論じた大西祝は、「兎に角現在の社会に於いて除去すべき不公平の少なからざるは蔽ひ難き事実なりと考ふ不能にして空位を守り虚威を張るもの幾何ぞ(3)」、「社会の不公平なる制度のために精神上の修養を欠くもの何ぞそれ多きぞや(4)」との現実認識から、「かゝる社会にありて宗教といふものが世間的差別に媚ぶることをせば是れ宗教の精神を失ひたるものなり斯かる不平等に向つて医薬を投ずるが是れ宗教の一大目的にあらずや(5)」と、宗教者に対し、「社会主義」の担い手として立つべく問題を提起したのであった。

しかし大西祝が期待を寄せた宗教者はといえば、大勢として、終始天皇制国家を支える有力な宗教的基盤としての役割を果たしたといっても過言ではない。第一章で見たように、島地黙雷らの「信教自由」獲得をめぐる運動などを通して、みずからの信仰を権力の圧迫のなか、ぎりぎりのところで守ろうとしながらも、結局は「真俗二諦」の教義を準備し、天皇制を受容していった真宗教団もその例外ではなかった(6)。たとえば日清戦争の際に、浄土真宗本願寺派の法主明如は出征軍人に対して、「後の世はみたのをしへにまかせつゝいのちをやすく君にさゝけよ／のちのよに心とゝめすひとすちにすゝめやすゝめ我国のため(7)」と詠んでいるが、ここには天皇制国家に積極的に奉仕していくことを厭わない真宗教団の立場が露呈している。

大西の先の問題提起はしかし、何もこのような宗教者の状況を度外視してなされたわけではなかった。大西は、

仏教の如きは世間の不平等に対して平等観を厳取するが其特色なるべきに其の平等を言ふや多くは沈思冥想の上に於けるの哲理に止めて之を世間に実行するの勇気を欠く差別即平等といふ言は

頗る美なれども動もすれば俗世間の差別に仮すの微温的調和に出でんとす真俗両諦の区別妙は則ち妙なれども是れ亦俗に媚ぶるの好遁辞とならんとす(8)

というように、体制化を完了した仏教の、宗教的粉飾によって現実の差別を隠蔽するという論理構造や、世俗の領域と信仰の領域を分断する「真俗二諦」的信仰理解を的確に捉えていたのである。そのうえで、仏教者に対して次のようにいった。

釈迦が階級的制度を打破せんとしたる如きは平等を空理に止めずして世間に実にせんとしたるもの、是れ明に社会主義の精神に動きたるものにあらずや(9)

ここで大西の「社会主義」理解の内実については踏み込まないが、彼の「社会主義」、さらには「仏教」に対する期待が現実の社会の不平等や差別を打破するところに存していたということを確認しておきたい。そして、ここに提起された仏教者への課題は、まさしく大西が釈迦にまで遡って論じたように、仏教がその本来性――普遍性を回復し、新たな主体を歴史のなかに打ち立てることなしには果たしえないであろうことも。

以上の問題を踏まえ、本章では「精神主義」運動の社会問題への対応を分析・検討する。(10)特に明治最大の社会問題といわれる足尾鉱毒事件に照準を合わせ、それに関わる雑誌『精神界』の発言を手がかりに考察を進めたい。先行研究の指摘するように、『精神界』に足尾鉱毒事件の関連記事は決して多くないが、『精神界』の問題関心の所在や「精神主義」の基本構造とその歴史性を考察の筋道とすることで、「精神主義」運動の足尾鉱毒事件への対応の内実に迫ってみたい。本章の考察によって、われわれは「精神主義」の基本的立場がどのように現実との関係性を構築するのかを、ひとつの典型的な事例とともに確認することができるだろう。

一 田中正造天皇直訴事件と『精神界』

◎昨日議会開院式の為めに、陛下は御機嫌麗はしく出御被遊たる由に候。其途中にて田中正造氏直訴せんとしたりとて都下の新聞は明治の佐倉宗五郎と云ふ題目を付して、号外を発し候。我等は田中正造氏の熱心を貴しと存じ、けだかきと仰ぎ候。(11)

日清戦争後、天皇制国家による資本主義政策の必然的帰結として発生した社会問題を考えるうえで、足尾鉱毒事件を外してはならないだろう。(12)上の史料は、その鉱毒事件と生涯をともにした田中正造が決行した一九〇一年一二月一〇日の天皇直訴に対する『精神界』（第一巻第一二号、一九〇一年一二月）の反応である。度重なる議会での質問にもかかわらず、鉱毒被害民にとって圧倒的不利な状況を打開できずに、一九〇一年一〇月二三日に議員辞職願を提出した田中は、天皇への直訴に踏み切った。『精神界』は直ちにそれに反応して、田中の「熱心」に尊敬を表明したのである。

直訴に関しては各新聞が取り上げ、大きな反響があった。たとえば、『万朝報』（一九〇一年一二月一二日）では、「田中正造が聖駕に直訴せんとしたる一事ハ世の好奇者の耳目に激感を与へたるが如く随つて其の非難紛々たり／然れども吾人ハ不敏にして未だ田中の直訴の非難すべき理由を発見すること能はずして唯田中の心事の甚だ憐むべきを悲むのみ(13)」と田中に対する非難の様子を伝え、また田中への同情を表明している。そして、田中の直訴、臣民の義に於て果して何の点にか昔戻の跡ある、既に道を尽し理を尽し義を尽して、一も達すること能はず、悲痛の余、竟に聖駕に縋りて泣いて斯の民の願ひを聞せんとす、是れ臣民の至情にハあらずや、吾人ハ寧ろ田中をして茲に至らしめたる政府及び議会の放慢を責んとす、

嗚呼竟に至仁至慈の　陛下を煩はし奉つるハ誰の責ぞ(14)

と論じて、同時に政府や議会を批判したのであった。無論、新聞各紙の論調には相違が認められるけれども、(15)この田中の行動に呼応する形で鉱毒地視察・救済の呼びかけや集会などの運動が行われたことは確かである。それは、キリスト教徒、社会主義者のものにとどまらず、広く国家主義者や仏教徒にまで及び、急激に国民的関心事へと発展していった。文字通り足尾鉱毒事件は最大の社会問題となったのである。

ここではまず、少し遡って田中と鉱毒事件の関わりを簡単に振り返っておこう。田中は一八九一年一二月一八日の第二回議会での質問以降、鉱毒被害への対応の緩慢さ、被害民の救済方法や鉱毒防止対策、さらには政府と銅山経営者古河市兵衛との癒着といった問題を通じて政府の責任を繰り返し追及した。しかしながら、鉱毒記録集の発禁、古河と被害民との永久示談や厳しい選挙、加えて銅山の日清戦争期における生産増大に伴った鉱毒被害の拡大など、状況は深刻化の一途を辿ったのである。そこには、天皇制国家による人権を度外視した資本主義の拡大や、その天皇制国家に対する責任追及をしえない被害民が古河との経済的妥協により、かえってみずからの自立と連帯を妨げてしまうという深刻な状況があった。(16)議員辞職を経てなされた天皇直訴は、このようななかで行われたのである。

ところで、天皇への「直訴状」では、鉱毒問題への対処法を具体的に六点指摘し、

数十万生霊〈ノ死命ヲ〉救ヒ〈居住相続ノ基ヘヲ回復シ〉其人口ノ減耗ヲ防遏シ、且ツ我日本帝国憲法及ビ法律ヲ正当ニ実行シテ各其権利ヲ保持セシメ、更ニ将来国家ノ基礎タル無量ノ勢力及ビ富財ノ損失ヲ〈断絶〉スルヲ得ベケンナリ。若シ然ラズシテ長ク毒水ノ横流ニ任セバ臣ハ恐ル其禍ノ及ブ所将サニ測ル可ラザルモノアランコトヲ(17)。

と述べているが、ここには鉱毒被害民の救済のみならず、国家における立憲政治の確立をも視野に入れた立場が確認できる。田中は鉱毒事件を人間の権利、法の実現、国家の繁栄に関わる国家の重大事件として天皇に訴えようとしたのであった。ここでは直訴状草案を書いた幸徳秋水の天皇への態度(18)や、また田中正造のそれ、および後の田中における新約聖書を媒介とした宗教的立場の変化等について詳しく論じる余裕はない。ただ、看過しえないのは、あるいは世論喚起のための計画的行動であったとされる田中の天皇直訴(19)には、天皇制国家をかえってその支配原理の根幹からより強固に再編成する契機が伏在することである。というのも、木下尚江が鋭く指摘したように、「帝王に向て直訴するは、是れ一面に於て帝王の直接干渉を誘導する(20)」もので、それは「立憲国共通の原則に違犯し、又た最も危険の事態(21)」であり、のみならず、天皇の神聖性・絶対性を軸にしたイデオロギー支配を展開していた近代天皇制国家では、天皇の恩恵によって事態が改善したと被治者に観念させることが、その実、天皇制国家の宗教的基盤に被治者を再編成することへと収斂するからである。したがって、社会問題を国家の責任として追及するには、まずもって被害民個々における天皇制国家の宗教的基盤からの自立が不可欠なのであった。

ところで、『精神界』が田中正造に関する記事を掲載したのは、天皇直訴事件が初めてではなかった。『精神界』には、田中の第一四回議会における「亡国」演説についての論評が見られる。[22] 一九〇〇年二月一三日のいわゆる川俣事件[23]によって被害民には多くの怪我人・逮捕者が出た。それに対して、田中は直ちに「亡国ニ至ルヲシラザレバ之レ即チ亡国ノ義ニ付質問書[24]」を提出し、「民ヲ殺スハ国家ヲ殺スナリ／法ヲ蔑ニスルハ国家ヲ蔑スルナリ／皆自ラ国ヲ毀ツナリ／財用ヲ濫リ民ヲ殺シ法ヲ乱シテ而シテ亡ビザルノ国ナシ、之ヲ奈何／右質問ニ及候也[25]」といっているが、この田中の「亡国」論は、人民の生命や法の実現が国家の存立要件として重要視されねばならないとする立場を鮮明にしたものであった。

この田中の「亡国」演説に対し、『精神界』（第一巻第六号、一九〇一年六月）は直接田中を名指ししてはいないが、次のように述べている。

「亡国」を叫ぶ声、をり〳〵我等の耳をうつ。一たび聞く折や、その声頗る壮なるを覚ゆ。されど二たび之をきくや、我等その喜ふへからさるを思ふ。／「亡国」を叫ぶ者は、国民として、自信なき人なり。自信なき民ありて、国こゝに亡ぶ。されば「亡国」を叫ぶ者は、叫ばるゝ者と共に、国を亡ぼさむとする者にあらざるか。況むや「亡国」の声は、之を聞く者をして、亦時に失望に沈ましむることあるに於いてをや。／漫に「亡国」を叫ぶを以て、義人のつとめなりと信ずるは、大なる誤たるを忘るべからず。[26]

これは先に見た天皇直訴事件の半年前の史料だが、一見すると、この記事には天皇直訴に対する『精神界』の反応とあきらかな相違がある。そして、田中の「亡国」演説の背景にある自然破壊や人権抑圧、さらにはそれを政府、また多くの人々が問いえないということ自体に伏在する問題性、これらの切迫した状況に対する認識が上の『精神界』の記事からは見出せない。
では、『精神界』の問題関心はどこにあったのか。これを念頭に置きながら、続けて他の足尾鉱毒事件関連記事を見ていこう。

二　『精神界』の足尾鉱毒事件関連記事

一九〇二年一月の『精神界』（第二巻第一号）は、足尾鉱毒事件について次のように伝えている。

◎我国はともかく昌平の春と申せ共、かの鉱毒問題の声は近時大に高まり来り候。仏教徒にては島地、村上、和田等の諸師は旧獵《ママ》、大日本仏教徒同盟会の諸氏はこの五日、各々鉱毒地視察に趣かれ候。而して何れも其の有毒に感じて、どうかせねばならぬこと、感じ来られ候由に候。中には義捐金を募り、病院を設け、精神慰安の為めに布教を試むる人も有之由に候。等しき如来の子の難に趣くはかくあらまほしき事に候。(27)

この記事にあるように、仏教徒の活動も活発に行われた。(28)一九〇二年一月には鉱毒被害民救済仏教有志会が組織され、早速、翌月の『新仏教』（第三巻第二号、一九〇二年二月）に「鉱毒被害民救済義金募集の檄」と題する趣旨報告が掲載された。

吾人同志茲に計りて鉱毒被害民救済仏教有志会を興す、蓋し謂ゆる鉱毒問題に向て解決を試みんとするものにあらず、吾人は吾人が奉ずる仏教の本旨に基き、茲に広く天下の仁人に訴へて直に被害民救済の事に従はんとす。噫今や寒威凛烈、凍風肌を裂かんとす、飽食暖衣、尚且つ耐ふべからざるの感あり。憐れなる彼等無辜の被害民は今将た如何せし乎、一念茲に及べば転た同情の涙禁じがたし。哀れ世の仁人君子よ、仰ぎ冀くば吾人と志を同じうして、彼等被害民の為に応分の義金を捐てられんことを。(29)

鉱毒問題解決を回避して提示された「救済」の内実とは、おそらく慈善事業の域を出るものではない。(30)被害民の救済が急を要することはいうまでもないし、またそれを過小に評価すべきではないが、そこに天皇制国家に対する責任追及がなされていないという事態を軽く見てはならない。なぜなら、近代仏教史における慈善事業の多くがそうであったように、天皇制国家の責任を不問に付した救済事業は、その実、天皇制国家の支配を下から支える自発的奉仕の側面を持つからである。したがって、鉱毒被害民救済仏教有志会の提示した「救済」が、天皇制国家にとって歓迎されることはあっても、嫌悪されることはなかったといえよう。そして、このような仏教の自発的奉仕は、「日本臣民ハ、安寧秩序ヲ妨ゲズ、及臣民タルノ義務ニ背カザル限ニ於テ、信教ノ自由ヲ有ス」(31)とされる大日本帝国憲法下に安住してしまう近代日本の仏教からすれば、やはり必然性を持っていたのである。

『精神界』（第二巻第一号）は、先の史料に続けて次のように述べている。

◎鉱毒地人民の難をいたはるは私共の大に賛するところに候。私共も一臂の労を惜まず候。されど私共はこの鉱毒問題の為めに古河市兵衛氏を悪しざまに云ふは面白からぬこと丶存候。何にも鉱毒地の人民を憐れみたりとて、足尾銅山の悪口する必要は之れなき事にあらずや。私共は鉱毒問題の為めに尽粋せらる丶田中正造氏を助けんとする者に候。されど古河市兵衛氏の事業的功業は賞めざらんとするも得ざるものに候。／◎礦毒問題の為めに宗教家の大に尽すべき事は、有毒地の人民に精神的安慰を与ふる事に候[32]。

この古河に対する「事業的功績」とは、日本の資本主義を発展させるうえで足尾銅山の果たした役割を指すのであろう。そこには資本主義に圧殺された人権への、あるいは天皇制国家の戦争準備への注意が全く欠落しているが、それと田中正造への援助の姿勢を並立させる『精神界』の立場には、現実に対する相対的な認識をもたらすことがあっても、責任の所在を明確にすることはない。『精神界』は露骨な弱肉強食の論理に立つわけでも、あるいは権力への批判を明確にするわけでもなく、「有毒地の人民」に対して「精神的安慰を与ふる事」に関心を集中させるのである。ただし、無論この場合も、

鉱毒問題の声は猶《ママ》は烈しく聞こえ候。折々被害地々方より、幾多の同胞が、隊を結びて上京する旨承及候。何卒平和の間に此問題の解決を見むことこそ望ましく存候へ[33]。

という『精神界』の穏やかな論調の裏側に、権力への自発的奉仕を看取することは、決して難しくないのである。

三 「精神主義」と社会問題——暁烏敏「服従論」を中心に——

ここで「精神主義」の足尾鉱毒事件観を、暁烏敏「服従論」(『精神界』第二巻第四号、一九〇二年四月)を通して検討してみたい。そもそも『精神界』に足尾鉱毒事件の関連記事が無署名の短文ほどしかないという事情とも関係するが、従来の研究では、主にこの暁烏の論説をめぐって「精神主義」の

足尾鉱毒事件観が問われてきた[34]。筆者もこの論説が「精神主義」の社会問題に対する立場を代表するものの一つであると考えるので、以下、具体的に分析・検討していきたい。

この論説で暁烏はトルストイの小説『馬鹿者イバン』を引用し、続けて次のように「服従」を論じている。

> 世間が何と云はうが儘よ、「よろしい」と受けながす所はなか〳〵愉快ではないか。こんなぐあいに、人が何と云はうが。それに抵抗しないで、「はい」、「はい」、「よろしい」、「よろしい」と平気で行ける、そこが男らしい服従《ママ》のできるところである[35]。

このように、暁烏は状況に対し無抵抗の態度をとることを「男らしい服従」だと論じ、それを積極的に奨励するのである。さらに次のようにいう。

> 先度も或処で田中正造氏と遇ふて、だん〳〵鉱毒問題の事を聞いて大に同情を表する点もあつたが、氏が五ヶ年かゝりて鉱毒地の人民に権理《ママ》思想を吹きこむに尽力したと云ふたのを聞いた時には、いらぬ御世話をやいたものだと思ふた。私が鉱毒地の人民に云ひたいと思ふて居たことは彼等に権理《ママ》思想を捨てよと云ふ事であつた、男らしき服従をせよと云ふ事であつた。然るに田中氏のみならず多くの人が人民の為めにするとか云ふて、人民に不安を与ふる処の根元たる権理《ママ》思想を人民に吹きこむとは、大に心得ぬことである。私が考ふるには、人民が苦むか苦まないかは、其源因《ママ》は足尾の銅山にあるのではなくて、自分自分の心の中にあることである[36]。

一九〇二年一月九日、先に見た鉱毒被害民救済仏教有志会に参加した仏教主義新聞雑誌記者会が、田中正造から被害の実情を聞いた。そこに同席していた暁烏は、そのときの感想を上のように述べた[37]。

暁烏は、「権理思想」を持つことが「人民に不安を与ふる処の根元」だと理解したため、「権理思想」を捨てることを「鉱毒地の人民に云ひたい」と主張したのである。暁烏によって「人民」の「不安」や「苦」を解決する方法として示されたこの権利思想の放棄は、権力の不当性を告発し、権力の横暴に対して否定的関係を切り結ぶ抵抗の根拠の喪失と等しいのではないだろうか。無論その権利思想に実質を与えるか否かは、この場合はやはり近代的人間観成立の存否にかかっているわけであるが、少なくとも暁烏の仏教はその権利思想に実質を与えるものではない。暁烏は、足尾銅山の具体的問題を不問に付して「心の中」のみを問題化することを要求し、その「心の中」で権利思想を放棄することにより、被害を受けても何ら疑問を持たない主体を成立させようとしている。したがって、たとえ彼が「自由」や「権利」を論じたとしても、それらは次のようにしか理解されないのであった。

私はルーソーのやうに自由じや、権利じやと云ふて人に苦みを与へる人よりは、自由の空想なることを示し、従順を完全する為めに自由があるのだと喝破して人に昌平の気を吹きこむラスキンのやうな人が貴いやうに思ふ。(38)

このように、暁烏のいう「自由」や「権利」とは近代的理念としての実質を持つものでなく、あくまでも「服従」を全うさせる精神安定剤としてのそれなのである。ここからはいかにしても国家権力と原理的な緊張関係を構築しえない。暁烏は、社会的に自由を実現しようとすることや、あるべき権利主体としての自己を絶えず構築することが、当人にとって精神的安定が妨げられる原因だと理解している。それゆえ、彼のいう「自由」や「権利」は観念的な領域で完結し、主体の実践を呼び起こし歴史のなかで具体化するものとはならないのである。

大体私共が人と物とに喜はしい服従のできぬと云ふのは未だ女々しい自己と云ふ考が離れられぬからである。私共が無我にさへなつて居れば、何物にでも、誰にでも、いかなる場合にでも、いかなる事にでも喜んで服従ができる筈なのだ。ところが。今日の私共はなか〳〵そんな塩梅にはゆきかねることかある。私は我慢がかつていて、人や物に容易に服従かできないなら、私かどうあつても抗する事のできない宇宙の大法、自然の真理に絶待的に服従するのである。私かいかに思ふても動かすことのできぬ絶待力に服従することによつて、今迄は頭が下らなかつた、人物や事件にても男らしい服従をすることができる(39)。

そもそも「男らしい」や「女々しい」にそれぞれ肯定的、否定的価値を付すところからして問題だが、いまは措く。暁烏は「服従」できないその理由を「無我」の未成立として説明している。すなわち、彼の理解した「無我」とはどのような状況に対しても「喜んで服従」できるようになる原理なのであった。彼はまた、「宇宙の大法」「自然の真理」への「絶待的」「服従」が「男らしい服従」をもたらすともいう。

要するに私の宗教は弱き自分に打ちかつところの宇宙の大法に向つて、大胆に、真摯に、男らしく服従することによつて成立して居る。而して私の倫理の根本は、この如来の命令に従ひ、導きに服するの心を以て人に対し、動物に対し、物に対して男らしき服従を実行することに基いて居る。されは私の宗教は明に奴隷的である、私の道徳も従ひて奴隷的である(40)。

このように、暁烏は自己の踏まえる宗教を「奴隷的」と特徴づけ説明している。その内実は、「弱き自分」を解決するものとしての「宇宙の大法」に対する「服従」とそれを起点とした現実に対する

「服従」である。暁烏の場合、自己の卑小性はひるがえって救済対象へのあこがれとなることで、そこにいわば如来崇拝を現出させる。みずからの欲望の投射された救済対象に包摂されることで、精神安定剤が注入され、安心して現実に対する全面肯定（＝「服従」）の主体を形成するのが彼の宗教なのである。

ところで、この「服従論」には専修念仏弾圧についての見解が述べられてもいる。上にみてきた暁烏の宗教の特質と関連する問題として、少しく論及しておきたい。

> 親鸞聖人か念仏宗を宣伝したりとの故を以て流罪に処せられた時の事を「主上臣下、法に背き、義に違し、憤りをなし、怨を結ぶ。茲に因て真宗興隆の大祖源空法師、並ひに門徒数輩、罪科を考へすして、猥りかわしく、死罪にをこなひ、或は僧の儀を改めて、姓名を賜ひて遠流に処す、予は其一なり」。と記されたるを、こよなう面白きことゝ思ひし私は、これよりも、流罪に処せられながら、「大師聖人若し流刑に処せられ給はすば、我また配処に趣かんや、我配処に趣かすんは、何を以てか辺鄙の群類を化せんや、これ尚師教の恩致なり」。と言はれたる方がけだかいやうな、奥ゆかしいやうな感じがする。[41]

念仏弾圧に関しても、弾圧の不当性についての認識が暁烏にはない。念仏が権力と相容れない性格のものであり、それゆえに弾圧が不可避のものとしてあったという事実は、親鸞――真宗理解の根幹に関わる問題である。したがって、そこには親鸞の真宗からのあきらかな変質を認めざるをえないだろう。「親鸞を〈従属〉の垂範者として描き出そうとする」[42]立場がそこにはある。暁烏のように、覚如の『御伝鈔』によって弾圧を理解しようとする立場からは、権力を悪として押さえることは成り立たない[43]。こうした権力に対しそれを悪として徹底的に否定しようとする立場の不在は、ひるがえって権力にとって非常に好都合な宗教を形成する因子となる。それはまた、奇しくも田中正造の日記の最後に記された、「悪魔を退くる力らなきもの、行為の半ハ其身モ亦悪魔なれバなり[44]」という問題とも無縁ではないのである。

四　「精神主義」における「自由」の問題

以上のような暁烏における具体的現実に対する態度だが、それは実のところ暁烏ひとりのものではなく、「精神主義」からの必然的帰結であった[45]。従来の「精神主義」研究では、清沢満之の門下から戦争肯定の発言がなされても、あるいは先に見た暁烏の「服従論」のような議論があっても、多くの場合、清沢の信仰との相違を前提し、「精神主義」の基本的立場との関連において問題にしてこなかった。たとえば、「もし暁烏の鉱毒事件観をもって『精神界』あるいは精神主義の事件観を代表させるとすれば、それこそとんでもない思い違いということになるだろう[46]」という久木幸男の指摘はその典型的な例だが、そこに「清沢鑽仰論」を看取するのもあながち的外れではなかろう。しかし、いずれにしても清沢との相違があるか否かは、清沢の「精神主義」の基本構造から説明されねばならない[47]。

そこで、次に暁烏の「服従論」に見られる状況に対する全面肯定の読み込みこそ、まさに「精神主義」に起因する問題であるということを確認しておきたい。真宗をいわば「精神」から崩壊させていく「精神主義」を、その出発点に位置する清沢満之の立場を検討することであきらかにしておこう。清沢が「精神主義」の基本的立場に即して「服従」をその対極の「自由」との関連で説明しようとするとき、上の問題はおのずからあきらかにされていると思われる。

清沢満之の「精神主義」とは、

吾人の世に在るや、必ず一の完全なる立脚地なかるへからす。若し之なくして、世に処し、事を為さむとするは、恰も浮雲の上に立ちて技芸を演せむとするもの丶如く、其転覆を免る丶能はさること言を待たさるなり。然らは、吾人は如何にして処世の完全なる立脚地を獲得すべきや、蓋し絶対無限者によるの外ある能はさるべし。（中略）吾人は只此の如き無限者に接せされは、処世に於ける完全なる立脚地ある能はさることを云ふのみ。而して此の如き立脚地を得たる精神の発達する条路、之を名けて精神主義と云ふ。(48)

と、「完全なる立脚地」の必要を主張し、その獲得方法を「絶対無限者」に接することであると説くものだった。そして、清沢は「絶対無限者」と接することで、精神内に「充分なる満足」を得られるとして、その効力をこう示したのである。

之を要するに、精神主義は、吾人の世に処するの実行主義にして、其第一義は、充分なる満足の精神内に求め得べきことを信ずるにあり。而して其発動する所は、外物他人に追従して苦悩せざるにあり。交際協和して人生の幸楽を増進するにあり、完全なる自由と絶対的服従とを双運して以て此間に於ける一切の苦患を払掃するに在り(49)

このように、清沢の問題関心は現実生活のなかでの「苦悩」や「苦患」の解決に向けられている。

そのため、清沢は精神内に「充分の満足」を得る必要があると説く。そして「満足」を得た信仰主体は、外面における「絶対的服従」に何ら「煩悶」を感じず、同時に内面において「完全なる自由」を享受するのであるとした。ここに示された「精神主義」の「完全なる自由」は、現実の諸問題に対する断念を外しては実現しえない(50)。問題はしかし、清沢においては社会的自由の実現に対する断念の意識は存せず、あくまでも「安慰」をもたらす「絶対無限者」に対する信仰が徹底化されているということであろう。したがって、次のように現実における「不足」「弊害」を感じるということを清沢が論じるとき、そこには信仰の不徹底が理由とされるのである。

又私共は、社会の不足弊害等に対して、之れを満たし、之れを正さんとも敢てせんのである。精神主義より云へば、如来の光明は無限であつて、社会に満ちたるのであるから、それに不足や弊害のあらうとは思ひませぬ。之に不足弊害のあるやうに見るのは、私共の心の至らないのでありまます。其れ故私共の心さへ立派になれば、自ら社会は立派になるので、丁度此世界を凡夫の世界と見て居るのは、私共の見る心が凡夫であるからなのであるが、今如来より見給へば、此世界は清浄なる国土となるのと同じことであります(51)。

このように考えるならば、権力に対しいかにして制限を加えるかという問題が、清沢には成立しえない。こうした権力からの自由をどのように確保するかという問題関心の欠落は、彼の権利感覚の不在が露呈したものだといっても過言ではない。それは清沢が説く「自由」が、人権に実質を与えるものではなかったことに起因する。むしろ清沢の「自由」は、権力への態度を問題にする以前に、現実の全面肯定をもたらすものとして成立したのである。

無限の大悲に乗托して、安心したものは、自由である。此自由とは、完全なる無限の自由で、仏心を我に得て居る以上は、仏心が無限であるから、私共も亦完全なる無限の自由で、決して何等の束縛も感ぜぬのであります。／斯く云ひますと、然らば国家の法律にも服従せず、人の約束をも守らぬかと云ふ非難があるでせうが、さう無暗に自分勝手なことをするのでない、従ふ可き所には、非常に従ふのであります。(52)

以上の清沢の信仰態度からして、暁烏が鉱毒被害民に対し「男らしい服従」を奨励する理由もすでにあきらかであろう。暁烏は、「精神主義」の立場に忠実であったからこそ、あのように「服従」を論じたのである。暁烏の「服従論」に「精神主義」的説明を付け加えるならば、自己の精神的安定こそ最優先すべき唯一の問題であって、それは思い通りにはならない（＝「不如意」）現実の問題を放棄し、意のままになる（＝「如意」）精神内において発見せよ、ということになるであろう。こうして、「服従」のなかに「自由」をみる「精神主義」は、現実に対する服従と引き換えに、精神内におけるエゴイズムの自由を獲得したのである。したがって、清沢が「平等自由」を問題にするときも、

平等と云ふと、判りきつたことなれども、実際には甚だ判りきらぬことである、為めに、世の中に於て、非常な騒動を惹起したこともある、仏蘭西の革命や亜米利加の独立戦争などは、全くこれが為めで、人間が血眼になりて残害殺戮の乱暴狼藉を極めたのは、何の為めかと云ふに、平等自由と云ふ思想に動かされて、あゝ云ふことをやつたのであります、これより降りて、今日の我々が種々の煩悶苦痛を免がれないのも、亦此平等自由の思想に就いて明らかでない為めであることが多いと思ふ、(53)

と、権力と人権の原理的な緊張関係をそこに読み込むことができない。そこで問題とされるのはやはり「煩悶苦痛」であった。そして清沢はその問題を現実からではなく、現実を捉える観念から解決しようとするのである。すなわち次のように。

> 平等と云へば、何でも全体が同じくなければならぬ様に考へて、無理に揃はぬものを揃へやうとするから、種々なる騒動が起りて来る、大体人間と云ふものは平等なのである、其中に貴賤上下君臣父子等の別が立つて居るのである、帝王は帝王の儘にして置きて平等である、貴族は貴族の儘にして置きて平等である、然るに平等と云へば、帝王がありてはならぬ、貴族がありてはならぬ、と云ふ風に間違ひをする、（中略）一国の内に於ては、帝王あり、貴族あり、平民あり、又其中に沢山の差別等級ある上に、平等自由と云ふことがなければならぬ[54]

ここには、まさに暁烏が提言した「権理思想を捨て」ることと、そこから成立してくる歴史的立場に通底する内容が確認できる。「煩悶」の原因となるがゆえに、現実との間に生じる軋轢や衝突を回避しようとして、いたずらに調和をもとめるその信仰態度には、ひたすら自己の「精神内」に「充足」や「安慰」を志向するという、極めて利己的な宗教理解が伏在する。そうした民族宗教性が当該の天皇制国家の支配に対しても、あるいはそのもとで推進される資本主義に対しても、何ら否定的関係を成立させず、むしろ下支えする役割を果たすものであったということはいうまでもなかろう。したがって、清沢が「社会主義」を論じるとき、そこには大西祝によって提起された問題がどのように受け止められているのかを予測することは容易い。

> 仏教ハ一種ノ社会主義ヲ包有ス　真正ノ宗教ハ皆一種ノ社会主義ヲ欠クヘカラサルナリ　然レト

モ彼ノ徒ニ平等ヲ呼ビ猥リニ自由ヲ叫ヒテ以テ君臣上下ノ分ヲ滅シ国家社会ノ秩序ヲ壊乱スルカ如キハ決シテ宗教的ノ社会主義ニアラサルベシ　仏ハ平等ト共ニ差別ヲ立テ自由ト共ニ不自由ヲ認ム　而シテ其状態ハ分業者ノ各其分ヲ守リテ以テ全体ノ幸福ニ資スルヲ要トス　個人主義ト国家主義トヲ調和シテ以テ些ノ衝突ヲ認メサラシムルカ仏教ノ正鵠ナリ(55)

ここにあきらかなように、大西が宗教家に期待した、すぐれて具体性を帯びた倫理観を備える実践主体の確立とでもいうべき課題を、「精神主義」はその構造からして果たしうるものではなかったのである。

おわりに

以上の考察で、『精神界』の足尾鉱毒事件への対応の内実、およびそれを裏から支える「精神主義」の基本構造とそれゆえの歴史的性格はほぼあきらかになったのではないか。これまで暁烏敏の「服従論」も度々批判にさらされてきたが、表面的な批判に終始して、それを「精神主義」の基本構造との関連において把握されることはなかった。本章では、暁烏の「服従論」が清沢満之によって提唱された「精神主義」の基本的立場ゆえのものであったということを論証したが、それに付け加えていまひとつの指摘をしておこう。本章で検討した足尾鉱毒事件関連記事の内容も、さらには『精神界』に明治最大の社会問題である足尾鉱毒事件を主題とした論説がほとんど掲載されないという事実も、「精神主義」の特質を踏まえるとき、ひとつの説明がつくと考えられるのではなかろうか。先に見てきたように「精神主義」における現実の具体的問題とは自己の精神的安定を妨げる「煩悶」の磁場なのであって、それ以外ではない。したがって、『精神界』が具体的現実の諸問題を論じることがあったとしても、それは「煩悶」解決のための信仰確立論でしかない。「精神主義」運動の関心は、つねに自己の精神的安定へと向けられていたのである。(56)

清沢満之が、雑誌『精神界』創刊号に「精神主義」と題する論文を発表したのは一九〇一年である。まさに日本の資本主義が飛躍的発展をとげ、社会問題が顕在化し、同時に近代天皇制国家が民族宗教性をその基盤として法を整備し、国民に対する支配を盤石なものへと整えていった時期であった。そのような状況においてあきらかにされた清沢の「精神主義」は、信仰主体を天皇制国家の宗教的基盤から自立させるものとしては成立しなかった。信仰主体を精神的安定によって、改めて天皇制国家に編成しようとするものとしてそれは成立したのである。

註

（1）横山源之助『日本の下層社会』岩波文庫、一九八五年、三四四頁。初出一八九九年。
（2）石川旭山編・幸徳秋水補「日本社会主義史」『平民新聞』第三六号、一九〇七年二月二八日、平民社。労働運動史研究会編『日刊平民新聞』明治社会主義史料集第四集、明治文献資料刊行会、一九六一年、一五〇頁。
（3）大西祝「社会主義の必要」『大西博士全集』第六巻、警醒社書店、一九〇四年、五〇四頁。初出一八九六年。
（4）（5）同上、五〇五頁。
（6）福嶋寛隆「神道国教政策下の真宗――真宗教団の抵抗と体制への再編成――」（『日本史研究』第一一五号、日本史研究会、一九七〇年）、同「近代天皇制国家の成立と信教自由論の展開」（『歴史のなかの真宗――自律から従属へ――』永田文昌堂、二〇〇九年。初出一九七三年）、藤原正信「国家神道確立の一側面――「信教の自由保障の口達」の評価をめぐって――」（二葉憲香編『続 国家と仏教』近世・近代編、日本仏教史研究4、永田文昌堂、一九八一年）、中川洋子「近代天皇制国家成立期の仏教と人権論」（二葉憲香監修、反靖国連帯会議編『反靖国への連帯』永田文昌堂、一九八九年）参照。

（7）明如上人伝記編纂所編『明如上人伝』明如上人二五回忌臨時法要事務所、一九二七年、八七三頁。

（8）大西祝「社会主義の必要」五〇六～五〇七頁。

（9）同上、五〇七～五〇八頁。

（10）すでに吉田久一「精神主義運動の社会的意義」（『日本近代仏教史研究』吉川弘文館、一九五九年）が、「仏教の平等観を近代的に再生しようとする精神主義運動」（三四三頁）を社会主義との関係において問題としながら、「（明治――引用者）三十年代の社会の現実が、精神主義の批判の対象とならない」（三四六頁）と指摘している。しかしながらこのように論じるならば、吉田は歴史的現実を批判的に捉えられない「精神主義」運動の「近代的」な「再生」の実質とは何であったのかを改めて問わねばならなかった。そこで、本章では「精神主義」における「自由」と「権利」を近代的理念との関連で論じる。また、柏原祐泉「『精神界』をめぐる人々――その世俗的対応の思考形態――」（法藏館編『近代の宗教運動――『精神界』の試み――』法藏館、一九八六年）も、『精神界』の足尾鉱毒事件への対応を考察しているが、吉田と同様に、「精神主義」という信仰とその歴史的立場に対する総体的把握の欠落という問題を抱えている。久木幸男「社会問題と清沢」（『検証 清沢満之批判』法藏館、一九九五年）は、上の柏原の研究で見落とされていた『精神界』の足尾鉱毒事件関連史料を指摘することなどを通して、新たな論点を提示している。そうした重要な成果が一方であるものの、久木論文には研究主体における深刻な方法的問題性が認められねばならない。すなわち、実証性・客観性をさかんに標榜しながらも露骨に恣意を介在させることによって、「清沢鑽仰論」を再生産する自身の研究姿勢に対する無自覚さ、がそれである。本章は久木幸男『検証 清沢満之批判』の成果を受け、新たに指摘された史料を含めて論じるものだが、久木の理解に修正が必要であることを本章の分析・検討であきらかにする。

（11）浩々洞「東京だより」『精神界』第一巻第一二号、一九〇一年一二月。

(12) 松永昌三「社会問題の発生」(『岩波講座 日本歴史』第一六巻、近代3、岩波書店、一九七六年)、菅井益郎「足尾銅山鉱毒事件」(『岩波講座 日本通史』第一七巻、近代2、岩波書店、一九九四年)、小松裕『田中正造の近代』(現代企画室、二〇〇一年)参照。
(13)(14) 「臣民の請願権(田中正造の直訴に就て)」『万朝報』一九〇一年一二月一二日。
(15) 「資料 田中正造の天皇直訴の報道」(田村紀雄責任編集『田中正造とその時代』第二号、青山館、一九八二年)参照。
(16) 高石史人「近代本願寺教団の社会問題への対応――その一・足尾鉱毒問題と教団――」(『伝道院紀要』第一五号、伝道院研究部、一九七四年)参照。
(17) 田中正造「直訴状」一九〇一年一二月一〇日。田中正造全集編集会編『田中正造全集』第三巻、岩波書店、一九七九年、七頁。
(18) この問題については、本書第三章で論及する。
(19) たとえば、遠山茂樹「田中正造における「政治」と「人道」」(『経済と貿易』一〇九号、横浜市立大学経済研究所、一九七三年)、東海林吉郎「足尾鉱毒事件における直訴の位相――戦略構想としての直訴の浮上と「石川半山日記」にみるその展開――」(渡良瀬川研究会編『田中正造と足尾鉱毒事件研究』第一号、伝統と現代社、一九七八年)、由井正臣『田中正造』(岩波新書、一九八四年)等。研究史は、小松裕『田中正造の近代』の「第三章 直訴前後」を参照。
(20)(21) 木下尚江「社会悔悟の色」『六合雑誌』第二五三号、一九〇二年一月一五日。後神俊文編『木下尚江全集』第一五巻、教文館、一九九七年、二三頁。
(22) 久木幸男『検証 清沢満之批判』一四九頁。
(23) 一九〇〇年二月一三日の被害民の第四回「押出し」に対し、憲兵・警察官三〇〇余名によって弾圧が起こった。
(24) 田中正造「亡国に至るを知らざれば之れ即ち亡国の儀につき質問書」一九〇〇年二月一七日。田中正造全集編集会編『田中正造全集』第八巻、岩波書店、一九七七年、二五七頁。
(25) 同上、二五八頁。

(26)「自信なき者は悲観す」『精神界』第一巻第六号、一九〇一年六月。

(27) 浩々洞「東京だより」『精神界』第二巻第一号、一九〇二年一月。

(28) 吉田久一「社会運動と仏教」（『改訂増補版日本近代仏教社会史研究（下）』吉田久一著作集6、川島書店、一九九一年）、森竜吉「足尾銅山鉱毒事件における仏教徒の医療支援活動」（『龍谷大学経済学論集』第一三巻第三号、龍谷大学経済・経営学会、一九七三年）参照。新仏教運動については、特に毛利柴庵に注目した、堀口節子「毛利柴庵に於ける明治社会主義の受容――足尾鉱毒問題を契機として――」（『龍谷史壇』第九九・一〇〇号、龍谷大学史学会、一九九二年）を参照。

(29)「鉱毒被害民救済義金募集の檄」『新仏教』第三巻第二号、一九〇二年二月。二葉憲香監修、赤松徹真・福嶋寛隆編『『新仏教』論説集』補遺、永田文昌堂、一九八二年、九〇頁。

(30) これは、すでに吉田久一「社会運動と仏教」が、「明治三十四年末から三十五年前半にかけて表われた仏教の足尾銅山鉱毒事件に対する論説なり対策なりは、全般から見れば慈善事業や救済事業の範囲にとどまったといえるだろう」（五六頁）と指摘しているとおりである。また、吉田は、「救済事業は別として、政治問題化するのを教団側が避けようとする背景には、政府の教団に対する警告があった」（四九頁）といい、一九〇二年一月一一日の内務省宗教局長斯波淳三郎名による「秘甲第二号」を提示している。ここでは単に政府の警告に屈したことが強調されているが、同時に、近代日本の仏教一般がそれを受けいれるだけの準備をすでに整えていたことに留意すべきだと思われる。

(31)「大日本帝国憲法」、江村栄一校注『憲法構想』日本近代思想大系9、岩波書店、一九八九年、四三一頁。

(32) 浩々洞「東京だより」『精神界』第二巻第一号、一九〇二年一月。

(33) 浩々洞「東京だより」『精神界』第二巻第三号、一九〇二年三月。

(34) 柏原祐泉「『精神界』をめぐる人々」、小森龍邦「清沢満之の精神主義」（『宿業論と精神主義』解放出版社、一九九三年）参照。

(35)(36) 暁烏敏「服従論」『精神界』第二巻第四号、一九〇二年四月。

(37) 吉田久一「社会運動と仏教」、柏原祐泉「『精神界』をめぐる人々」参照。

(38)〜(41)　暁烏敏「服従論」。
(42)　福嶋寛隆「政治と宗教——念仏弾圧とその理解をめぐって——(1)」『伝道院紀要』第一九号、伝道院研究部、一九七七年。
(43)　安藤州一が伝えるところによると、念仏弾圧については、清沢満之も暁烏敏と同様の理解であったようである（安藤州一『清沢先生信仰座談』浩々洞出版部、一九〇四年、七四〜七五頁）。
(44)　田中正造日記、一九一三年八月二日。田中正造全集編集会編『田中正造全集』第一三巻、岩波書店、一九七七年、五四六頁。
(45)　たとえば、山辺習学は関東大震災の翌月に「関東の惨害と国民の覚醒」（『宗報』第二六四号、大谷派本願寺編纂課、一九二三年一〇月号）と題する文章で次のように述べている。「顧るに真の宗教とは、天災地変そのものを、直ちに神意によるとか、天の刑罰であるとかいつて徒らに生活の整理や、道徳的教訓とするのでもなく、又徒に科学的の見解のみに立つて、その事変によりて将来の物質生活を安定にする丈で満足することでもない。この両端を避けて中道をゆくのである。即ち此苦難は心の迷ひが本であると痛感してこれまでの態度を改めることである」（『宗報（一二）』「宗報」等機関誌復刻版20、真宗大谷派宗務所出版部、一九九七年、六二八頁）。
(46)　久木幸男『検証　清沢満之批判』一五九頁。久木は「社会問題と清沢」として一章を割き、そのなかで足尾銅山鉱毒事件に関する『精神界』の対応を問題にしているが、そこには清沢のみを免責しようとする露骨な「清沢鑚仰論」が展開されている。それが誤った理解であることは、本章の分析によっておのずとあきらかになろう。
(47)　久木幸男は、『精神界』（第一巻第二号、一九〇一年二月）に掲載された清沢満之の「万物一体」という論説を足尾鉱毒事件に関連する史料としているが（『検証　清沢満之批判』一五六〜一五九頁）、史料の内容からしてやや強引な議論であるように思われる。清沢の足尾鉱毒事件観、社会問題観はやはり、「精神主義」の基本的立場に即して説明されなければならないだろう。その意味で、「暁烏の「服従論」が、満之のこの「精神主義」に拠っていることは瞭然である」と論じた中島法昭「暁烏敏——青年期の信仰構造を中心として——」（福嶋寛隆編『日本思想史における国家と宗教』下巻、永田文昌堂、一九九九年）や、「清沢のこの信仰理解を継承し発展させたのが暁烏敏であるが、彼の「服従論」（『精神界』第二巻四号）はその極めつけで一読に価する」とした伊香間祐學「明治二十三年十月三十日」(『「精神主義」を問い直す――近代教学は社会の問題にどう答えたか――』北陸聞法道場叢書Ⅲ、北陸聞法道場出版部、一九九二年、七頁。初出一九八七年)は、本章と文脈を異にするが注目すべきであろう。

(48) 清沢満之「精神主義」『精神界』第一巻第一号、一九〇一年一月。大谷大学編『清沢満之全集』第六巻、岩波書店、二〇〇三年、三頁。

(49) 同上、五頁。

(50) 清沢が、『阿含経』、『歎異抄』とともに『エピクテタス氏教訓書』をみずからの三部経と位置づけたことはよく知られている。そこに説かれる「如意」「不如意」論を清沢がどのように理解し、整理したのかを参照すれば、「精神主義」における「自由」の問題はより明確になるだろう。この問題については本書第一章を参照。

(51) 清沢満之「精神主義〔明治三十五年講話〕」『精神界』第七巻第六号、一九〇七年六月。『清沢満之全集』第六巻、一六七～一六八頁。

(52) 同上、一六八～一六九頁。

(53) 清沢満之「平等観」『無尽灯』第六巻第四号、一九〇一年四月一五日。大谷大学編『清沢満之全集』第七巻、岩波書店、二〇〇三年、二七〇頁。

(54) 同上、二七〇～二七一頁。

(55) 清沢満之「社会主義」一九〇〇年二月五日。大谷大学編『清沢満之全集』第二巻、岩波書店、二〇〇二年、一九八頁。

(56) 清沢が「精神主義」論文を執筆する前年の随感録「有限無限録」に「貧富ハ精神ニアリ」と題して、「貧ヲ貧ト思ハサレハ是レ富ナリ／富ヲ富ト思ハサレハ是レ貧ナリ／貧富ハ強チ財貨ノ少多ニ関スルコトニアラサルナリ　充足ヲ知ルト知ラサルトニヨルコトナリ／財少クモ足ルヲ知ルモノハ是レ富ナリ／財多キモ足ルヲ知ラサルモノハ是レ貧ナリ／貧富ノ本拠ハ畢竟精神的ノモノナリ／故ニ貧富ハ寧ロ貧心富心ト云フテ可ナリ」(『清沢満之全集』第二巻、一一二～一一三頁)と記していることを、ここで想起しておきたい。そして、清沢が「物質界」を「精神界」に「服従」させることで、「有限不自在」の世界から離れて「無限自在」の「境界」へと到達することを課題としていた点もあわせて確認しておきたい（「精神界ト物質界」『清沢満之全集』第二巻、一四四～一四五頁）。

第三章　日露戦争期の宗教と非戦論
――「精神主義」と平民社を中心に――

はじめに

常に東洋の平和を名目とした戦争の論理が首尾一貫した近代日本において、日露戦争期は主戦論と非戦論の全面対決という例外的な状況が現出した。天皇制国家による戦争の義を論じる者が常に多数派であったことはいうまでもないが、その一方で日露戦争期には、たとえば当時の社会主義の代表格たる平民社を結成した幸徳秋水や堺利彦のほか、キリスト者の内村鑑三や柏木義円、さらにはキリスト教社会主義者の安部磯雄や木下尚江などによって非戦論が唱えられていた。無論、全体から見れば非戦論は少数にすぎないが、それが公然と論陣を張るかぎり、逆に主戦論や義戦論の側は説得力ある議論によって戦争肯定の論理を展開する必要に迫られていたのである。

すでに日清戦争期から仏教の大勢は戦争協力の立場を明確にしていたが、それは日露戦争期においても同様であった。いや、日清・日露戦争のみならず、仏教は一貫して天皇制国家による戦争に協力し続けることとなるのである。このような近代日本の仏教の基本的性格を決定的にしたのは、やはり神道国教政策下における仏教の抵抗、およびその結果としての体制化にほかならない。すなわち、神道国教化政策の基本線のもと、「神道非宗教」論に基づく国家神道体制が確立する過程で形成された仏教の基本的性格は、天皇制国家の宗教的基盤との等質性を内実とするものであったから、天皇制国家支配は勿論のこと、対外戦争にあたっても忠良な臣民として生きることを教義的に裏づけ、多くの人々を戦争に動員していく役割を演じたのである。無論、すべての仏教徒が戦争協力に邁進したわけではない。たとえば後に「大逆」事件に連座することになる真宗大谷派の高木顕明が「余が社会主義」で非戦を論じていたことは、いまや周知の事柄に属するだろう。

そうしたなかで、「精神主義」運動はどのように日露戦争と向き合ったのだろうか。(1) この問題については、早くは吉田久一「精神主義運動の社会的意義」(『日本近代仏教史研究』所収)が「精神主義の戦争観」というテーマのもとで多くの史料を時系列的に配しながら、「精神主義」運動の日露戦争への対応を追跡している。吉田の研究には「精神主義」運動に高い評価を前提する点、および分析視角の一貫性の欠落に課題を残しているようには思われるものの、「精神主義」運動の様々な発言を網羅的に追跡しようとするその立場によって、日露戦争期の「精神主義」運動の概要はあきらかにされたといえよう。その後、「精神主義」運動の宗教的立場に注目して様々な発言を統一的に把握しようとしたのが、柏原祐泉「『精神界』をめぐる人々――その世俗的対応の思考形態――」(『近代の宗教運動』所収)である。柏原は清沢満之によって主張された「宗教の自律性確立の意味をもつ主観主義」(2)を「精神主義」の特質だと押さえて、それが清沢門下による社会的問題への対応のなかにどう顕在化したのかを考察している。さらに近年では、末木文美士「近代国家と仏教」(『国家と宗教』上巻、所収)が特に清沢における矛盾、つまり国家道徳に対する相対化と世俗倫理の肯定を重視して、清沢門下におけるその両契機の展開を日露戦争期の「精神主義」運動に即して論じている。柏原と末木の研究には清沢とその門下の関係をいかに把握するかという問題提起があり、それは本書の関心とも重なる点である。こうした議論は各々の清沢理解と不可分であるから、本書も本章の考察次第では第一章の結論の再検討が求められるだろう。

それでは、以上の先行研究から問題を剔出して本章の課題を明確にしておきたい。まず、吉田が「精神主義」の日露戦争への対応を跡づけるなかで次のように述べている点に注目しよう。

精神主義の戦争に対する立場は、その是非ではなく、戦争から生みだされた罪悪や苦難への慰藉であろう。この場合、現実的には戦争への消極的協力であるが、戦争から罪悪が生みだされるという前提がある以上、戦争に対置する一面も併有するといえる(3)。

吉田は戦争協力と抵抗の二分法ではなく、独自の宗教的役割を「精神主義」の活動に認めたうえで、それを戦争との関わりのなかに置き直して「精神主義」の「戦争への消極的協力」に「戦争に対置する一面」が存することを指摘している。また末木は、「精神主義」運動の中心メンバー暁烏敏が積極的な開戦論を展開すると同時に激しいアジテーションを行ったことを指摘しながら、「むしろ暁烏のような過激な主戦論は例外(4)」だと論じる一方で、日露戦争期に発表された「超戦争観」(『精神界』第四巻第一一号、一九〇四年一一月)と題された論文に触れて以下のように述べている。

「超戦争観」は主戦論・非戦論という政治的な二元論のいずれをも批判しているのであるが、当時の社会において非戦論が劣勢となり、大勢が主戦論に傾く中では、このような立場は主戦論の熱気に水を差し、好戦的な雰囲気を冷静に批判的に見直す役割を果たしている(5)。

末木はさらに「戦争が与うる教訓」（『精神界』第四巻第三号、一九〇四年三月）に論及して、「そこには正面からの非戦論はないが、戦争への全面的なコミットメントから一定の距離をとり、厭戦論に近いスタンスを見ることができる(6)」とも指摘している。以上より、吉田の指摘が末木にも引き継がれていることはあきらかであろう。吉田と末木はどちらも戦争協力に回収されない別の契機を「精神主義」に読み込もうとしているのである。おそらくこうした理解は、「精神主義」が課題としたのが世俗権力への直接的従属ではなく精神的安定であったことや、信仰確立の際に徹底した現実の相対化が要請されること、それらをどう理解するかということと切り離せない問題だろう。そうした問題はまた、「精神主義」運動の宗教的立場と歴史的立場に対する総体的・統一的把握を要請するものだと筆者は考えるので、本章もそれを念頭に置きつつ、「精神主義」に特徴的な現実の相対化が日露戦争期にどう発揮されたのかを注視しながら考察を進めたい。ところで、柏原は上のような吉田や末木とは異なった見解を示している。

精神主義が自律的な主観主義の立場から実際上の社会的な問題に如何に対応したかということについて、とくに『精神界』初期の頃の足尾鉱毒事件と日露戦争への発言を通して考察したのであるが、日露戦後の時点で漸く独自の指導的提言をなしえたものの、総体としては、各事件のもつ非道性、罪悪性に直接対決できず、主観主義的解釈を施すことによって、却って事件の問題性を隠蔽し肯定化する結果となった(7)

このように柏原は、日露戦後までの「精神主義」については「事件の問題性を隠蔽し肯定化」したと理解している。とするなら、「宗教の自律性確立の意味をもつ主観主義」としての「精神主義」はなぜ日露戦争に「対決」できなかったのであろうか。少なくとも、上のように論じる柏原には「宗教の自律性」の内実とともに、「精神主義」の特質の再考が求められよう。そしてそこには吉田や末木と同様に、信仰とその歴史的立場の総体的把握という課題が残されているのである。当然のことながら、仏教徒の生き方は歴史状況ではなく信仰こそが規定するはずであり、その信仰は歴史を超える地平を求めながらも、やはり歴史のなかにしか成立しえない。したがって「精神主義」の場合もまた、歴史のなかで信仰の内実を検討する必要がある。そして天皇制国家による戦争とどのような関係を切り結ぶかは、その具体的な発言とともに天皇制国家の宗教的基盤との関係性においても考えられねばならない。なぜなら、天皇制国家の宗教的基盤との等質性を内実とする仏教からは、仮に天皇制国家に対する批判・抵抗が成立しても、それは徹底的かつ根本的なものとはなりえず、結果として天皇制国家の価値体系に包摂されてしまうからである。本章はこうした問題状況を念頭に置き、日露戦争期の「精神主義」について分析・検討する。

また、上述の思想状況を踏まえて日露戦争期を考察対象とするならば、平民社の活動を無視することはできないだろう。というのも、日露戦争期の非戦論者の多くは社会主義を受容することで自己の思想的立場を構築していたからである。したがって、当時の社会主義を代表する平民社の活動は極めて重要である。周知のように、平民社は週刊『平民新聞』を舞台に、「永遠の真理」に拠って非戦を「絶叫」し続ける思想運動として成立した。そしてその非戦論は、彼らの踏まえていた社会主義の内実に規定されていた。社会主義といえば、およそ宗教とは無関係だと思われがちだが、それを踏まえる人間に一定の生き方をもたらすものとして、仏教に対する重要な問題提起を期待するのは決して的外れではない。そこで本章では、社会主義がどのような実践性を平民社にもたらしたのかも天皇制国家の宗教性との関連で考えてみたい。平民社の踏まえた社会主義は、天皇制国家への抵抗の根拠を何処に定めればよいのか、その究明のための一つの手掛かりをわれわれに与えるだろう。

一　日露戦争開戦前夜の平民社と「精神主義」

一九〇〇年の北清事変以降、清への進出を一気に加速した日本は、一九〇二年一月三〇日に日英同盟を結び、北清事変以降も満州から撤退しないロシアとの間に緊張感を高めていった。日英同盟にアメリカの抗議も加わったことで、ロシアは清と満州撤兵協定を結んで一九〇二年一〇月八日の第一期撤兵を実行した。だがロシアが続く一九〇三年四月八日の第二期撤兵を延期したことによって、日露の緊張はさらに高まったのである。そして、満州問題に朝鮮問題が加わり状況が複雑かつ深刻化するなかで、日本は強硬外交路線を決定して交渉を進めていった。日本の朝鮮支配を抑制しようとするロシアの立場とともに、日露両国が相互に譲らないまま交渉は継続され、日本国内の世論は徐々に主戦論へと傾斜していったのである(8)。

一九〇三年六月、戸水寛人ら七博士が、対露即時開戦を要求する建白書を桂太郎首相と小村寿太郎外相に提出した。これは対露関係において韓国を確保し、またロシアに満州の引き渡しを認めないとする強硬論であり、さらにはロシアがこの要求を拒否するようであれば開戦も辞さないとするものであった。そして一九〇三年一〇月八日、ロシアの第三期撤兵の不履行を契機として、世論はほぼ全面的に開戦論へと傾く。そこで各雑誌・新聞は揃って開戦こそ国民の望むところだと強調し、それを国民の声として既成事実化していったのである。(9)

このようななか、一九〇一年七月から理想団を結成し理想社会を目指すべく運動を継続していた黒岩涙香を社主とする『万朝報』も、この一〇月八日に「戦いは避く可からざるか(10)」で主戦論へと転じた。また同日の夜には、安部磯雄を会長とする社会主義協会が神田青年会館で非戦論の演説会を開催している。これらの出来事を踏まえるとき、この一〇月八日は日露戦争をめぐる主戦と非戦論の分水嶺のみならず、近代日本の思想家たちの戦争および天皇制国家に対する根本的な態度決定を迫る契機でもあったといえよう。その二日後の一〇月一〇日には幸徳秋水や堺利彦、さらには内村鑑三が朝報社を退社し(11)、幸徳と堺は『平民新聞』、内村は『聖書之研究』においてそれぞれ非戦の論陣を張ることになった。

『平民新聞』第一号は、その約一カ月後の一九〇三年一一月一五日に発行された。その冒頭には、平民社同人による「宣言」が掲げられている。

一、自由、平等、博愛は人生世に在る所以の三大要義也。／一、吾人は人類の自由を完からしめんが為めに平民主義を奉持す、故に門閥の高下、財産の多寡、男女の差別より生ずる階級を打破し、一切の圧制束縛を除去せんことを欲す。／一、吾人は人類をして平等の福利を享けしめんが為めに社会主義を主張す、故に社会をして生産、分配、交通の機関を共有せしめ、其の経営処理一に社会全体の為めにせんことを要す。／一、吾人は人類をして博愛の道を尽さしめんが為めに平和主義を唱道す故に人種の区別、政体の異同を問はず、世界を挙げて軍備を撤去し、戦争を禁絶せんことを期す。／一、吾人既に多数人類の完全なる自由、平等、博愛を以て理想とす、故に之を実現するの手段も、亦た国法の許す範囲に於て多数人類の輿論を喚起し、多数人類の一致協同を得るに在らざる可らず、夫の暴力に訴へて快を一時に取るが如きは、吾人絶対に之を非認す。[12]

ここに「宣言」された立場は、すでに多くの研究者の指摘するとおり社会民主党の基本的なそれを踏襲したものであろう。[13]注意しておきたいのは、「宣言」にフランス革命時に掲げられた近代民主主義の三原理（自由、平等、博愛）の提唱が見られること、そしてその「三大要義」からそれぞれ「平民主義」「社会主義」「平和主義」が導き出されていること、さらに議会制社会主義の立場により直接行動論を採っていないことである。平民社は「平民」の立場から「社会主義」に基づく非戦を主張せんとしたのである。また、「宣言」に続く「発刊の序」では『平民新聞』創刊の理由を、「平民新聞は、人類同胞をして、他年一日平民主義、社会主義、平和主義の理想境に到達せしむるの一機関に供せんが為めに創刊す[14]」と明かしている。

それではまず、平民社による非戦の「絶叫」を聴こう。開戦が切迫した一九〇四年一月一七日の『平民新聞』第一〇号は、社説「吾人は飽くまで戦争を非認す」で次のように「絶叫」した。

時は来れり、真理の為めに、正義の為めに、天下万生の利福の為めに、戦争防止を絶叫すべきの時は来れり（中略）吾人は飽まで戦争を非認す、之を道徳に見て恐る可きの罪悪也、之を政治に見て恐る可きの害毒也、之を経済に見て恐る可きの損失也、社会の正義は之が為めに破壊され、万民の利福は之が為めに蹂躙せらる、吾人は飽まで戦争を非認し、之が防止を絶叫せざる可らず（中略）吾人は真理正義の命ずる所に従つて、信ずる所を言はざる可らず、絶叫せざる可らず、

（中略）戦争一度破裂する、其結果の勝と敗とに拘はらず、次で来る者は必ず無限の苦痛と悔恨ならん、真理の為めに、正義の為めに、天下万生の利福の為めに、半夜汝の良心に問へ[15]

対露強硬論、即時開戦へと多くの言論が傾斜していくなかで、平民社は状況を道徳・政治・経済面から多角的に把握している。状況の深刻さにもかかわらず、いやそれゆえに平民社は状況との対決姿勢を闡明にしたのであった。その主張するところは、みずからの立つ「真理正義」を根拠とした戦争状況との対決であり、彼らの立場がいくら「社会主義」だと標榜しようとも、そこに構築されていたのは宗教的実践というほかない性格のものであった。

「精神主義」運動の機関誌『精神界』が創刊されるのは一九〇一年一月のことである。『精神界』はその創刊目的を、迷悶者に「安慰」と「歓喜」を与え、精神的充足を得させることだとしていた[16]。「精神主義」運動の中心はいうまでもなく清沢満之であったが、日露戦争開戦以前、さらには国内情勢において主戦論が一般化する以前の段階で清沢は死を迎えており、彼が日露関係についてどのように考えていたのかは不明である。第一章でみたように、清沢の信仰の基本構造からすれば、戦争どころか歴史的現実の諸問題を否定すべき対象として把握することはない。ただし想起しておくべきは、清沢のあきらかにした「精神主義」が、信仰確立の際に国家も含んだ現実の一切を鋭く相対化した点である[17]。というのも、それは清沢ひとりに限った問題ではなかったからである。たとえば一九〇二年九月の『精神界』第二巻第九号の巻頭論文「我国、我家」では、清沢以外の論者にもこのような立場が共有されていたことを確認できる。この論文の著者はまず、「想ふに我等、今日まで、人の国に住み人の家に在らむとつとめしこと、それ幾度ぞや。されど我等は今や全く之が誤れるを認めたり。そは彼の人の国や、人の家や、是れ苦の国也、悩の家也、決して彼等が一日も安住すべきの地にあらざれば也[18]」と「人の国」や「人の家」を苦悩として捉えていることを告白したうえで、さらに次のように述べた。

君主、尊しといふか。我等亦之が尊きを知る。渠は人の国に於いて、「神聖犯すへからさる」権威を有せり、されど此権威は、我等が精神の秘奥にあれまはる群魔を威伏するの能力なきを奈何せむ。父母、あがむべしといふか。我等亦之があがむべきを知る。渠は家長として、人の家に於ける一切の事を統理するの勢力を控へたり。されど此勢力は、我等が未来に待ち構へて、我等を引き込まむとする永遠の暗黒を打破するの威力あるものにあらさるを奈何せむ。君主と父母と、既に此能力なく、此勢威なし、之によりて我等は之を捨てたり、之にたよらざる也。既に之を捨てて、之にたよらず、復た何ものか此世にたよるべきものあらむ。是に於いて我等は兄弟を捨てたり、師友を捨てたり、隣人を捨てたり、国人を捨てたり、家を捨て、郷を捨て、学校をすて、本山をすてたり、皇室をすて、国家をすて、社会をすて、人生をすてたり。（中略）かくて自他一切を捨て、自他一切を離れ去りて、我等は今やいかにするも捨つる能はざる、いかに努むるも離る能はざる唯一如来の大心に在る也[19]。

ここには、清沢満之の信仰との共通性、すなわち徹底した現実の相対化を確認できる。「此世」の一切には「たよるべきもの」が見出せないから、彼はすべてを捨てるという。しかし、すべてを捨てきったそのときに、彼は「如来の大心」の存在を知ることで救済へと導かれたのである。そして救済の確信は、「我等は人の国を捨て、如来の国に在るもの也[20]」という言明となって表出した。彼はさらに、「人の世に在る者は、法令を奉せむ、されば如来に在る者は、たゞ如来の大命に順はんのみ、即ち我等の心に、正に如来の大命として降り来れるもののみに順はむ[21]」といい、「この世に合ふと合はざるとは我等の関する所にあらず。是れ如来の国の民たり、如来の家の子たる我等の当然に進むへき道にあらずや[22]」と続ける。「如来の国に在る」立場からは、そもそも現実の一切と関係を構築する必要はないのであろう。ここでは、このような立場が自己の苦悩や「永遠の暗黒」を解決し、精神的安定を得るという課題に応えようとするなかで成立したという点に留意しておきたい。果たして、「精神主義」の現実に対する相対化は、まさにその現実が戦争へと突入したとき、どのように発揮され、歴史のなかにいかなる原理をもたらすのであろうか。

ところで、清沢存命中に発表された一九〇一年四月の「日露の間」(『精神界』第一巻第四号)と題する短文には、「我国にして若し断然決する所あらんか、虚喝的にして、其実存外に弱き露国は恐らくは戦はすして止まむかな[23]」とある。未だ状況に切迫感がないこともあってか、ここには楽観的な対外強硬論が提示されている。また同号の「戦の可否」という短文では、「義のための戦争は可なり。利のための戦争は不可なり。(中略)罪悪の国、貪慾の国、是等の国に教ゆる所あらんがため我等は我国の軍費の多きを辞せさりき。奮へ、不動の剣、汝は恐らくは正義の為めに、慈悲の為めに、血にまみるゝを辞せざるべし[24]」というように、日本の道徳的優越性を根拠にした義戦論が展開されてもいる。一九〇一年の段階では、新聞各紙で主戦や義戦、非戦など多様な議論が展開されていたし、何も積極的に義戦を説かねばならない状況にはなかった。したがって結果的にではあるが、「精神主義」運動のこの立場は国内の情勢を先取りしていたということになるのである。

二　日露戦争下の平民社と「精神主義」

一九〇四年二月四日の閣議と御前会議においてロシアとの開戦を最終的に決定した日本は、二月八日に韓国仁川港でロシア艦隊を、そして翌九日に旅順口を攻撃してロシアとの開戦へと至った。日本は二月一〇日に宣戦布告をしていたが、それが国民に知らされたのは翌日の紀元節である。まず、「天佑ヲ保有シ万世一系ノ皇祚ヲ践メル大日本国皇帝ハ忠実勇武ナル汝有衆ニ示ス[25]」と前置きしたあと、日露戦争は以下のように説明された。すなわち日露戦争は、「露国ハ其ノ清国トノ明約（ママ）及列国ニ対スル累次ノ宣言ニ拘ハラス依然満州ニ占拠シ益々其ノ地歩ヲ鞏固ニシテ終ニ之ヲ併呑セムトス若シ満州ニシテ露国ノ領有ニ帰セム乎韓国ノ保全ハ支持スルニ由ナク極東ノ平和亦素ヨリ望ムヘカラス[26]」という理由から、「平和ヲ永遠ニ克復シ以テ帝国ノ光栄ヲ保全セム[27]」ためになされると。つまり、特段驚くことでもないが、日露戦争も日清戦争の際と同様に、国家の常套句たる「平和のための戦争」として説明されたのであった。宗教界に引きつけていえば、無論、東西両本願寺教団が戦争協力をいち早く表明したことはいうまでもない[28]。真宗大谷派は二月一〇日に「御垂示」を出し、それを二月一五日の『宗報』号外で門末に説いた。

今般満韓保全ノ問題ニ起因シ露国ト交戦ノ端ヲ啓キ竟ニ本日ヲ以宣戦ノ／大詔ヲ煥発シ給ヘリ帝国ノ安危繫リテ此一挙ニ在リ洵ニ国家ノ大事何事カ之ニ過ン苟モ帝国ノ臣民タルモノ此時ニ際シ宜シク義勇君国ニ奉スヘキナリ殊ニ本宗門徒ニアリテハ予テ教示スル処ノ二諦相依ノ宗義ニ遵ヒ

朝家ノ為メ国民ノ為メ御念仏候ヘシトノ祖訓ヲ服膺シ専心一途報国ノ忠誠ヲ抽ンシ奮テ軍気ノ振興ヲ希図シソノ事ニ軍役ニ従フモノハ速ニ他力本願ヲ信シテ平生業成ノ安心ニ住シ身命ヲ国家ニ致シ勇猛邁進以テ国威ヲ海外ニ発揚シ内外一致同心戮力海岳ノ／天恩ニ奉答スベシ是則帝国臣民ノ義務ヲ尽スモノニシテ即亦本宗念仏者ノ本分ヲ守ルモノナリ門末ノ輩宜シク／詔勅ノ／聖旨ヲ奉体シ竭誠尽力スヘシ(29)

日露戦争下で繰り返し説かれることとなる上の立場は、近代の真宗教団が一貫して強調してきた「二諦相依ノ宗義」、すなわち「真俗二諦」を基調としている。ここで真宗大谷派は「帝国臣民ノ義務」と「念仏者ノ本分」とを並列させ、戦争への動員を宗教的にも意義づけることによって天皇制国家を支えようとしている。こうした立場は、天皇制国家に対し積極的に従属し続けてきた真宗教団にとっては当然の帰結であろう。そして真宗教団ばかりでなく、宗教者とよばれる人々のなりふり構わぬ戦争協力は、日露戦争開戦を機に本格化することになる(30)。

それでは続けて、開戦後の平民社と「精神主義」運動の立場を見よう。開戦直後の『平民新聞』第一四号（一九〇四年二月二四日）の社説「戦争来」は、「戦争は遂に来れり、平和の攪乱は来れり、罪悪の横行は来れり」(31)と起筆し、平和攪乱の責が平民にのしかかってくると指摘したうえで次のように述べた。

故に吾人は戦争既に来るの今日以後と雖も、吾人の口有り、吾人の筆有り紙有る限りは、戦争反対を絶叫すべし、而して露国に於ける吾人の同胞平民も必ずや亦同一の態度方法に出るを信ず、否な英米独仏の平民、殊に吾人の同志は益々競ふて吾人の事業を援助すべきを信ずる也(32)

このように平民社は非戦貫徹の決意表明とともに国際的連帯を呼びかけた(33)。日露戦争は日本のみの、あるいは日本とロシアのみの問題ではなく、まさに世界全体のありようと関連する問題なのである。平民社はこう訴え、状況が緊迫した日露開戦以降も、非戦をより明確で広がりを持つ運動に展開しようとしたのである(34)。

開戦直後の「精神主義」運動に目を転じよう。一九〇四年二月の「犠牲的精神」(『精神界』第四巻第二号)には早速、以下のような論調の変化が見られる。この文章の著者は、「世の争闘、社会の不和は、個人に犠牲的精神の欠亡せるに基くと云ふも不可なきが如し。故に我等は道徳の根本として人に犠牲的精神の養成を希望せずんばあるべからず(35)」というように、現実世界の「争闘」や「社会の不和」を「犠牲的精神」によって解決すべきだと提起している。ここでいう「犠牲的精神」とは、「犠牲的精神とは何ぞや。自己を捨てゝ他を助くるは正に是也。国の為に身を捨て、君の為に命を捧け、親の為、兄弟の為、妻子の為、朋友の為に自己を捨つる、是犠牲的精神の発動にあらすや(36)」と具体的に示されるとおりである。そして著者は、「犠牲的精神」の成立に「信仰と希望との二者」が必要であるといい、さらに、「我等霊光に摂取せられて如来の子と成る時、如来の犠牲的精神、一切衆生の為めに肉を裂ぎ《(ママ)》骨を砕くの精神は我等の胸に現はれて、信仰の火となり、希望の光となり、犠牲的精神沛然として湧出し来るを覚ゆる也(37)」と述べて、「精神主義」がその成立に貢献すると論じた。著者はさらに、こうした「犠牲的精神」の成立がもたらす立場について、以下のように述べた。

我等一度如来の犠牲的精神の火に燃されて後は時に国家の上に如来の御姿を拝して国家の犠牲となるべく、時に父母兄弟朋友の上に如来を拝して彼等の犠牲となる事あるべし。而してそのこの《(ママ)》

事あるは、如来に対しての報謝と心得て然る也。如来の行を行すると信じて然る也。故に我等は綽々として犠牲壇上に登り得べき也。(38)

このように、著者は「如来の犠牲的精神」を内面化することで、国家の犠牲となることでさえも「如来」への「報謝」として意義づけられると論じてみせた。ここからあきらかなように、「精神主義」運動は開戦を契機にして国策追随の立場をとったのである。現実を相対化することで達した「如来の国」が戦争状態にある「人の国」に重ね合わされることによって、いまや「精神主義」の特徴たる現実に対する鋭い相対化は反転し、現実状況をそのままで神聖化する原理となったのである。つまり、「精神主義」の説く「如来」が戦争という現実状況にもたらすのは、みずからの実践の当否を問題にしないまま戦争へと没入していく人間なのであった。戦争を「如来」に関連づけて論じる立場は、翌三月に発表された「戦争が与うる教訓」(『精神界』第四巻第三号、一九〇四年三月)にも確認できる。

我等は宇宙をは如来の監督の下にある修養の道場と信ずる者也。我等は人生をは如来の指導の下にある向上の一路と信ずる者也。故に我等は世の一切の出来事を以て、我等か修養の機会と信し、我等か進歩の階段と信ずる者也。／かくて我等は、我か露国との戦端を以て唯事とは思惟せさる也、人為とは信せざる也。我等は他の総ての世の出来事を如来の我等に降し給へる賜物と信ずるが如く、戦争も亦不可思議の霊用と信せさるを得さる也。(39)

ここには戦争の人為的側面を捨象して、「如来の我等に降し給へる賜物」、つまりは自己の「修養の機会」や「進歩の階段」として戦争を捉える立場がある。さらに、「戦争が与うる教訓」とは「死の問題の研究」と「罪悪の自覚」と「無我の生活(40)」の三点だとして、「我等は今回の戦争を以て、単に国家の利益を得せしむのみに止らすして、自己の修養に資する所あり、向上の路に得る所あらしめざるべからず[41]」と戦争に独自の意義を与え、論の最後を、「如来よ、爾は我等が太平に慣れて徒らに火宅の世に着して霊界を去らんとするを誡めんとて世に戦争あらしめ給へり。我等この指導によりて大なる霊覚を得たること感謝に堪えず[42]」と結んでいる。このように状況を観念領域で解消する立場からは、たとえ「罪悪」や「死」が問題とされても戦争それ自体の罪悪性・暴力性に対する否定の契機が成り立つことはないだろう。また、最終的に「如来」に感謝するところからすれば、「国家の利益」への積極的追随を第一義としていないようではあるが、「精神主義」独自の戦争への意義づけは、結果的に「国家の利益」に連続することを避けられないばかりか、かえってより徹底した国家への奉仕をそれとして意識させずに、信仰によって調達するものだったということになる。以上のような「精神主義」運動の議論は、日露戦争下の基本的な立場として後のポーツマス条約まで一貫するものであった。

ところで、具体的に戦場へと向かわねばならない状況に置かれた兵士に対して、「精神主義」運動と平民社はそれぞれどのような言葉を投げかけているのか。両者の議論の相違を確認してみよう。まず一九〇四年四月の『精神界』第四巻第四号に掲載された暁烏敏の論説「出征軍人に与ふる書」を見よう。

既に軍人として戦場に趣く以上は敵国を降伏せしめたい、敵の首を奪つてやる位の意気込みはあるに違いない。而して無事て帰りたいと云ふ中心の要求も弱くはないのである。（中略）この無事で帰りたいと云ふ心中の敵が降伏でけた所で早や我軍大勝利の基礎がでけて居るのである。

（中略）諸君、旅順の勝利は決して無事で帰りたいと云ふ人によつては得られませんでした。一死以て君恩に報ずるのみ、出征するのは火葬場に行くのであると云ふ大覚悟を以て進む人でなければ、決して〳〵勝利は得られないのである、大事は為されないのである。[43]

このように暁烏は日本において開戦当初の中心ニュースであった海軍の旅順攻撃を材料にしながら、「心中の敵」を解決して得られる精神的な安定が、どれほど戦争の勝利に結びつくものであるかを論じた。彼はまた、兵士のとるべき態度について、「只自分と云ふことを忘れて君の為め国の為に働くのみ、豈功を望まんや況んや勲章をやである」[44]と述べ、滅私奉公を奨励している。さらに暁烏は、死を恐れることが戦争へと自己を投入しきれない原因であるとして、「諸君か出征についての第一番の準備は、この死の問題を考へて、楽んで死につくの覚悟を定めること」[45]だといい、「仏教は死の恐怖の涙を洗ふ唯一の霊水である。諸君、死の問題についての尤も明白なる解答と信仰を得んと願ふたならば、仏教の信の門を叩き給へ」[46]と畳みかけている。だが、そこで説かれるのは、「実にはかないものは人生である」[47]とか、「人はどうせ一度は死について泣かねばならぬ」[48]といった、無常観の強調以上のものではなかった。このように現実の相対性や無常が強調されるとき、その現実には信仰の当為が基礎づけられ難くなろう。そのため、発揮される信仰の実践性は、「はかない」この世における所与の価値観への追随に収斂する。たとえば、そこに「念仏」が持ち出されても、

念仏にいかなる道理があるか又ないかは学者の問題である。親鸞はたゞ何もなしに一南無阿弥陀仏で救はるゝと信ずるのである。諸君何と簡単ではありませぬか。いかに智恵浅く共、いかに罪深く共、今日までいかに不信心であつた共、たゞ南無阿弥陀仏を称うると云ふ丈けで、現世では

大なる信の力を与へて下され、未来は極楽浄土につれて行つて下さるとの事である。諸君、今に至つてぐづ〳〵理屈を云ふ所ではない。死ねば極楽と信じて働くのです。（中略）弾丸雨飛の中に行くについても南無阿弥陀仏と称へて進め、死ぬは極楽だと信して進め、死ぬる未来に希望の光明を認めて死んて行くのです。(49)

というように、その内実が具体的に論じられず、思考停止の自己を戦争に邁進させて生命を擲つことが強調されるにすぎないという事態は、信仰の当為が現実に基礎づけられなかった証左なのである。したがって、「国家の為めに一身を抛つの衷情は実に如来の活動である。（中略）諸君の身体は最早諸君自身のものではなくて国家のものである、如来のものである。（中略）何事も総ての心配は南無阿弥陀仏にまかす事です。実際人間は夫より外に道かないのでありますす(50)」といい、戦争への参加を「如来の活動」として意義づけ、以上のような生き方を顕彰するのも信仰の当為の不在がもたらす結末として理解しなければならない。

ここで、以上の「精神主義」の立場と『平民新聞』の社説「兵士を送る」（『平民新聞』第一四号、一九〇四年二月二四日）とを対照するとき、両者の性格が相互に浮き彫りになるだろう。

諸君今や人を殺さんが為めに行く、否ざれば即ち人に殺されんが為めに行く、吾人は知る、是れ実に諸君の希う所にあらざることを、然れども兵士としての諸君は、単に一個の自動機械也、（中略）諸君の行くは諸君の罪に非ざる也、英霊なる人生を強て、自動機械と為せる現時の社会制度の罪也、（中略）露国の兵士も又人の子也、人の夫也、人の父也、諸君の同胞なる人類也、之を思ふて慎んで彼等に対して残暴の行あること勿れ(51)

平民社の立場は、問題を現実の「社会制度」に内在する「罪」と把握して、その弊害を被る「兵士」たちに同情を吐露しながらも、彼らへ「人類」のひとりとして生を全うするように願うものである。いうまでもなく、現実の諸問題の解決は、その現実の真っ只中でなされねばならない。いくら「はかない」この世であったとしても、人間の生きる場は歴史のなかにしかないのである。宗教的に粉飾した主観的・観念的解消の態度はその実、歴史的問題の温存にほかならず、それは天皇制国家をイデオロギーの面から支えることを避けられないだろう。そして、戦時下の宗教者の多くがそうした役割を果たしたのであった。一九〇四年五月一六日に開催された神儒仏基による日本宗教大会では、「日露の交戦は、日本帝国の安全と東洋永遠の平和とを図り、世界の文明正義人道の為に起れるもの」であるという「宣言」が決議されている。平民社はそうした宗教家の動向にも直ちに反応し、『平民新聞』第二八号（一九〇四年五月二二日）で、その「忠君愛国なる宗教家(53)」に対して「吾人は彼等が徒らに政府の提灯持に了らざることを望む(54)」と批判を加えている(55)。彼らが戦争と不可分だと見定めた「社会制度」は、こうした「忠君愛国なる宗教家」などに支えられることで十全に機能し、「人」を「一個の自動機械」にしていったのである。

三　平民社と「精神主義」の戦争観

一九〇四年八月二四日から九月四日に展開された遼陽会戦での日本軍の損害は甚大であったという。ロシアを撃退しながらも損害の大きさゆえに、退却するロシア軍への追撃ができなかったほどである。

こうした甚大な人的被害は当然のように徴兵令改正へとつながっていった。このようななか、『精神界』第四巻第一〇号（一九〇四年一〇月）には、雑誌の末尾に「満州軍より」という投書が掲載されている。そこには、「明治三十七年九月中旬／清国盛京省遼陽州下腰堡に於し／柳澤巌」と署名がされているので、おそらくは遼陽会戦に参加した兵士からの投書であろう。そこで柳澤は暁烏敏の『軍人之宗教』（浩々洞、一九〇四年）という小冊子を読んで、「仏我を離れずと云ふことを思ふて、こゝに於て、大安慰を生じ、雨の如き小銃弾が頭上を通過する時に、我仏と共にあることに於て、大勇気の湧き来り申候」という心境に至ったことを述べている。ここからは「精神主義」が銃後と同様に、戦場にも精神的安定を供給していたことがわかる。不安の解決が戦場の兵士にとって、非常に大きな問題であったことは想像に難くない。柳澤のいうところによれば、「精神主義」はそうした課題に応じるだけの役割を果たしたのであろう。だが「精神主義」を踏まえて「大安慰」と「大勇気」を得た兵士は、不安とともに戦争への違和感をも喪失していったのではないだろうか。なぜなら戦場の兵士に精神的安定を供給できたとしても、それによって兵士が人間の尊厳性を自覚するわけではないからである。自己の尊厳性の自覚が伴わないまま、戦場で精神的安定が供給されるとき、そこには自己をますます戦争へと投入しうる兵士が生み出されることとなる。少なくともここまで検討してきた『精神界』の主張からはそのように判断せざるをえないだろう。すなわち『精神界』は、「精神主義」の戦場における有用さを、具体的事例によって誇示しているのである。

一九〇四年八月以降の旅順攻囲戦が日露両軍に多数の死傷者を出した激戦だったことはよく知られている。日本軍の旅順要塞に対する総攻撃は幾度となく繰り返されたものの、むしろロシア軍の充実した装備に阻まれて死傷者を続出させていた。また、この段階で日本軍は弾薬不足となり漸進不能に陥っていたともいう。一一月末にはようやく二〇三高地を占領し、一九〇五年の一月一日には旅順を制圧することになるが、それはロシアのバルチック艦隊のアジアへの回航という事態に直面しての急な作戦であったために、日本軍の損害も甚大なものとなっていた。

この時期の『精神界』の論調は、戦争を不可避だと論じるものが少なくない。たとえば、一九〇四年九月の『精神界』第四巻第九号では、「戦争の為めに多くの犠牲を出すことは悲しき事にはあれ共、能々思ひ見れば、是も国家の発展の上には避くべからざる《ママ》新陳代謝にはあらすやと感せられ候(58)」というように、戦争を「国家の発展」と関連させて積極的に意義づけているし、同年一一月の『精神界』第四巻第一一号では「超戦争観」と題した巻頭論文で、「戦争は為すべしとして為さるゝものにあらずして、為さるゝを得ずとして為さるゝもの也。（中略）人類は平和を好むの動物也、されども亦戦争を避くる能はさる動物也(59)」と、戦争の不可避性を人間の「動物」性から論じてもいる。このような『精神界』の議論に対して注目すべきは、戦争の不可避性が苦渋の立場を経由してやむをえず認められているということや、あるいは結果として現れている単なる戦争肯定という事態よりも、具体的状況への平板な肯定が一貫しているという点にこそあろう。たとえば、「超戦争観」は次のようにも論じている。

我等をして仏知見の上にたちて云ふ所あらしむれは、眼中主戦非戦の別なく、主戦論も是也、非戦論も是也、主戦論も非也、非戦論も非也、勝も是也、敗も是也、勝も非也、敗も非也。凡情の四句を離れて、戦時にありては戦時に処し、平時にありては平時に処し、勝者としては勝に処し、敗者としては敗に処し、所謂随所主となる、これ我等の信仰に基ける生活とす[60]。

このような「精神主義」の「仏知見」とは、状況にあわせて如何様にも自己の立場を変化しうることと、つまりは状況追随主義の別名にほかならない。状況の平板な相対化と全面肯定を結果するのは、あるべき現実や否定されるべき現実というものが信仰主体に存しないからである。換言すれば、それは一定の規範意識――信仰ゆえの当為が歴史のなかに成立しえないということでもある。ただ、

我等は我か日本国か一面戦争に勇健なると同時に、他の一方にこの戦争以上、勝敗以上に超脱する所あらんを望む者也。国民亦然り、一面戦争に尽すべきは勿論なれ共、一面戦争以上に超脱して霊性の発揮に尽粋せざるべからず[61]。

というように、現実を超絶しようとする態度は常に求められており、それこそが「精神主義」独自の性格を構成している。無論その相対化は、現実の否定とは結びつかないし、現実を超絶することでさらなる精神的安定を得ようとする手続きにすぎないのだが[62]。

このような「精神主義」の戦争観に対し、続けて平民社のそれを確認しておこう。一九〇四年八月七日の『平民新聞』第三九号は、トルストイが一九〇四年六月二七日の『タイムズ』紙に寄稿した論文の全訳を「トルストイ翁の日露戦争論」と題して掲載した。これは当時の非戦論が国際的な広がりを見せていたことの代表例でもある。ここで平民社は、トルストイの非戦論への論評という形式において自己の戦争観を明かしている。すなわち、社説「トルストイ翁の非戦論を評す」(『平民新聞』第四〇号、一九〇四年八月一四日)は、トルストイの論文が「世間多数の麻痺せる良心に対して、絶好の注射剤たり得べきを信ず、否注射剤たらしむべきを希ふ[63]」としたうえで、みずからの立場との相違に

論点を移して次のように述べている。

吾人の所見に依れば今の国際戦争は、トルストイ翁の言へるが如く、単に人々が耶蘇の教義を忘却せるが為めにあらずして、実に列国経済的競争の激甚なるに在り、而して列国経済的競争の激甚なるは、現時の社会組織が資本家制度を以て其基礎となすに在り、[64]

このように、平民社は戦争の原因を資本主義に基づいた「社会組織」だと把握している。戦争の原因を社会組織の面から捉えて経済的に解消するこの立場からすれば、平民社が戦争廃止の必須条件を「社会組織」の変更と主張するのは必然であろう。だから平民社は、「故に将来国際間の戦争を滅絶して其惨害を避けんと欲せば、現時の資本家制度を顚覆して、社会主義的制度を以て之に代へざる可らず、社会主義的制度一たび確立して、万民平等に其生を遂ぐるに至らば、彼等は何を苦しんで悲惨なる戦争を催起するの要あらんや[65]」と論じるのである。ここに提示された「社会主義」は、「資本家制度」の延長線上に成立してくる戦争を解決する、新たな制度としての位置を与えられている。そして、それはまた彼らの立脚点でもあった。しかし看過しえないのは、そうした「社会主義的制度」の確立が「万民平等」をもたらすというものの、その「平等」の内実が経済的なそれにとどまるものであり、人間の尊厳性におけるそれとは異なるという点である。

日本の憲法は、宣戦媾《(ママ)》和の大事が天皇の大権に依て決せらるべきことを規定す、然れども大権の未だ発動せざるの前、先づ、之を決する者あるに似たり、誰か之を決する者ぞ、曰く国民の輿論乎、あらず、曰く立法部の議員乎、あらず、曰く行政部の官吏乎国務大臣乎、あらず、若し是等の者之を為す猶ほ怪しむに足らず、而も実際に於て宣戦媾《(ママ)》和の関鍵を握る者は、一種の金貸業者

に非ずや、彼の銀行者と名くる金貸業者にあらずや[66]

このように、資本家に責任を追及するその態度は、「金融資本家を悪玉に仕立て上げることによって、天皇およびそれに連なる勢力に免罪符を与える[67]」側面を持つものである。資本主義の延長線上に成立する帝国主義戦争として目の前の戦争を把握したことは、確かに現実の一面を的確に捉えた議論であろう。だが、天皇制国家が現人神天皇の神聖性・絶対性を中核に据えていたことや、社会制度の十全な機能はそれを支える人間の存在を不可欠とすること、さらに人間の生き方と宗教性が密接に関わっていることを見逃しては、平民社の議論がいかに現実を直視したものであってもその現実把握は一面的たらざるをえない。そして天皇制への批判を徹底できない立場から、いくら「平等」を説いていたとしても、それは人間の原理的平等を主張しているとはいえないだろう。こうして平民社による社会組織への注目は、戦争の性格を鋭く抉り出しながらも、一面的な現実把握に帰着したのである。

四　『平民新聞』廃刊と日露戦後の「精神主義」

以上のような平民社の天皇制に対する批判的視座の欠落は、何に起因したのであろうか。平民社は戦争の根本原因を社会組織の形態、すなわち「資本家制度」に求めた。そのため彼らは社会組織を「社会主義的制度」に変更することで、戦争を、それを生み出す社会組織から解決しようとしたのである。こうした彼らの非戦論が一定の説得力を獲得したことはいうまでもない。だが、同時に社会組織の形態を議論の根底に据えたことこそが、天皇制国家のなかでの平民社の活動に制限を与えてしまったのではないだろうか。ここでは、『平民新聞』に数多くの社説、非戦論を発表した平民社の中心メンバー幸徳秋水に即して問題を剔出しておきたい。

木下尚江の『神 人間 自由』（中央公論社、一九三四年）には、幸徳秋水との興味深いエピソードが綴られている。そこには、木下が穂積八束の国体論を批判したところ、「幸徳はワザ〳〵尋ねて来て、／『君、社会主義の主張は、経済組織の改革ぢやないか。国体にも政体にも関係は無い。君のやうな男があるために「社会主義」が世間から誤解される。非常に迷惑だ』／かういつて僕を面責した(68)」という証言がある。ここから確認できるのは、幸徳が「社会主義」を「経済組織の改革」として受容し、「国体」や「政体」とは無関係だと理解したことである。そして、そうした理解はすでに日露戦争以前から提示されていた。はじめ『六合雑誌』第二六三号（一九〇二年一一月一五日）に発表され、のち『社会主義神髄』（一九〇三年六月）に付録として収められた「社会主義と国体」で幸徳は、「社会主義の目的とする所は、社会人民の平和と進歩と幸福とに在る、此目的を達するが為めに社会の有害なる階級制度を打破して仕舞つて、人民全体をして平等の地位を得せしむるのが社会主義の実行である(69)」としつつも、

日本の皇統一系連綿たるのは、実に祖宗列聖が常に社会人民全体の平和と進歩と幸福とを目的とせられたるが為めに、斯る繁栄を来したのである、是れ実に東洋の社会主義者が誇りとする所であらねばならぬ、故に予は寧ろ社会主義に反対するものこそ、反つて国体と矛盾するものではない歟と思ふ。(70)

と論じてもいる。このように、「社会主義」が天皇制国家への奉仕の側面を持つならば、現実の支配

の根幹に肉迫しきれないのは当然であろう。たとえ、「階級制度」「打破」のあとに「人民全体」の「平等の地位」が獲得されようとも、それはつまるところ現人神天皇のもとでの「平等」でしかない。このように考えれば、天皇の恩恵を強調し、そのもとで成立する「社会主義」には天皇制国家との原理的緊張関係の不在のみならず、天皇制国家をその支配の根幹からより強固に再構成する契機を指摘することも難しくないのである。あるいはこの幸徳の主張は、部分的に天皇制を受容することで国家との全面衝突を回避し、「社会主義」を守ろうとするものであったのかもしれない。だが仮にそうだとしても、まさにそこにこそ天皇制国家による内面収奪の成果、つまりは民族宗教性に規定された主体形成を認めるべきであろう。政治的権利の要求だけでなく、現実的に浮上してきた社会的・経済的諸問題に立ち向かおうとしたところに彼ら明治期の社会主義者たちが、自己の立場を「社会主義」として主張する必然性が存したのであろうが、天皇制国家に現象面としてあらわれる多様な問題の本質に切り込めないのも、実はその初発の立場性に制約されていたからなのである。すなわち、上に見た幸徳の立場の根底に存したのが、多くの論者の指摘するように儒教倫理であったこと[71]、さらに付け加えておくべきはそれが普遍宗教ではなかったことであろう。いくら綱領に「自由、平等、博愛」を謳おうとも、それを支える宗教的基盤なくしては、天皇制国家の支配の根幹には迫りえない。たとえば幸徳に社会主義が誤解されると迷惑がられた木下尚江は天皇制国家に最もラディカルな対決的位相をとった人物のひとりだが、彼が、「武装侵略の国家説も、所有私権の法理論も、賃銀奴隷の経済制度も、一に私利神聖主義より演繹せる自然の結果なり[72]」と指摘したり、また「宗教的君主観」の議論の必要性を強調して次のように論じたりしていることが、上の問題を示唆しているとはいえないであろうか。[73]

> 今日の日本を産出せる明治の維新は『天子』『神裔』など言へる一種宗教政治の信仰を動機としたるものにして、国民最大部分の感情は皇帝崇拝に依て僅に満足を得つゝあり、是れ彼の『君主々体』説或は『皇位主体』説が曲学阿世と指弾せらるゝに拘らず、尚ほ隆々として勢力を恣まゝにする所以なり、[74]

いうまでもなくそれは単にキリスト者だと自認すれば済むという質の問題ではない。権力に立脚せず、支配――被支配関係を無化することで、普遍宗教は政治権力を脅かし弾圧され続けてきたが、その弾圧に率先して協力し、政治権力を支えてきた側には、常に普遍宗教の仮面を被った民族宗教が存したのである。

その後、平民社は中心メンバーの禁錮や罰金、また印刷機没収や新聞発行禁止、さらには治安警察法違反などの厳しい弾圧のなかで活動を続けることになるけれども、彼らは一貫して『平民新聞』に非戦論を発表し続けた。社説「非戦論を止めず」(『平民新聞』第五八号、一九〇四年一二月一八日)では、「吾人は断じて非戦論を止めじ、吾人は之が為めに如何の憎悪、如何の嘲罵、如何の攻撃、如何の迫害を受くると雖も、断じて吾人の非戦論を止めじ[75]」として改めてその立場を確認しているし、また同号の社説「非戦論の目的」では、「非戦論の趣旨目的は極めて簡単也、曰く、速に現戦役の局を了して平和を克復せしめんと欲す、曰く、一般戦争の起因たる経済的競争の制度を変革して、将来の戦争を防遏せんとす[76]」といって立場の貫徹を表明している。天皇制批判の不徹底さこそあれ、『平民新聞』が第六四号(一九〇五年一月二九日)で廃刊を迎えるまで、「永遠の真理[77]」のために非戦を「絶叫」し続けた平民社を過小に評価してはならないだろう(78)。

さて、一九〇五年三月の奉天会戦以後も日本軍にとって戦闘状況は苦戦の連続であったが、一九〇五年五月の二七、二八両日、東郷平八郎率いる連合艦隊が対馬沖でバルチック艦隊を迎え撃ち、ロシアにほとんど壊滅的な打撃を与えたことを転機として状況は大きく変化しはじめた。すなわち、ロシアは国内情勢の急変もあってアメリカの斡旋による休戦に応じることとなり、九月五日にはアメリカでポーツマス条約が調印されたのである。これを受けて、日本国内では賠償金獲得なしの講和条件に対する国民の不満が、たとえば調印日の九月五日に起こった日比谷焼打事件のような形で一気に噴出した。というのも、戦時中の日本軍の実態を知らされずに戦勝報道のみを聞かされ甚大な負担を強いられてきた国民は、講和条件に賠償金が不可欠だと考えていたからである。その日比谷焼打事件等で国民の不満が噴出したことを受けて、『精神界』第五巻第九号（一九〇五年九月）の巻頭には「屈辱の誤解」と題する文章が掲載されている。そこでは、

樺太は、我が者にあらず。償金は我者にあらず。我が者にあらざるものは、我が力の及はざる所也。即ち我が自由に為し能はざる所也。我が自由に為し能はざる所のものを以て、強いて之を自由に為さんと欲し、その望の果たさる能はざりしによりて、屈辱を叫んで顧みず、嗚呼是れ迷倒にあらずや(79)。

と述べられ、「我祖国のみは、貪らず、奪はず潔く正大の公道に殉じ、堂々として一日も早く此盗賊的列国の間を去る、正に是れ、祖国の本意にあらずや(80)」と論じられている。この議論は天皇制国家の帝国主義的ありようを批判し、それを是正しようとする「指導的提言(81)」であるかのように見えるかも

しれない。しかしながら、これは「精神主義」の「如意」「不如意」論を援用した国家論であって、みずからの「自由」にしえない問題に関与すべきではないと主張しただけであり、国家批判の必然性を持つ内実だとは到底いえない。むしろ結果的には事態の沈静化に有効性を発揮して、事件の翌日、直ちに戒厳令を出して事態の収拾に努めた政府を支援するものだったとさえいえよう。無論「精神主義」は、「国家は、敵国外患によりて亡びず、自身の迷倒動乱によりて壊る。真実の敵は、日本海の彼方に在らずして、我が胸中に在り(82)」というように、一貫して自己の精神を問題関心の中心に置くことが基本であって、国家への奉仕を第一義としていたわけではない。したがって、戦後、一九〇六年一月の段階で戦死者について論じるときも、

朝鮮の宗主権、樺太の半分、旅順の租借、満州の鉄道等（中略）私共は四十余万の人間を犠牲にして得たる獲物としては一向難有無之候。然し私共は之等の多くの犠牲によつて霊的獲物を与へられたる事無限にして、茲に始めて、死したる人も死し甲斐あるべしと存じ候。道兄道姉、いかゞ味はひ被遊候や。又私共は我国已上の人命を損し、而も物質的に獲たる已上を失ひたる露国を憐れまざる可らず候。然し、露国にして若し、之を犠牲として大自覚の境を得んか、戦争の犠牲はいと安き事存候(83)。

と、精神領域での「自覚」を問題としているにすぎない。だが、その「自覚」の達成と引き換えに戦争の犠牲は肯定されているのであるから、こうした「精神主義」の立場は国家への自発的奉仕の側面を伴わざるをえないだろう。そもそも「精神主義」はその構造からして現実の全面肯定を結果するのであって、そこからは国家に責任を追及するという態度など成立しようはずもなかったのである。ま

た注目すべきは、「精神主義」運動が、日露戦争期の『精神界』の論説を一九〇七年の段階で編集し、『沈思録』と題した一書を刊行していることである。そこに暁烏敏は「例言」として次のように記している。

> 明治三十七八年の戦役は、我国空前の大事件なりき。この時に際して露国のトルストイ氏は熱烈なる非戦論を唱道せり。而して我等仏陀を信ずる者が、此の間に処していかなる思想をか得たる。戦争論か、非戦論か、或は他の思想か。／『沈思録』に録する文章は、この戦時中に於て、仏陀が我等に賜ひたる思想なり、啓示也、インスピレーション也。而して又我等が奮闘と悲惨との間にありて、平和と自由とを享楽したる、慈尊に対する祈禱也、感謝也、讃嘆也。／今や銃とりての戦争はやみて、平和会議は開かれつゝありと雖、人間貪欲の戦争は日に月に激甚に奮闘せられつゝある也。／故に戦争中に我等が指導せられ、安慰せられたる感想は、又現代の光たり、塩《ママ》たるなきを保す能はざる也。かくて仏陀は本書を世に公にすべく、我等に命じ給へり。／世の弱きに泣く友よ、力を求むる友よ、罪に泣く友よ、愛に渇く友よ、来りて我等と共に、仏陀の慈光の下に、大活力を得、大自由を得、大愛護を得たまへ。仏陀は必らず、救ひの御手を汝の肩に加へ、甘き乳房を汝の口にふくましめ給はんかな。[84]

ここに日露戦争期の『精神界』掲載論説を堂々と出版する「精神主義」運動の立場に対し自己批判の欠落を指摘できよう。この自己批判の欠落が、いうまでもなく自己と現実の全面肯定をもたらす「精神主義」の構造それ自体に起因するということを再度確認しておきたい。「精神主義」は、歴史的現実のなかに具体的倫理観を伴った新たな主体を確立しえない。ゆえに責任主体が成立しないのも至極当然だったのである。[85]

おわりに

以上の考察で、日露戦争への「精神主義」運動の対応およびそれを裏打ちした宗教的立場がほぼあきらかになったと思われる。「精神主義」の担い手たちは、戦争を自己の信仰確立の好機であると考えた。彼らは、現実の無常を強調することで現実に対する平板な相対化を成立させ、「如意」なる精神内に安定を確保しようとした。そして、信仰確立による精神的安定の確保は、いかなる状況に対しても自己を全力投入する積極性の根拠となっていた。こうした「精神主義」の立場が、歴史のなかに信仰の当為を基礎づけられない以上、相対化した現実はそのままで肯定されたのである。すなわち「精神主義」運動は、天皇制国家による戦争への否定の契機を持ちえない人間を形成することで、結果的に当該の歴史状況を支え続けたのである。無論、「精神主義」の原則からすれば自己の精神的安定こそが最優先の問題であり、天皇制国家への奉仕や戦争協力が第一義的なものではなかった。清沢の門下の人々はただ、「不如意」なる現実に対する断念と、「如意」なる自己の精神内における充足こそが信仰の確立だと理解し、それを戦前から戦中、戦後、一貫して志向し続けたのである。

だが、そのような自己の精神的安慰を志向するという、利己性を否定的に踏まえられない信仰は、天皇制国家の宗教的基盤たる民族宗教性を内実とするものであろう。「精神主義」運動が、天皇制国家への根本的批判をなしえなかった理由、あるいは、天皇制国家の宗教的基盤に対する原理的な緊張関係を確認できず、みずからとの異質性を自覚的に問題化しえない要因は、運動を担った人々の信仰に伏在していたといえよう。しかしながら、絶対非戦論を展開する必須条件にほかならぬ人間の尊厳性とその平等を自覚する主体成立にあたっては、その民族宗教性を否定的に踏まえねばならない必然性が要請されるのであり、同時に仏教が普遍宗教性を回復する契機もそこに存するのである。

註

(1)　従来この問題は、「清沢鑽仰論」的研究からは本格的に扱われてこなかった。文字通りすべてが清沢満之の「鑽仰」へと収斂する「清沢鑽仰論」的研究からは、そもそも歴史状況との関わりから信仰を問うという視点が欠落しているか、あるいはそれを問う場合でも、日露戦争開戦以前に没した清沢満之と戦争協力の発言を積極的に行った清沢の門下との間に信仰の変質を前提して論じている。前者の立場からすると戦時下での「精神主義」運動を問題にすること自体が成立しないし、後者にしても清沢の門下から「精神主義」の本領を分析・検討するという立論自体が困難となるだろう。無論、門下であるからという理由のみで無条件に同質の信仰が継承されたと考えるのも早計だが、清沢への無理な読み込みから生じる鑽仰論の弊害として、清沢の門下に対する研究がなされないままに「精神主義」の評価を清沢のみから論じるならば同様に問題が残るのではなかろうか。また、「清沢満之批判」と称される一連の研究においても、「日清戦争を経、いかにしても矛盾をおおいかくすことのできない段階に突入しようとする天皇制下の支配体制は、トータルな対決を挑んでくる社会主義運動の開始期に、「精神主義」という、それ自体はひたすら自律を志向する、まことに有効なイデオロギーを援軍として迎えることになったといえないか」（福嶋寛隆「「精神主義」の歴史的性格」『日本仏教』第五〇・五一合併号、日本仏教研究会、一九八〇年）との指摘がすでになされているものの、清沢の門下が「精神主義」をどのように継承したのかについては問題とされていない。

(2)　柏原祐泉「『精神界』をめぐる人々――その世俗的対応の思考形態――」、法藏館編『近代の宗教運動――『精神界』の試み——』法藏館、一九八六年、一〇三頁。
(3) 吉田久一「精神主義運動の社会的意義」『日本近代仏教史研究』吉川弘文館、一九五九年、三三八頁。
(4) 末木文美士「近代国家と仏教」、京都仏教会監修、洗健・田中滋編『国家と宗教——宗教から見る近現代日本——』上巻、法藏館、二〇〇八年、七九頁。ただし、末木論文が暁烏の戦争論とは別種のそれとして位置づけている「超戦争観」や「戦争が与うる教訓」は、『精神界』に記名はないけれども、実は暁烏が執筆したものである。とすれば、暁烏を「例外」として片づけるのは適当でないだろう。日露戦争期の『精神界』掲載論文の執筆者については、『精神界』に記名がない場合でも、浩々洞同人『沈思録』(金尾文淵堂、一九〇七年)を参照すれば、その一部が判明する。
(5) 同上、八〇頁。
(6) 同上、八一頁。
(7) 柏原祐泉「『精神界』をめぐる人々」一二四頁。
(8) 日露戦争については以下の研究を参照した。清水靖久「日露戦争と非戦論」(図書紀要委員会『比較社会文化』第八号、九州大学比較文化学府、二〇〇二年)、古屋哲夫『日露戦争』(中公新書、一九六六年)、井口和起『日露戦争の時代』(吉川弘文館、一九九八年)参照。
(9) すでに多くの指摘がなされているが、たとえば『原敬日記』の一九〇三年一〇月一七日や一九〇四年二月五日、一一日に記されているように、世論が捏造されていくとの認識に立っていたものもあった(原奎一郎編『原敬日記』第二巻、福村出版、一九八一年、七六・九〇頁)。『平民新聞』第一〇号(一九〇四年一月一七日)においても、「諸新聞すらも唯だ毎日の外国電報を見て覚束なくも其経過を想像し、僅かに宛推量を書立つるに過ぎず、故に露国の開戦の報ありとて、其理由如何も知らずして、我等平民之に賛成し得べき筈なし」とある。
(10) 「戦は避く可からざるか」『万朝報』一九〇三年一〇月八日。
(11) 内村鑑三「退社に際し涙香兄に贈りし覚書」、堺利彦・幸徳伝次郎「退社の辞」『万朝報』一九〇三年一〇月一二日。
(12) 平民社同人「宣言」『平民新聞』第一号、一九〇三年一一月一五日。なお『平民新聞』の引用は、すべて『週刊平民新聞』(近代史研究所、一九八二年)によった。

(13)　西田長寿「平民新聞とその時代──非戦論を中心として──」(『文学』第二一巻第一〇号、岩波書店、一九五三年)、糸屋寿雄『幸徳秋水研究』(青木書店、一九六七年)、太田雅夫「平民社とはなにか」(『初期社会主義研究』第一六号、初期社会主義研究会、二〇〇三年)参照。

(14)　堺枯川・幸徳秋水「発刊の序」『平民新聞』第一号、一九〇三年一一月一五日。

(15)「吾人は飽くまで戦争を非認す」『平民新聞』第一〇号、一九〇四年一月一七日。

(16)「誕生の辞」『精神界』第一巻第一号、一九〇一年一月。

(17)　本書の第一章で検討したように、たとえば清沢満之の「宗教的信念の必須条件」(大谷大学編『清沢満之全集』第六巻、岩波書店、二〇〇三年)という論文には、「宗教的信念」の獲得には国家や愛国心をも「捨てねばならぬ」という主張が確認できる。

(18)〜(22)「我国、我家」『精神界』第二巻第九号、一九〇二年九月。

(23)「日露の間」『精神界』第一巻第四号、一九〇一年四月。

(24)「戦の可否」『精神界』第一巻第四号、一九〇一年四月。

(25)「宣戦詔勅」、外務省編『日本外交文書』第三七・三八巻別冊、日本国際連合協会、一九五八年、一四二頁。

(26)(27)　同上、一四三頁。

(28)　本願寺派はすでに一九〇四年一月一五日の段階で「国家の非常事態に際し、本願寺教団の奉公を統括する事務所」である「臨時部」を設置した(本願寺史料研究所編『本願寺史』第三巻、浄土真宗本願寺派、一九六九年、四七五〜四九〇頁)。さらに宣戦布告、開戦を迎えると、すかさず法主は次の直諭を発した。「凡そ皇国に生を受る者、誰か報国の念なかるへき、今や国際の艱難に際し畏くも宸襟を労したまひ、遂ひに宣戦の大詔を下したまふに至れり、陸海の軍人寒威の酷烈なるを厭はす、風濤の険悪なるをも顧す、遠征の途に上り交戦の事に従ふ、一般の臣民宜く義勇奉公の志さしを励まし、以て聖旨に奉対すへし、抑本宗の教義ハ真俗に亘り信心を本とし仁義を先とす、其信心といふハ出離生死の一大事、凡夫自力の企及ふ所にあらされハ、偏に弥陀大悲の本願をたのミ疑なく、願力に乗託し順次の往生決定し、其深く信すること金剛の如くなるを信心とも安心ともまふすなり、此安心決定の上にハ真につけ俗につけ粉骨砕身の思ひに住し、報恩の経営怠慢あるへからす、吾人幸に文明の聖代に遭遇しやす〳〵殊勝の妙法を聴聞すること、偏に国家保護の洪恩なり、然るに今回の事たる実に我帝国未曽有の事変なれハ、挙国一致して之に当らさるへからす、況や本宗の教義を信する輩ハ已に金剛堅固の安心に住する身に候へハ、死ハ鴻毛よりも軽しと覚悟し、たとひ直に兵役に従ハさる者も或は軍資の募に応し、或ハ恤兵の挙を助け、忠実勇武なる国民の資性と王法を本とする我信徒の本分を顕し、ます〳〵皇国の光栄を発揚すへきこと、今此時にあり、此旨よく〳〵心得らるへく候也／明治三十七年二月」（福間光超・佐々木孝正・早島有毅編『真宗史料集成』第六巻、同朋舎、一九八三年、三六二頁）。

(29)「御垂示」『宗報』号外、大谷派本山本願寺寺務所文書科、一九〇四年二月一五日。引用は、『宗報（四）』「宗報」等機関誌復刻版12、真宗大谷派宗務所出版部、一九九四年、一七頁。

(30) 吉田久一「日露戦争と軍事援護」『日本近代仏教社会史研究』吉川弘文館、一九六四年。

(31)(32)「戦争来」『平民新聞』第一四号、一九〇四年二月一四日。

(33) 周知のように、こうした立場は『平民新聞』第一八号（一九〇四年三月一三日）の社説「与露国社会党書」において一層具体化することになる。「与露国社会党書」の応答である「露国社会党より」（『平民新聞』第三七号、一九〇四年七月二四日）にて主張された、手段として暴力を肯定せざるをえないという議論に、平民社があくまでも暴力を否定すると付説していることは注目されてもよいであろう。ロシアの社会民主労働党の応答など、思想連鎖については、山室信一『日露戦争の世紀――連鎖視点から見る日本と世界――』（岩波新書、二〇〇五年）を参照。

(34) また、戦時期における増税を批判した論説「嗚呼増税！」（『平民新聞』第二〇号、一九〇四年三月二七日）が、新聞紙条例第三三条違反で告発され、発行兼編輯人の堺利彦が二カ月入獄させられている。

(35)〜(38)「犠牲的精神」『精神界』第四巻第二号、一九〇四年二月。

(39)〜(42)「戦争が与うる教訓」『精神界』第四巻第三号、一九〇四年三月。

(43)〜(50) 暁烏敏「出征軍人に与ふる書」『精神界』第四巻第四号、一九〇四年四月。

(51)「兵士を送る」『平民新聞』第一四号、一九〇四年二月一四日。また文中に「英霊」の言が見られるが、村上重良は『慰霊と招魂――靖国の思想――』（岩波新書、一九七四年）にて、「戦没者の霊は、これまで忠魂、忠霊とよばれてきたが、日露戦争を境に、より個性のうすい抽象的な英霊というよびかたが一般化するようになった。天皇への忠誠は、日本国民にとって当然の行為とする天皇制教育が浸透するとともに、戦没者個々の忠誠に力点をおいた忠魂ということばよりも、没個性的な英霊という美称が、適当とされたのであろう」（一五二頁）と述べている。天皇制国家の対外戦争および宗教的基盤の性格を考えるうえで重要な指摘だと思われる。

(52)(53)(54)『平民新聞』第二八号、一九〇四年五月二二日。

(55)　留意すべきいまひとつの問題は、戦争を回避できない状況で非戦論者はいかなる態度を取ればよいのか、ということである。開戦前に「戦争廃止論」（『万朝報』一九〇三年六月三〇日）を発表し、「余は日露非開戦論者である許りでない、戦争絶対的廃止論者である、戦争は人を殺すことである、爾うして人を殺すことは大罪悪である、爾うして大罪悪を犯して個人も国家も永久に利益を収め得やう筈はない」（『内村鑑三全集』第一一巻、岩波書店、一九八一年、二九六頁）といった内村鑑三は、「戦時に於ける非戦主義者の態度」（『聖書之研究』第五一号、一九〇四年四月二一日）と題して、「平和主義者は戦時に在りては多くを為し得ません」（『内村鑑三全集』第一二巻、岩波書店、一九八一年、一五五頁）といい、開戦前の絶対非戦論の戦時における貫徹によって、国家と全面的に衝突することとはならなかった。むしろ「非戦主義者の戦死」（『聖書之研究』第五七号、一九〇四年一〇月二〇日）での「非戦論者が最も善き戦士を作る」（『内村鑑三全集』第一二巻、四四九頁）という自負からは、開戦前と逆の立場が表明されているようにさえ見える。だが、「然かし唯一つの事は決して之を為しません、即ち平和の主なるイエスキリストの言を引き来つて戦争を弁護するが如きことは決して為しません」（「戦時に於ける非戦主義者の態度」一五五頁）として、体制化を完了したキリスト教団に対する批判を放棄しなかったところに、また戦勝の害悪が敗戦のそれとは劣るものとならないとしたところに、内村の非戦論者としての地位を認めることができるのだろう。

　また、内村については、「自分がナショナリズムの感情によって決定的に動かされているのを自分自身からも隠すキリスト教的粉飾という面があるのではないか」（太田雄三『内村鑑三――その世界主義と日本主義をめぐって――』研究社出版、一九七七年、三八二頁）といった指摘がしばしばなされる。それに関連して、日本海軍の大勝利のニュースを聞いたとき、内村が「Teikoku banzai」と大声で三唱したということを、山県五十雄宛ての手紙（一九〇四年二月一一日）で自白し、その際、「An inconsistent man, I am!」と書いていることに触れておきたい（『内村鑑三全集』第三七巻、岩波書店、一九八三年、一〇～一一頁）。ここに表明される内村の矛盾の自覚化は、自己の裡に滑り込んでいるナショナリズムの感情を相対化させる普遍宗教性によって成立したとみるべきであろう。ここには、普遍宗教性が発揮される契機は常に内なる民族宗教性との相剋のうえにのみ成立するという問題が縮図的に表現されている。

(56) 柳澤巌「満州軍より」『精神界』第四巻第一〇号、一九〇四年一〇月。

(57) 真宗大谷派も『宗報』にて、戦地とのやり取りの記事を再三掲載している。そこで真宗大谷派は「真俗二諦」を踏まえ戦争へと翼賛していくことを繰り返し門信徒に強調し続けている。

(58) 浩々洞「東京たより」『精神界』第四巻第九号、一九〇四年九月。

(59)(60)(61)「超戦争観」『精神界』第四巻第一一号、一九〇四年一一月。

(62) こうした「超戦争観」の議論を、末木文美士「近代国家と仏教」がどのように論じているのかはすでにみた。現実への相対化の徹底によって獲得した精神的安定が現実の全面肯定を結果するという「精神主義」の構造の特質を踏まえるとき、末木の議論が成立しないことはいうまでもない。「精神主義」は「全面的なコミットメントから一定の距離をと」ることによって現実を、つまりは戦争を肯定しているのである。

(63)(64)(65)「トルストイ翁の非戦論を評す」『平民新聞』第四〇号、一九〇四年八月一四日。

(66)「和戦を決する者」『平民新聞』第一三号、一九〇四年二月七日。

(67) 辻野功「幸徳秋水の天皇観」『明治社会主義史論』法律文化社、一九七八年、一二二頁。初出一九七五年。

(68) 木下尚江『神 人間 自由』、後神俊文編『木下尚江全集』第一一巻、教文館、一九九五年、一四頁。初出一九三三年。

(69) 幸徳秋水「社会主義と国体」、幸徳秋水全集編集委員会編『幸徳秋水全集』第四巻、明治文献、一九六八年、五三二頁。初出一九〇二年。

(70) 同上、五三五～五三六頁。

(71) 大原慧『幸徳秋水の思想と大逆事件』(青木書店、一九七七年)参照。
(72) 木下尚江「永世の新倫理」『平民新聞』第一号、一九〇三年一一月一五日。
(73) この延長線上に成立してくるはずの宗教的君主観の分析は、木下自身が後日を約しながらも遂に果たされることはなかった。日露開戦以降、徐々に社会主義者に対する弾圧が強まっていくなかで、ほかでもない「宗教的君主観」の問題に切り込めないところに、天皇制国家の本質的属性としての民族宗教性が逆証されているというべきであろうか。
(74) 木下尚江「君主観」『平民新聞』第三号、一九〇三年一一月二九日。
(75) 「非戦論を止めず」『平民新聞』第五八号、一九〇四年一二月一八日。
(76) 「非戦論の目的」『平民新聞』第五八号、一九〇四年一二月一八日。
(77) 「戦時と非戦論」『平民新聞』第二二号、一九〇四年四月一〇日。
(78) ここで想起されるのは、社会主義に大きく影響を受けながらも、「余は社会主義は政治より宗教に関係が深いと考へる。社会の改良は先づ心霊上より進みたいと思ふ」として、宗教に立脚することで独自の「社会主義」を表明した高木顕明の「余が社会主義」(一九〇四年一〇月。大逆事件記録刊行会編『大逆事件記録』第二巻、世界文庫、一九六四年、二六二〜二六五頁。また、吉田久一「内山愚童と高木顕明の著述」〈『日本歴史』第一三一号、日本歴史学会、一九五九年〉参酌)である。高木はまた、「極楽世界には他方之国土を侵害したと云ふ事も聞かねば、義の為ニ大戦争を起したと云ふ事も一切聞れた事はない。依て余は非開戦論者である。戦争は極楽の分人の成す事で無いと思ふて居る」と、宗教と非戦の連動性を明確にした議論を展開する。
　此の闇黒の世界に立ちて救ひの光明と平和と幸福を伝道するは我々の大任務を果すのである。諸君よ願くは我等と共に此の南無阿弥陀仏を唱へ給ひ。今且らく戦勝を弄び万歳を叫ぶ事を止めよ。何となれば此の南無阿弥陀仏は平等に救済し給ふ声なればなり。諸君よ願くは我等と共ニ此の南無阿弥陀仏を唱へて貴族的根性を去りて平民を軽蔑する事を止めよ。何となれば此の南無阿弥陀仏は平民に同情之声なればなり。諸君願くは我等と共ニ此の南無阿弥陀仏を唱へて生存競争の念を離れ共同生活の為めに奮励せよ。何となれば此の南無阿弥陀仏を唱ふる人は極楽の人数なればなり。斯の如くして念仏に意義のあらん限り心霊上より進で社会制度を根本的に一変するのが余が確信したる社会主義である。

このように、高木は伝道を「大任務」とする。それは「平等」の「救済」「平民に同情の声」たる南無阿弥陀仏を踏まえることで、「救いの光明と平和と幸福」を内実とするものであった。そして、高木の「社会主義」は、あくまでも自己の信仰を起点とした社会制度に対する変革を意味していた。また、高木は日露戦争期に次期法主である大谷光演（彰如）における親鸞の消息を根拠とした、「一同朝家の為国民の為御念仏諸共に二諦相依の宗義に基く我浄土真宗の門葉は率先して義勇奉公の誠を尽されたいことである」（「新御門跡御親言」『宗報』号外、大谷派本山本願寺寺務所文書科、一九〇四年三月二〇日〈『宗報（四）』二七頁〉。また、一九〇四年三月二四日にも同様の趣旨の「新御門跡御直命」があった。それは一九〇四月四月二六日の『宗報』第三二号に確認できる〈『宗報（四）』六二頁〉という戦争協力に触れ、それを、「平和の福音なるを人誤てラッパの攻め声と聞きたるか。或は陣鐘陣太鼓の声なるを予が誤りて平和の教示なりと聞きたるか。読者諸君の御採決に任すとせん。／〇しかし余は幸なりラッパも陣鐘も平和の福音と聞けばなり。多謝〳〵南無阿弥陀仏」とアイロニーたっぷりに批判するのであった。問題の親鸞の消息は、周知のように、戦後親鸞研究における護国思想論争での争点となった史料であり、この史料をどのように理解するかは親鸞理解の全体に関わるものであった。高木の真宗理解こそが、当該状況への根底からの批判を可能とさせたのである。本願寺教団における差別的序列構造の最底辺に位置する寺院との関わりから自己の信仰を構築した高木には信仰の実践性が確保されていたといえよう。そこには歴史的現実との格闘を通してしか自己の信仰を確認できない状況が確かにあった。しかしそれに正面から向き合わない以上、信仰はつまるところ観念論へと収斂せざるをえない。このように考えれば、上に見た高木の非戦論は開戦という状況に対して突発的に生じたものではなく、歴史的現実との日々の格闘から削り出された信仰がもたらしたものであったといえよう。したがって高木の場合、平民社や内村鑑三との連帯という外的要因のみならず、親鸞の消息を媒介としての信仰理解が内的要因となって非戦の論陣を張りえたことに注意すべきである。以上より、高木の教団に対する批判は、教団と相似形の構造をとる近代天皇制国家に対するそれへと展開する射程を持つものだったとも考えられよう。

（79）（80）「屈辱の誤解」『精神界』第五巻第九号、一九〇五年九月。

(81) 柏原祐泉「『精神界』をめぐる人々」一二四頁。
(82) 「屈辱の誤解」。
(83) 浩々洞「東京だより」『精神界』第六巻第一号、一九〇六年一月。
(84) 暁烏敏「例言」、『沈思録』一～二頁。
(85) こうした「精神主義」における責任の問題は、清沢満之の立場を正しく継承したがゆえに生じた結果だと考えることができよう。本書の第一章では、清沢に即して「精神主義」における責任の問題を詳論した。

第四章　「精神主義」と「大逆」事件

はじめに

天皇制に対する議論の圧殺状態から解放された戦後を俟って本格化した「大逆」事件研究は、天皇制国家による不当な抑圧を告発し、かつ戦後どのような社会を構想するのかという問題意識のもとで数多くの成果を蓄積してきた(1)。そうした成果を受けて、「大逆」事件が天皇制国家による社会主義者・無政府主義者への思想弾圧であり、事件の大半がフレームアップであることは、事件から一〇〇年を経過した現在ではすでに周知の事実となった。

近代仏教史研究の領域においても、戦後の「大逆」事件研究の問題意識を共有しながら事件と仏教との関係が論じられてきた。研究史に特徴的なのは、事件に連座した僧侶の思想に注目した成果が大部分を占めること、なかでも内山愚童や高木顕明を対象とした研究が多く蓄積されてきたことである(2)。これらの研究の多くは、内山や高木の思想に天皇制国家による弾圧を惹起させる原因があったと把握し、それと彼らの仏教理解との関係を考究することによって、権力との対決性を不可欠とした仏教の歴史的内実を解明しようとしたものであった(3)。

こうした天皇制国家と仏教との緊張関係の解明が、近代仏教史のなかで「大逆」事件をテーマとする際の主たる問題関心であった。大勢として天皇制国家に従属し続けた近代日本の仏教史にとって、「大逆」事件に連座した仏教徒は権力との緊張関係を構築しえた数少ない事例だと考えられたから、これらの仏教徒が仏教における権力との対決性をあきらかにしようとする論者の格好の研究対象となってきたことは想像に難くない。その一方で、「大逆」事件の際に天皇制国家との対決を回避して自発的従属の態度をとった仏教についてはほとんど問題にされてこなかった。仮にそれらが論じられるにしても、権力と対峙した仏教徒のいわば前座として言及される程度にとどまっている。だが、近代天皇制国家にとって被支配者からの同意の調達は常に緊要の課題であり、その課題と終始深く関連したのが宗教であったことからすれば、たとえ強権的弾圧が前景化した「大逆」事件の際であっても、仏教の自発的従属は軽視しえない問題であるといえよう。あるいは天皇制国家への抵抗に見える態度でさえも、そのなかに従属の契機が伏在していたのか否かを含めて問い直されねばならない。

「精神主義」との関連では、すでに吉田久一「精神主義運動の社会的意義」(『日本近代仏教史研究』所収)が、『精神界』に掲載された「大逆」事件関係の史料を提示している(4)。また、泉恵機「大逆事件と真宗大谷派」(『大谷大学研究年報』第五四集)が事件直後に発行された『精神界』(第一一巻第二号、一九一一年二月)の暁烏敏「大逆心」に言及して、「暁烏からはたとえば国家と対峙するというようなことは出てこないであろう。本質的に国家のありようの如何とは関わらぬ立場であるが、一方皇室に対しては最敬礼をおこなっていく。ここでは国家は相対化されているかのごとくでありつつ、絶対化されていったと言える(5)」と指摘し、「暁烏のごとき反応が生まれてくる根拠は何か(6)」と問題を提起しているが、「大逆」事件とその影響とを概観することに論文の主眼があるため、「精神主義」に対する具体的な分析作業にまでは至っていない。

このような現状に至った原因を従来の「精神主義」研究に引きつけて考えてみれば、一つは「清沢鑽仰論」に典型的な従来の「精神主義」研究の多くが、歴史状況を度外視することで主観意識を対象に投射し、それを信仰の全体として扱ってきたという研究方法それ自体にあると考えられる。つまり、信仰の歴史性を捨象したその立場からは、具体的な歴史状況との関わりにおいて信仰を問う視点が欠落せざるをえない。こうした立場は、信仰と歴史的立場を分断し、部分を恣意的に肥大化させることで全体と置き換えているのであり、信仰とその歴史的立場に対する総体的把握を成り立たせるものとはならないだろう。そして、信仰と歴史的立場を分断して何ら不具合を覚えない研究主体のありようは、近代天皇制国家の宗教的基盤が未だ残存していることを示唆するものでもある。他の研究領域に比べて決して少なくない清沢満之・「精神主義」研究が、具体的な歴史状況と信仰との関係を問うた成果をほとんど蓄積してこれなかったのは、このような問題を研究主体が抱え込んできたからではないだろうか。(7)

すでに泉論文が示唆しているが、「大逆」事件に際して「精神主義」は天皇制国家に「対峙」せず、むしろ従属の態度をとった。とすれば問題は、「精神主義」がみずからを天皇制国家の支配体系にどう編成していったのかであろう。本章では、さらにそれを基礎づけた「根拠」についても分析・検討し、天皇制国家と「精神主義」との関係を考えてみたい。

一　「大逆」事件前夜

近代天皇制国家は、大日本帝国憲法・教育勅語の成立後、対外的には日清・日露戦争の勝利によって、対内的には日清戦争後に顕在化した足尾鉱毒事件に代表される「社会問題」への対応を経て、確固たる支配を確立していった。そうして確立された天皇制国家の支配のありようをもっとも典型的に表現したものの一つが、「大逆」事件であったといえよう。日露戦争後の一等国意識とともに存した思想状況の流動的な側面は、一九〇八年一〇月一三日に発せられた「戊申詔書」の「戦後日尚浅ク庶政益々更張ヲ要ス宜ク上下心ヲ一ニシ忠実業ニ服シ勤倹産ヲ治メ惟レ信惟レ義醇厚俗ヲ成シ華ヲ去リ実ニ就キ荒怠相誡メ自彊息マサルヘシ」(8)というところからもあきらかである。だが、であればなおさら、「我々青年を囲繞する空気は、今やもう少しも流動しなくなつた。強権の勢力は普く国内に行亘つてゐる。現代社会の組織は其隅々まで発達している」(9)と石川啄木にいわせた「大逆」事件は、天皇制国家が強権的弾圧によって支配をより強固にしていく契機だったと指摘しうるだろう。そして、木下尚江が「国家、対、無政府主義」(『新生活』二号、一九〇八年二月一五日)で「無政府主義は乱暴だと云ふ、是れは無政府主義者の手段の中に乱暴を許容するからであらう、之と同時に無政府主義者から見る時には、今日の国家程乱暴なものは無いと云ふ見解だ、茲に多くの審判者が間違つてしまう第一歩は、自分が国家党の一人であることを忘れて居るのである、(中略)無政府主義者も亦た国家の圧迫に対して、立腹するに及ばない、「国家」を人生の真理と確信する立場から見れば、無政府主義は人生の悪魔だ、無政府主義は最初から之れを自覚して起つたのである、／国家対無政府主義の戦闘は、是れは巡査と壮士の喧嘩では無い、人生の大問題だ、今日の最大問題だ(10)」と述べたところからも推察しうるように、事件として問題が顕在化する伏線はすでに引かれていたといえよう。すなわち、社会主義陣営における直接行動派と議会政策派の対立、および一九〇八年六月の赤旗事件を契機に社会主義・無政府主義への弾圧が厳しさを増していくそのなかで、「大逆」事件への道程はほぼ定まっていたのである。

木下尚江の言にすでに示唆されているが、天皇制国家が内面収奪の徹底によって様々な集団および国民一般から支配への同意、そして自発的従属を調達し続けていたことは、弾圧とともに見逃せない問題状況の一側面である。強権的弾圧が権力者側から繰り出されるものであり、自発的従属が被治者側からのものであるから、一見この両者は別の問題であるかのように考えられがちだが、両者はともに天皇制国家の支配におけるいわば盾の両面であった。というのも、天皇制国家の支配が脅かされる状況の現出に際しては前者が登場するものの、その登場機会を可能な限り減少させるのが後者の役割であったからである。その後者のありようをもっとも鋭く指摘した者こそ先の木下尚江であったように思われる。木下は「革命の無縁国」（『新紀元』第一一号、一九〇六年九月）としての日本を論じるなかで、日本の「哲学」「宗教」が天皇制国家のイデオロギー支配を内面化していること、そしてそれが「日本の学者」ばかりでなく「国民一般」において一定の達成を認められることを次のように述べた。

日本の哲学（若しありとすれば）も宗教も一に君主政治を根底となすなり、日本の学者は外国の君主政治を評論するに於て甚だ猛烈なりと雖も、日本自身の君主政治は之を論ずること能はざる也、之を論ずることは君主に対しては不敬にして、自身に取ては危険なればなり、而して君主果して之を不敬と認め給ふや否やは知らざれども、国民一般の感情は直に之を不敬と認むるに躊躇せざる程社会の空気は一種の異風を帯ぶるなれば也[11]。

「危険」思想を摘発し、それに対して「不敬」、場合によっては「大逆」の烙印を押す精神的雰囲気が「国民一般」を覆う状況は、天皇制国家の支配の特質をよくあらわしている。すなわち政治権力者たる天皇が同時に宗教的権威として君臨する天皇制国家は、「国民一般」の自発的服従による権力神聖化とその維持を不可欠としていたのである。つまりそれが意味するのは、天皇制国家のみならず国民をも民族宗教性が貫いていたという事実である。これを踏まえるとき、「大逆」事件が現人神天皇の神聖性・絶対性に肉迫する性質を持つものであったという側面は看過しえない。爆裂弾によって、その神聖性・絶対性の実体を暴露しようとした「大逆」事件は、天皇制国家の根幹に関わるものとして成立したのである[12]。それはすでに内面化していた「天皇制国家の支配原理[13]」を国民が改めて自覚・対象化して、支配――被支配関係を無化する絶好の機会であったといってもよい。では、天皇制国家の宗教的基盤としての自己形成を続けてきた真宗大谷派は、「大逆」事件にどのように対応したのであろうか。

二　「大逆」事件と真宗大谷派

周知のように、「大逆」事件の処置は類例無い迅速さで進められた。一九一一年一月一八日の事件判決の言い渡しでは二四名が死刑とされたが、翌日には天皇の大権発動による恩赦という形をとって、一二名が死一等を減じられて無期懲役となっている。これが天皇の権威によって国民を国家に再編成しようとする政治的演出であったことはいうまでもない。そして、一月二四日には幸徳秋水以下一一名に死刑執行、翌二五日には管野須賀子の死刑執行ということになるが、死刑判決から執行までの期間の問題に限ってみても、その早急な処置は全く異例のものであった。ここには政治権力による裁判の操作、その典型的な姿をみることができる。

ここでは、まず「精神主義」運動関係者の多くが在籍する真宗大谷派の「大逆」事件に対する態度を確認しておきたい。事件に連座した高木顕明が真宗大谷派の僧侶であったことから、真宗大谷派の事件への対応には仏教界一般よりも切迫感の存していたことを推察しうるが果たしてどうであったか。

真宗大谷派は、一九一〇年七月七日に高木顕明が起訴されたことを受け、一九一〇年一一月一〇日に寺務総長大谷瑩誠の名で「諭達第五号」を出した。そこで真宗大谷派は、

我カ二諦相依ノ宗風ハアナカチニ出家発心ノカタチヲ本トセス捨家棄欲ノスカタヲ標セス王法ヲ本トシ仁義ヲ履ミ而モ内心ニハ信心ヲタクハヘテ報恩ノ称名ヲタシナミ報土ノ得生ヲ期スルニ在リ[14]

といい、「二諦相依」、すなわち「真俗二諦」が真宗教団の基本的立場であることを確認した。繰り返し指摘してきたように、この「真俗二諦」は浄土往生をもたらす「信心」と、世俗権力への従属との双方を「諦」――「真実」とする。「信心」は「内心」に止められて歴史性を封殺されるがゆえに、「信心」と現実のなかでの生き方とが分断されるとともに、「王法」たる世俗権力への従属が「真実」

であったから、「真俗二諦」の歴史的内実は、端的には天皇制国家への従属となったのである。このように「真俗二諦」は、現実の権力秩序への追随に教学的根拠を与えるものとして成立した。真宗大谷派は、門徒における天皇制国家への積極的従属をこの「真俗二諦」によって調達し続けたのだが、それは「大逆」事件の際も変わりはなかった。いや、それは一層徹底して説かれたのである。真宗大谷派はさらに、

今上陛下教育ニ関スル勅語並ニ戊申ノ詔ニ於テ宣示シタマフ叡慮ト其旨ヲ一ニシ倫理ヲ紊サス秩序ヲ保チ社会ノ安寧ヲ希図スルハ本宗信徒ノ本領ニ有之誤認アルヘカラサル処近来社会ノ文物日ニ進ミ月ニ移ルト共ニ奇ヲ好ミ新ヲ競フノ余或ハ国家組織ノ必要ヲ認メス社会財産ノ平均ヲ唱ヘ国体ヲ更メ政府ヲ毀タント欲シ之ヲ言論ニ発シ尚之ガ実行ヲ試ムル者アルニ至ル豈懼レサルヘケンヤ(15)

と述べ、教育勅語や戊申詔書において説かれた天皇制国家の支配原理と教団の基本的立場との同質性を確認して、門徒に対し支配の安定に積極性を発揮することを要求した。また、国家否定・経済的平等を主張する無政府主義については、「本宗ノ教旨トハ根本的ニ背馳致候ニ付僧俗ヲ論セス此際特ニ心得違アルヘカラス(16)」として、教団と相容れない立場だと主張したのである。すでに大日本帝国憲法の「日本臣民ハ、安寧秩序ヲ妨ゲズ、及臣民タルノ義務ニ背カザル限ニ於テ、信教ノ自由ヲ有ス(17)」という「信教ノ自由」の枠内に安住しきっていた真宗大谷派を想起するとき、上に見た「大逆」事件への対応に必然性を看取することは決して難しくない。さらに高木顕明の連座という事情が加わっていれば、「真俗二諦」を主張するだけでは充分でなく、無政府主義についても上のように言及せざるを

えなかったのであろう。(18) また真宗大谷派は、高木顕明が一九一一年一月一八日に死刑判決を下された同日付で、次のように高木を「擯斥」処分としたのである。

和歌山県東牟呂《(ママ)》郡新宮町浄泉寺旧住職　高木顕明／其方儀二諦相依ノ宗門ニ僧籍ヲ列シナガラ僧侶ノ本分ヲ顧ミス幸徳伝次郎等ガ首唱セル極端ナル社会共産主義ニ附和シ国家未曾有ノ大陰謀ニ加リ大審院ニ於テ本月十八日同類者廿余名ト共ニ死刑ノ宣告ヲ受ケタルコト事実明瞭ナリ右ハ黜罰例施行細則第三十六条第七項ニ該当スル非違ナルヲ以テ宗制寺法第八十七条第一項ニ拠リ擯斥ニ処ス（明治四十四年一月十八日）(19)

真宗大谷派は、ここでも「真俗二諦」を教団の基本的立場であると確認し、事件を「極端ナル社会共産主義」の首唱者幸徳秋水らによる「国家未曾有ノ大陰謀」として把握することで、天皇制国家の価値観を積極的に共有しようとしている。以上のような真宗大谷派の「大逆」事件への態度は、事件それ自体の不当性に何ら否定を加えずに、天皇制国家への積極的従属・奉仕の立場を確認するものであった。いってみれば真宗大谷派は弾圧者側に立ったのである。このように真宗教団が「大逆」事件を、被弾圧を不可避とした真宗の原理性回復の契機にできなかったのは、様々な状況の制約というよりも、やはり教団の信仰理解――つまりは「真俗二諦」という桎梏に因ると考えねばならないだろう。なぜなら「真俗二諦」に立脚するかぎり、いかなる状況下にあろうとも世俗権力への従属は「真実」にほかならないからである。こうして真宗大谷派は、天皇制国家の宗教的基盤としての立場を積極的に形成したのであった。

一九一一年二月一日に徳冨蘆花が第一高等学校で「謀叛論」と題した講演を行い、「大逆」事件を批判したことはよく知られている。残された草稿によれば、蘆花はそこで、「出家僧侶、宗教家などには、一人位は逆徒の命乞する者があって宜いではないか。しかるに管下の末寺から逆徒が出たといっては、大狼狽で破門したり僧籍を剝いだり、恐れ入り奉るとは上書しても、御慈悲と一句書いたものがないとは、何という情ないことか」[20]と述べ、まさに上に見たような宗教界のありように批判を加えている。蘆花の立場が熱烈な天皇崇拝に貫かれたものであり、そこから要請される「謀叛」の内実が、天皇制国家をより強固に再編成していく不断の運動としてあったことを見落とすべきではない。ただ、ここで蘆花が指摘したように、仏教教団がすでに国家に対する批判の根拠を完全に喪失していたこと、さらには国家への自発的従属・奉仕を積極的に推進しうる信仰理解がすでに教団内で正統的立場を保持していたこと、この両者を併せ考えるとき、もはや真宗大谷派に「謀叛」という選択肢はなかったといわざるをえないだろう。むしろ、「大逆」事件を契機にみずからの思想を旋回させた河上肇[21]が「日本独特の国家主義」(『中央公論』第二六年第三号、一九一一年三月)で指摘したように、「国家教」という内実を持ったものとして教団の信仰理解は存していたのである。

日本人の眼中脳中心中最も高貴なるものは国家を措いて他あらず。故に日本人は国家の為めに何事何物をも犠牲とすと雖も、何事何物の為めにも国家を犠牲にするを肯んぜず。国家は彼等があらゆる犠牲を供する唯一神にして、彼等は国家を犠牲とすべき他の神あることを夢想だもする能はず。彼等にとりて最上最高最大の権威を有する者は国家にして、国家以上に権威を有する者あるべしとは彼等の決して想像し能はざる所なり。故に学者は其の真理を国家に犠牲し、僧侶は其の信仰を国家に犠牲す。是れ即ち日本に大思想家出でず大宗教家出でざる所以なりと雖も、而かも日本人は国家の存立と相容れざるが如き思想宗教を味ふの要求を有せざるが故に、彼等は斯かる大思想家大宗教家の出でざることを悲まず、或は寧ろ悦びつゝありと謂ふを得べし。[22]

ここでいわれる「国家」が、ほかでもない「現人神」天皇を中心とする天皇制国家であったことを急いで付け加えておかなければならないし、その意味で「日本は神国なり。国は即ち神なりと云ふこと、是れ日本人一般の信仰なり[23]」という河上の理解は修正を要するが、国家に対する否定を通じて国家を超えようとする宗教の不在は、まさしく河上の指摘通りである。そして、そのような状況を「悦びつつ」ある「日本人」の存在が、政権の安定にとって歓迎すべきものであったことは疑えないだろう。というのも、強権的弾圧は支配の安定性ではなく、むしろ支配の不安定さの表現だからである。逆に、被支配者の内面を徹底的に収奪し、支配——被支配関係を自然なものとして観念させることで強権的弾圧を不要にしえたとき、そこには天皇制国家にとって望ましい支配のありようが現出することになる。

三 「精神主義」と「大逆」事件

事件判決直後の『精神界』(第一一巻第二号、一九一一年二月)には巻頭に「大逆心」と題する短文が掲げられている。題からして即座に事件を連想させるこの短文は次のような内容である。

何事も自己の力にて為すべしと思へるは、これ妄恩の心也。自力我慢の根性は、大逆心の根底を為せる也。／自己は、たゞ御恩につゝまれて、生活せしめられつゝありと、恩を喜ぶは、これ順心也。他力摂護の慈心を仰信するは、これ正道也。／自力奮闘主義、自我発現主義（自我にいかなる意味を付するにせよ）、自然主義、本能主義、虚無主義、皆これ大逆心也、大邪道也。／この大逆心を有する者は逆徒也。忠孝の仮面を蒙むれる逆徒は誰ぞ。我之を自己に見て、戦慄、恐懼。恭しく仏名を称へ奉る。(24)

ここでは「大逆」や「逆徒」などの時機に応じた言葉を用いながら、「自力」が「大逆心」の基礎として、また「大逆心」が「逆徒」の成立根拠としてそれぞれ措定されている。さらにこの著者はひるがえって自己の立場を問い、「他力」による「恩」を感得しえない自己、その信仰と「忠孝」の不徹底を苦悩するのであった。つまり、著者は自己の裡に「逆徒」の根拠となる「大逆心」や「自力」を見ているのである。また同号の『精神界』の「東京だより」は、事件の展開に即して次のように述べている。

一月の十八日に、大逆を謀りし幸徳傳次郎氏等二十四人の同朋が、大審院に於て、死刑の宣告を受けたる号外を受取り、一時はたゞ茫乎として居候。幸徳氏等があられもなき大逆の陰謀を為し、之が発覚して昨年来未決監にありて、精密なる取調べを受けつゝあることを耳にせし時、私はどうしてそんな、無法なことを思ひつきたるかと、悪しといふより一層うらめしく、同朋にかゝる思ひちがひの人のあるを知らで忠告もせざりし自己の不徳を耻ぢ、且つ又静に自己内心を省察し、時には　聖恩をないものにするが如き心緒のあるに思ひ至りて、身ぶるひもいたし候。彼等とて日本臣民なるに、気狂ひなる乎、さなくば、こゝに至るまじ又は幾多の悲惨なる事にも逢ひ来りたる事かと思ひては腹立しさの中より、一層憐れに思ひ、何卒、彼等も充分に反省し、懺悔する所ありて、穏便に落着すればよきかと念じ居りし、矢先きに、この判決を見て、身ぶるひしたる事に候。此夜、一人も面識のなき彼等を夢み候。私すらか丶る憐情を催すに、平素より仁慈にまします、　聖上陛下の御胸の痛みやいかに、之を思ひ奉りては、私の胸亦かきむしらる丶の感有之候。(25)

ここには「大逆の陰謀」を「無法」や「思ひちがひ」だとして、それを抱いた幸徳らに対する「憐情」が吐露されている。そして、その眼差しは直ちに自己の「内心」へと向けられ、そこに「聖恩を知らないものにするが如き心緒」を発見するのであった。事件の引き金となった幸徳らの内面的問題を任意に設定し、自己の内面に共有することで、この著者は苦悩するのである。このように、「精神主義」運動は事件を自己と無関係なものとするのではなく、事件の当事者として責任を感じ反省する立場をとっている。しかし、こうした反省はどこまでも徹底される質のものではなかった。そこに、たとえば判決翌日の政治的演出が介入してくることで、苦悩・反省の立場は一気に解消へと向かうことになる。すなわち、

あくる十九日に至り、忝くも、聖恩逆徒の上に加はらせ給ひ、二十四人の内、十二人に死一等を減ぜられ候報に接しては、難有さに涙くまれ候。この内より、尚ほ私は残れる十二人の同朋の上が思はれてならざりき。(26)

というように、天皇の「聖恩」によって自己の苦悩・反省は、天皇への感謝へと転換された。ここで確かに「精神主義」運動は被告人たちを「同朋」といい、彼らと同じ立場に身を置こうとする。だがそれとともに見落とせないのは、被告人を「逆徒」と理解して天皇制国家の価値観を共有した点であ

る。このような「聖恩」と「逆徒」のコントラストの強調は、事件の結末をより劇的に仕立て上げ、天皇制国家の政治的演出を補完することになろう。また彼らが意図せずとも、それは事件自体の不当性の隠蔽という役割を果たすことも避けられない。同様に、彼らが国家の「恩」を「同朋」に注入せんとして次のようにいうとき、彼らは天皇制国家のイデオローグを演じてしまっているのである。

> かくの如き逆心の人の出づるに附て、私共は幾分かの責住《（ママ）》を負はざるべからず候。利己主義、個人主義が、畸形的に変じつゝある、現代の思想、子は親の恩を思はず、民は君の恩を思はず、たゞ自己の力のみを頼みとする者の思想は、一度誤れば、今回のやうな事に立ち至ることを思はねばならぬことゝ存候。之につけても、同朋の中心に仏心の行き届きて、感恩の生活に入るやうにあらまほしと、切望に堪へず候。たゞ一日でも茲に目さめたる私共は、奮起して、民心を感恩の方向に傾けしむることに勉めざるべからずと存候。[27]

このような立場からは、現実のありようを言挙げせずにそのまま受けいれるという方向性しか示されないだろう。つまり、「精神主義」を担った人々にとって天皇制国家への忠誠の不徹底は、そのまま信仰の不徹底でもあるがゆえに、彼らはひたすら自己の内面を省察し、信仰によって天皇制国家への忠誠を基礎づけようとするのである。そして、天皇制国家への忠誠を徹底しえたとき、そこにもたらされるのは信仰による歓喜であった。

> 一両年来、本気に『教育の勅語』を味ひ、昨年始めて、しんみりと『君が代』を歌はして頂きたる私は、今年の元旦には　中心より　陛下の尊影に御礼が申され候。この上にも、仏の御手引のある事と、うれしさに念仏いたし居る事に候。[28]

こうして、天皇制国家への従属の不徹底は「仏の御手引」により解決したのであった。かかる「精神主義」運動の立場は国家神道との原理的な緊張関係を完全に喪失した、つまりは民族宗教化した仏教というほかないだろう。彼らにとって「うれしさに念仏」する立場がたとえ「仏」に対するものであろうとも、その立場は天皇制国家の宗教的基盤にみずからを組み込んでいかざるをえない。つまり「精神主義」の本領が発揮されればされるだけ、その民族宗教性とそれゆえの体制的性格は浮き彫りになるのである。

このように、「精神主義」運動が苦悩から歓喜へと至ったその過程は、天皇制国家をいかにして支えることができるかという課題と不可分のものだった。そして、「精神主義」にとって信仰確立の証が現実の権力秩序の全面肯定であり、その具体的なありようが天皇制国家への積極的従属となることからすれば、その歓喜に至る過程はまた、運動の担い手たちが天皇制国家とは異質な宗教性に立脚することをみずから放棄していった過程でもあった。

四　「精神主義」の「忠孝」論

「精神主義」運動の「大逆」事件への態度はおおよそ以上のようなものであった。これを踏まえ、次に事件を契機に提出された「精神主義」の「忠孝」論を取り上げておきたい。日露戦争後に顕著になるが、天皇制国家は「現人神」天皇を中心とする「家族国家」としてみずからを表象した(29)。そこで「忠孝」観念が重要なはたらきをしたことは改めていうまでもない。教育勅語において端的に見られるように、天皇制国家にとってそれは支配の要具であったから、その「忠孝」論は、「精神主義」と天皇制国家との関係を知るための重要な位置にあるといえよう。

「大逆」事件との関連で、積極的にみずからの直面する時代思潮を論じたのは暁烏敏である。暁烏敏「近代人の道」(『精神界』第一一巻第三号、一九一一年三月)は、「一月に逆徒が死刑に処せられて已来、にはかに我国の朝野の人達が、国民思想がどうの、かうのと心配し出したやうであるが、この心配はちと遅過ぎはしないであらうか[30]」と問題を提起する。また、暁烏は「忠の本義(九段仏教倶楽部にて)」(『精神界』第一一巻第七号、一九一一年七月)でも、「特に彼の大逆事件以来さながら鼎の沸くが如く轟々として忠孝の論調が高まつて来た様である[31]」と述べて、「大逆」事件を契機に「国民思想」や「忠孝」を問題化する傾向があることを指摘したのであった。そこで暁烏は、日本の近代化の歴史的経緯から現実の思潮状況をあきらかにしようとしている。

明治時代は、我国有史已来初めての国民的感情の勃興した時代であらう。日清、日露の両戦争によりて、人民は大に国民的感情を養ふた。之と同時に、華族が多くなつて、貧富の間隔がひどくなつたりして来たので、弱者となつて弱者の権利の前に膝を折つて、義務を完うすることを誇りとするやうな、お人よしは、居ないやうになつて来た。勝てば官軍、敗ければ敵軍、大にやらねばならぬといふやうな、考を一般に持つやうになつた。今の時代は、昔の時代とはちがうのである。こんな時代思潮に育てられて居る者が、一歩まちかへば、逆徒のやうな思想を抱くのが当然である[32]。

暁烏は明治以来の「国民的感情」の発展と貧富の懸隔を指摘するとともに、「一歩まちかへば、逆徒のやうな思想を抱くのが当然である」と述べて、時代それ自体の問題性を指摘している。つまり彼は「自我心の発展、個人主義の普及が近代人の思想を造ったのではあるまいか[33]」という見通しを持っているのであり、その発源を近代日本の歴史的展開に求めているのである。その結果として、「忠孝」が次のような実状になっているのだと論じる。

我国の倫理教育は教育の勅語を基礎として居るのである。二度の戦争に勝つたので、外国人は、之に大に感服して居るといふ事だが、翻つて我国の実状を洞察して見ると果してどんなものであらう。(中略) 一方では忠孝とか家族主義とか国家主義とか云ふて居て、一方では個人思想を大いに養ひつゝ居るのではなからうか。忠孝は実質がない、単なる形式に止まつて居りはせまいか。さうであれば大変である、果してどうであらうか。[34]

暁烏は、「忠孝」が空洞化して「実質」が与えられておらず「単なる形式に止まつて」いると指摘するとともに、「近代人の思想」たる「個人思想」をその原因として論じている。それは教育勅語のように、上から「忠孝」を定着させようとする政策、その実効性に対して不充分さを指摘するものでもあった。暁烏はそうした現状に対する危機感をあきらかにし、さらに現状の打開策を次のように示した。

自我が存在するといふことが、自我をあらしめる他の或物の存在する証拠である。自分が居るといふことは、親があるといふ、何よりの証拠ではないか。かくて、自我を夢む者は、終に恩の感に触れなければならぬのである。この恩の感に触るゝ時に、忠孝の心が芽をふいて来るのである。恩の感は春風のやうで、忠孝の心は、柳や桃のやうであるのである。[35]

ここで暁烏は、「祖先」なくして自身が存在しえないという自覚から現実を捉え直そうとする。すなわち、自我を成立させる原因たる「親」の存在に対する「恩」に積極的な価値を付そうとしているのである。暁烏によれば、「忠孝」は「恩」を感じることによってこそ喚起されるものだったから、彼が親という歴史的に先行する「祖先」の存在を外しては成り立たない「自我」の性質を強調し、「自我はその権利を主張する前にその義務を自覚せねばならぬ、欲求する前に感謝しなければならぬ(36)」と、「個人主義」を斥けるのは当然のことであった。

だが、こうした「忠孝」の議論が「陛下を除き両親を除き去つて吾人は到底自己の存在を許す訳には行かぬ、結局自己の力は　上陛下の大御心、父母両親の心配から一歩も出る事は出来ないのである(37)」というように、親から天皇へと無批判に飛躍するとき、そこには天皇制イデオロギーが一気に表出する。さらに暁烏は、「忠孝の道とは抑も何んであるか。私は此の道は全然自己の歴史の研究から始まると思ふ、（中略）忠の生れ孝の生れるのは我が胸底の自然の発露である(38)」と述べ、「忠孝」を自然的感情と位置づけることで、それを人間存在の必然性として正当化したのであった。こうして、「吾々が既に受け来つた又平生受けつゝ、ある天子様の御恩を思ふて、打ちとけて喜ぶ、之に過ぎぬのである(39)」というように、暁烏は現実の天皇制国家の価値体系に喜んで包摂されたのである。天皇の「恩」の強調は、彼の信仰理解との関わりのなかでさらに徹底して説かれた。

私は思ふ。祖先崇拝は誠に結構である。併し祖先の御恩丈けでは未だ完全に　陛下の御恩を味ふに至らぬと思ふ、換言すれば過去及び現在の御恩が思はれた丈けで、吾々に未来と云ふ事が味はれなければ御恩の上に安じて喜ぶ訳には行くまいと思ふ。今吾々は仏教信者である。吾々には未来往生の楽みがある。天皇陛下の御恩が味はれて難有く感ずるのは、陛下の保護の下に種々の教養を受けて終には我が永生の釈決が出来る様になつたからである。之には非常に尊い深い味ひがある。故に　陛下の御恩と云ふ事は単に生命や財産や権利の保護者であるばかりでなく、過去現在未来を貫通したる深い〳〵御恩となるのである。(40)

ここには先の議論で飛躍した空白部分が埋められている。「祖先」の「恩」に加え、「未来往生の楽み」を得るための信仰を天皇によって保護されている「御恩」がそれである。「未来往生」さえも天皇制国家からの保護によって成立する恩賜的なものとされるかぎり、暁烏の信仰と国家権力との緊張関係はもはや成立しえない。むしろ、彼は信仰によって天皇制国家への忠誠を確固たるものへと為しうる自負を次のように語るのであった。

真の忠は、何でもかでも、君の鼻息を窺ふて居る人ではない。衷心から、君恩を感じ一身を捧げる底の人でなければならぬ。この絶待報恩の念は他力信仰によらなければ、容易には興らないのである。かくて私は忠の本義は絶対他力の信念の上にあること、考へる次第であります。(41)

ここにあきらかにされたのは、「他力信仰」により感得しうる「恩」を媒介して形成された「忠」こそが「真の忠」であり、それは「君恩を感じ一身を捧げる」ほどのものだということである。以上のように、暁烏は徹底した「忠」を成立させるうえで「精神主義」の果たす役割が結果的にどれほど大きなものであるかを主張したのであった。

このような「精神主義」の「忠孝」論を考えるにあたって、死刑判決を受けた人々を、「死を以て我皇室に前途を警告し奉った真忠臣」(42)と論じることで、「謀叛」に「忠孝」の意味を読み込んだ徳冨蘆花の「謀叛論」を再度参照しておこう。「諸君、幸徳君らは時の政府に謀叛人と見做されて殺された」(43)といって、政府の「大逆」事件への態度を批判した蘆花の「謀叛論」は、政治権力がみずからの安定を脅かす相手に対して「謀叛」という意味を恣意的に付したことを鋭く見抜くものでもあった。さらに蘆花が、その「謀叛」に新たな意味を与え、次のように論じたとき、事件の政権に対する反逆は、運動主体の内部からの変革過程として捉え直され肯定されたのである。

諸君、謀叛を恐れてはならぬ。謀叛人を恐れてはならぬ。自ら謀叛人となるを恐れてはならぬ。新しいものは常に謀叛である。「身を殺して魂を殺す能わざる者を恐るるなかれ」。肉体の死は何でもない。恐るべきは霊魂の死である。人が教えられたる信条のままに執着し、言わせらるるごとく言い、させらるるごとくふるまい、型から鋳出した人形のごとく形式的に生活の安を偸んで、一切の自立自信、自化自発を失う時、すなわちこれ霊魂の死である。我らは生きねばならぬ。生きるために謀叛しなければならぬ。古人はいうた、いかなる真理にも停滞するな、停滞すれば墓となると。人生は解脱の連続である。(44)

ここで蘆花は、「謀叛」が不断の自己相対化、および自己改革・更新をみずからに課すという意味をも持つのであり、既存のものが新たな意味を与えられて再生するそのときに、「謀叛」の果たす役割が不可欠だと主張したのであった。「謀叛」とされたものが、現実のなかでは相当の圧迫を受けながらも、切り拓いていく世界のあることを蘆花は指摘しているのである。ただし「謀叛論」に論じられる天皇の免責のみならず天皇による恩恵の強調は、たとえ戦略的であろうとも、結果的には天皇制をイデオロギーの側面からより強固に再構成することを避けられないのではないか。それは国家による支配の一端を暴露するものではありえようが、少なくとも天皇制に対する根底からの否定とはならない(45)。とはいえ、彼の「大逆」事件への態度は、従順な下僕であることだけが忠孝を意味するのではないと論じ、所与の価値観に埋没しないで自己の立脚点から現実を捉え直すことに大きな意味を認めるものであった。

以上のような「大逆」事件への対応において、「精神主義」と蘆花とではその位相が全く異なっている。だが、彼らはそれぞれの立場から天皇制国家を補完する立場を模索しているのであって、天皇制国家の支配という大きな枠組みから見れば同じ土俵に乗っているのである。とするなら、果たして天皇制国家との原理的な緊張関係はどのような地平に立ったとき可能になるのであろうか。現実を自明視して、それを無自覚的・慣習的に支えていく思考が、天皇制国家への従属に連続することはあきらかだろう。少なくとも、そうした原理的思考を阻害し続けるものを否定的に踏まえる立場、すなわち現実の権力秩序を超えた普遍的価値の自覚に基づき原理・原則をもって現実と対峙する主体の確立はこの際不可欠である。とするなら逆に、「精神主義」が「絶対他力の信念」とみずからの信仰を表現しながらも、その絶対、あるいは他力を文字通り本来的な意味でのそれとして回復しえなかったのは、どのような原因が存したからであるかを考えてみなければならない。

五　「精神主義」における「死」の問題

「大逆」事件後、『精神界』には事件それ自体ではなく、事件を材料として「精神主義」の信仰理解を論じたものが散見されるようになる。その際すでに確認したように、「精神主義」運動の担い手たちは「大逆」事件を自己の信仰の問題として受け止めようとするのであった。事件に言及したいくつかの論文のうち、ここでは「精神主義」の信仰理解を「死」の問題との関連で論じているものに注目しておきたい。それは、「死」の問題が「精神主義」の現実に対する態度を考えるうえでの材料にされているからである。最後にこれらの論文を分析・検討することで、先に見た「精神主義」運動からの「大逆」事件への態度に必然性のあったことをあきらかにしておこう。

山辺習学「死の権威、道の権威」（『精神界』第一一巻第二号、一九一一年二月）は、次のように「大逆」事件を材料にして「死」の問題を論じている。

> 頃日死刑を執行せられたる十二名の社会主義者は、平生には無神無霊魂を唱へながら、死刑の執行を申し済されし際には、一様に顔色を変じ、渇を感じ、或一人の如きは、全身硬ばり、手足自らあがりて倚子《ママ》より落ちんとし、常に大言壮語して、「死」を冷笑せるものは殊に絞首台に載せらるるや畏怖戦慄して見るに堪へざりしと。これ実に「死」を忘れて、単に「生」のみに没頭せるもの、活ける典型也。[46]

山辺は死刑執行時における受刑者たちの様子をこのように描写しながら「生」と「死」を論じようとする。そして、「社会主義者」が忘れていた「死」が「生活の根本的破滅」[47]である事実を指摘し、「人欲のあらん限り、人生生活の続く限りは、絶対的に生活を破壊し了る「死」は偉いなる権威也」[48]と続ける。山辺が述べたように、人間の「欲」や「生」に終止符を打つのは確かに「死」である。そして「死」は誰もが避けられない。したがって自己の「生」に眼差しが向けられるとき、「死」は問

わざるをえないものとして浮上する。そうであれば、

自己全体を生死の巷に投げ出して、事に当らなければ、人生々活は、常に不安懊悩たり。「死」に面せざる生活は、動揺也。不定也。真の生活に非ず。真面目に生活する人は是非とも、こゝに徹透せざるべからず。(49)

となるのだから、「真に「生」を知る人は、痛切に「死」に面す(50)」のである。そのように「死」と向き合ったとき、人は具体的にどのような問題と対峙しなければならないのであろうか。山辺はいう、「「死」に面する人は、自己の無能、自力の無効を感ず(51)」と。いかなる人間であっても「死」の前には無力だが、無力だからといって人生に「死」が不可避であることに変わりはないのである。そして、この限界状況から発露するものこそ「不安」にほかならない。

では、如上の問題はどのように解決すればよいのだろうか。重要なのは、やはり「死」との関わり方である。

「生」に着する時は、物欲心に纏はるを以て真道に遠かる。されば道の権威は「死」の権威によりてのみ感得せらる死の吾に命ずる処は徹底的の放擲也。(52)

「「死」の権威」が自己に課すのは「徹底的の放擲」であった。そして、それを通じて自己の「生」さえも所有しようとする「物欲心」から離れることになるのであろう。いうまでもなくそれは至難のわざだが、その要義を山辺は次のように明かしたのである。

一切をすてよ、自力をすてよ、計ひを離れよといはれたとて、容易に其通りになれるものにあらず。(中略)捨てんと焦せるよりも、あてにならぬを宛にならぬと自覚すれば、永久不変の絶対

者に倚ての思ひは自から湧き来る。(53)

ここには「精神主義」の核心が提示されている。「精神主義」にとって「自力をすて」「計ひを離れ」るとは、「あてにならぬを宛にならぬと自覚する」ということを意味するにすぎないのであり、その主観的な意味づけが「永久不変の絶対者に倚ての思ひ」へと至る方法だとされたのである。現実を観念的次元で否定することによって精神的安定・充足を得ようとする利己的な信仰態度がここにあきらかにされた。だが当然ながら、現実を否定したと「自覚」することと、現実を否定することとは相違する。この「否定」のありようはまさしく「精神主義」の特質であり、精神的安定を得るための現実に対する相対化がもたらしたものであったといえよう。では、かかる信仰は歴史のなかにどのような生き方を成立させるのであろうか。

ここまで見てきたように、「精神主義」が「死」を問題にする際、「死」は「生」の終了という問題一般に平板化されている。たとえば、不当な弾圧によって強制された「死」と、自然的「生」を全うした結果としての「死」との間に横たわる差異には注意が向けられていない。すなわち、「死」は抽象化された「死」一般として論じられているのである。「精神主義」は人間各個に対して現実的・具体的にしか訪れない「死」の問題に関しても、その現実を具体的に問題にしたのではなく、問題を平板化して抽象化した次元において論じたのであった。

このような議論は、たとえば「信仰の仮面に隠れたる虚無思想」(『精神界』第一一巻第三号、一九一一年三月)にも確認できる。この論文でも、

死魔一度我等を襲ひ来らんか、君も頼みにならず、親も頼みにならず、妻も頼みにならず、子も

頼みにならず、財産も頼みにならず、名誉も頼みにならず、学問も頼みにならず、思想も頼みにならず、世の一切は頼みにはならざる也。この生死無常の事実は到底否定し得べきにあらず。(54)

というように、「死魔」を前にしては「世の一切」が頼みにならないものとして位置づけられる。ゆえに、そうした現実に対する無常観が同時に強調されているのである。だが著者は、たとえ「無常」であるこの現実のなかでも信仰の確立によって「恩寵の生活」がもたらされることを次のように説くのである。

恩寵を味ふて無事に恐れざるに至るべく、無事を味ふて、恩寵の大なるを味ひ得るにあらずや。／無常観より出達して、如来の信仰に入り、信仰によりて恩寵の生活を味ひ得るに至る也。(55)

ここに提示された「恩寵」は、頼みにならない現実のなかで生じる不安からの解放を意味しているといえよう。さらに「絶対の安心」が信仰ゆえにもたらされるものとして位置づけられるとき、無常な現実の価値全般は相対化される。「君の恩、親の恩などいふて居る恩寵観は世間の道徳のみ、我等はかゝる道徳に止りては、絶対の安心は得べからず(56)」と。つまり「精神主義」は、相対的な世俗の価値観をそのまま内面化することで得られる「恩」ではなく、あくまでも信仰確立が起点となる「恩」を求めているのである。そしてその「恩」、すなわち信仰が確立した状態を次のように説いた。

世はそらごとたわごとなれども、念仏のみぞまことにおはします也。我は無常なれども、仏は常住にまします也。仏の光明は尽十方にまします、故に仏の光明に照らされぬれば、世は本願の船也、総て恩寵にあらざるはなき也。口には念仏を称へながら、現在の四恩を味ふ能ずといふ者之あらば、こは、たゞ習慣的に念仏を称ふる者にして、未だ如来の救ひにあづからざる人也。真に如来の慈悲を味ふ時、何事も何事も御恩と感せじとするも得ざる也。[57]

このように、「精神主義」における世俗の道徳に対する相対化の徹底は、同時に信仰の絶対性の確認でもあった。そして、「精神主義」は相対的な現実を離れて絶対的な信仰に立脚することで、無常なる「世」を全面肯定して何事に対しても「恩」を感じる主体を成立させるのであった。つまり、相対化された現実は信仰の確立によって絶対的なそれへと転化したのである。

かくして「精神主義」は徹底した「世間の道徳」の遵奉者を成立させた。以上のように考えると、「精神主義」運動が「大逆」事件の際に、天皇制国家による不当な弾圧に対して何ら否定的立場をとりえなかったのは、彼らの信仰からして必然性を持っていたといえよう。彼らの否定は観念的なそれに止まり、現実への射程を持たないものだったのである。いやむしろ、天皇制国家への忠誠を基礎づけるものとして「精神主義」は存した。[58] さらにいえば、彼らがいくら信仰を絶対的なものとして確認しようとも、人間に死を要求する弾圧に否定的立場をとりえなかったのは、「精神主義」の「絶対」が信仰主体に人間の尊厳性とその平等を回復させる実質を持たなかったことの証左でもある。確かに「精神主義」は信仰の絶対性によって現実の価値全般を相対化したのだが、その絶対性は現実のなかで利己性や恣意性、さらには従属の徹底性としてしか発揮されなかった。つまり「精神主義」の場合、「絶対」はエゴイズムと結びついてしまい、歴史を超えた普遍的価値として自覚されるものとはならなかったのである。

以上より、「精神主義」の信仰が確立した地平には、原理・原則をもって現実を生きようとする主体ではなく、現実に対して全面肯定するしかない主体が残ったにすぎなかったといえよう。すなわち、

「精神主義」は新たな生き方を歴史のなかに成立させることとは、ついに無縁だったのである。
ところで、「大逆」事件の判決より五年前の段階で発表された「暁鷄」(『精神界』第五巻第一一号、一九〇五年一一月)は、これまで検討してきた問題との関連で非常に興味深い内容となっている。

階級打破、政府転覆、共産主義、社会主義、此等の声は大膽也。されども、其中には、やはり我慢我執の妄火燃えつゝ、あらずや。我慢を以て、我慢を打ち、我執を以て我執と争ふ。是れ血を以て血を洗ふもの、清浄の平和、何の時か来るべき。我等は、必ずしも階級打破を叫ばず、政府転覆を唱へず。たゞ唯一慈父の御名を叫ぶ、世は之を聞くことによりて、謙敬と相愛とを得べく、又大安と歓喜とを享くべく、一切の事相、今の如くにして、而も真実高上の福祉、玆に漲るを得べければ也。(59)

著者はここで「共産主義」および「社会主義」と「精神主義」の立場の相違を論じて、「階級打破」や「政府転覆」を「我慢」「我執」であり、「清浄の平和」をもたらすものではないとしている。著者はむしろ「慈父の御名を叫ぶ」ことでこそ、現実のなかに「大安」「歓喜」を感じることができるという。とすれば、「精神主義」の「平和」とは現実の状況そのままに精神的安定・充足を得ることを意味していたといえよう。したがって、「御名の称念は、正に如来招喚の御名の反響也。故に其権威や、大なり。一一皆能く「利剣」となりて。世間長夜の迷夢を破却したまふ。されば一声我に出づる時、我は、一箇、真実革命の爆裂弾を、迷倒の世に投じつゝある也(60)」といったところで、「精神主義」の「真実革命の爆裂弾」はやはり現実に対する変革性を持つものではなかったといわざるをえないのである。

おわりに

宗教を利用する為政者は賢。為政者に利用される宗教家は不賢。為政者に利用された宗教は去勢された牛馬の如きもので、宗教としての生命は絶無である。自己の宗教を去勢された牛馬に等しからしめて貰いたくて大騒ぎをやる宗教家こそ至愚。(61)

「大逆」事件判決から二カ月後、新仏教運動に参加していた井上秀天は『新仏教』（第一二巻第三号、一九一一年三月）において上のように述べた。井上自身が「大逆」事件に際して取り調べを受けていることもあってか、彼の批判は現実の政治状況を支える宗教のありように対して鋭く切り込んでいる。この井上の批判が民族宗教へと化した仏教全体に妥当することはいうまでもないだろう。真宗大谷派は無論、「精神主義」運動もその例外ではなかった。

本章であきらかにしたように、「大逆」事件に際して「精神主義」運動は天皇制国家による不当な思想弾圧や天皇の恩恵を強調する政治的演出などに対して何ら批判的視座を持ちえなかった。むしろ「精神主義」運動は天皇制国家に対する「忠孝」を基礎づけ、「恩」を感じて現実を全面肯定しようとする生き方を説いた。

確かに「精神主義」運動の担い手たちは、「大逆」事件を自己の問題として引き受け苦悩したが、彼らは苦悩を徹底することで、苦悩を突き抜けて普遍的価値へと至ったのではなかった。みずからを苦悩させる現実の諸問題と向き合うなかで自己の内面を省察しながらも、信仰による歓喜を目的化したことで、彼らはいとも簡単に現実を肯定し、苦悩を歓喜へと転換しえたのであった。したがって、彼らは強権的な弾圧に屈したのではなく、歓喜を目的とするような利己的な信仰理解によってみずから自律を放棄し、天皇制国家への従属を徹底化していったのである。

ここまでみてきたように、「精神主義」の立場は、真宗大谷派の「真俗二諦」のように、天皇制国家の支配する現実を直ちに絶対化して肯定するものではない。「精神主義」は現実をあくまで相対的なものとして、そして信仰を絶対的なものとして理解している。「精神主義」にとっての信仰とは「死」の問題に見られるように、相対的な現実から生じる種々の煩悶により主体にかかる精神的圧力の解消こそを課題とするのであって、天皇制国家の直接的な絶対化を志向するものではない。とはいえ、信仰の絶対性が相対的な現実のなかに転化され、現実は結果的に全面肯定されるという「精神主義」の構造からすれば、この現実の絶対化に際して信仰主体の全投入は避けられないだろう。「精神主義」はしたがって、表面的・外面的な世俗権力への従属ではなく、内面から自己を余すところなく既存の権力秩序へ投入して天皇制国家の支配制度に実質を与え、支配をより強固なものへと再編成しようとする生き方を信仰主体に要求し続けるのである。

以上のように、「大逆」事件の際に真宗大谷派が「真俗二諦」を積極的に主張したこと、また「精神主義」運動が自己の利己性や恣意性を解放し、それによって信仰主体の従属を徹底化しようとしたことは、天皇制国家にとって社会主義者・無政府主義者の分断・排除と同等の、あるいはそれ以上の成果であったといえよう。すなわちこうした仏教の民族宗教化は、天皇制国家の宗教的基盤を強化し、支配をさらに盤石なものへとしていくうえで決定的な役割を果たしたのである。

註

（1）　神崎清『大逆事件――幸徳秋水と明治天皇――』全四巻（あゆみ出版、一九七七年）、絲屋寿雄『増補改訂 大逆事件』（三一書房、一九七〇年）参照。

（2）　吉田久一「幸徳事件と仏教」（『日本近代仏教史研究』吉川弘文館、一九五九年）、大沢正道「アナキズムと思想の土着――大逆事件に連座した三人の僧侶――」（中村雄二郎編『思想史の方法と課題』東京大学出版会、一九七三年）、赤松徹真「近代天皇制国家と仏教――「大逆事件」に連座した僧侶をめぐって――」（『仏教史研究』第八号、龍谷大学仏教史研究会、一九七五年）、同「明治国家と仏教の相剋――「大逆事件」で囚われた僧侶を中心に――」（『平安学園研究論集』第二〇号、平安学園教育研究会、一九七六年）、末木文美士「社会を動かす仏教」（『明治思想家論』近代日本の思想・再考Ⅰ、トランスビュー、二〇〇四年）、阿満利麿「「幸徳事件」後、何が不可能になったか――疑似宗教「天皇制」とのたたかい――」（『前夜』第Ⅰ期第一〇号、前夜、二〇〇七年）。これらのうち、大沢論文は近代仏教史の問題系ではなく、社会主義・アナキズムの浸透過程といった切り口から地方知識人としての良心的な僧侶がそれをどのように受容したのかについて考察したものである。

（3）　特に、内山愚童や高木顕明についての個別研究としては以下のものがある。神崎清「明治の革命僧・内山愚童の軌跡――「天使なきの自由国」への殉教者――」（『現代の眼』第一七号、現代評論社、一九七六年）、柏木隆法『大逆事件と内山愚童』（JCA出版、一九七九年）、森長英三郎『内山愚童』（論創社、一九八四年）、堀口節子「親鸞消息理解の再検討（二）――親鸞から性信へ そして高木顕明・木下尚江へ――」（『龍谷史壇』第一〇一・一〇二号、龍谷大学史学会、一九九四年）、泉惠機「高木顕明の事績について」（『身同』第一四号、真宗大谷派宗務所、一九九五年）、同「高木顕明に関する研究――資料及び略年譜について――」（『大谷大学真宗総合研究所研究紀要』第一四号、大谷大学真宗総合研究所、一九九七年）、同『高木顕明――大逆事件に連座した念仏者――』（真宗ブックレット№8、真宗大谷派宗務所出版部、二〇〇〇年）。

（4）　吉田久一「精神主義運動の社会的意義」（『日本近代仏教史研究』）参照。ここで注目しておくべきは、「精神主義運動は、一般の仏教界に比し、事件の見方は、内容的問題点にもふれている点では良心的態度であったが、しかし、精神主義本来の立場から考えれば、堕落というより仕方がないだろう。（中略）満之には厳しい現実の前提が、たえず彼を動かしているが、彼なき後の精神主義運動は、強圧的な国家権力に直面した際に教説と化したことは否定できない」（二五三頁）という指摘であろう。つまり、「精神主義」の変質を前提して、清沢満之を救出しようとする「清沢鑽仰論」がここにはある。筆者は、「精神主義」運動の「大逆」事件への態度が、「精神主義」の変質に起因する問題ではなく、「精神主義本来の立場」との関連も視野に入れて検討すべきものだと考える。これは研究主体の「精神主義」に対する基本的な認識、および真宗・仏教理解の根本的相違に帰着せざるをえない問題であろう。筆者の「精神主義」に対する基本的な理解は本書第一章を参照されたい。

(5)(6) 泉惠機「大逆事件と真宗大谷派」（『大谷大学研究年報』第五四集、大谷学会、二〇〇二年）。泉論文が、「暁烏敏の場合は、（中略）歴史や社会という文脈では論じ得ない。これは暁烏に特異な性格でありつつ、仏教、真宗の教学が歴史的に多く抱え込んでいる問題であろう」と述べている点にも注意しておきたい。また、ここで紹介されている「大逆心」（『精神界』第一一巻第二号、一九一一年二月）は、雑誌巻頭に掲載された無署名の短文であり、そこに暁烏の署名はない。

(7) 従来の「精神主義」研究についての筆者の見解は本書序章を参照。

(8) 「詔書」『官報』第七五九二号、一九〇八年一〇月一四日、印刷局。

(9) 石川啄木「時代閉塞の現状（強権、純粋自然主義の最後及び明日の考察）」『石川啄木全集』第四巻、筑摩書房、一九八〇年、二六八頁。初出一九一三年。

(10) 木下尚江「国家、対、無政府主義」、清水靖久編『木下尚江全集』第一八巻、教文館、一九九九年、三六頁。初出一九〇八年。

(11) 木下尚江「革命の無縁国」、山田貞光編『木下尚江全集』第四巻、教文館、一九九四年、三四六頁。初出一九〇六年。

(12) このような問題状況をさらに明確にするためにも、赤旗事件の際に大杉栄、堺利彦らが有罪判決を受けて「入獄」したことを「記念」して出版された内山愚童『入獄記念 無政府共産』の言を想起しておこう。「今の政府を亡ぼして、天子のなき自由国にすると云ふことが、ナゼむほんにんのすることでなく、正義をおもんずる勇士のすることであるかと云ふに、今の政フの親玉たる天子といふのは、諸君が小学校の教師などよりダマサレテおるような、神の子でも何でもないのである。今の天子の先祖は、九州のスミから出て、人殺しやごう盗をして、同じ泥坊なかまのナガスねヒコなどを亡ぼした、いはば熊ざか長範や大え山の酒呑童子の成功したのである。神様でもないことは、スコシ考へて見ればスグしれる。二千五百年ツヅキもうしたといへば、サモ神様でもあるかのやうに思はれるが、代代外はバンエイに苦しめられ、内はケライの者にオモチヤにせられて来たのである」（曹洞宗選書刊行会編『曹洞宗選書』第六巻、同朋舎、一九八二年、二五二頁）。

(13)　藤田省三『藤田省三著作集1　天皇制国家の支配原理』みすず書房、一九九八年。初出一九五六年。

(14)　「諭達第五号」『宗報』第一一〇号、真宗大谷派本山本願寺寺務所文書科、一九一〇年一一月三〇日。引用は、『宗報（六）』「宗報」等機関誌復刻版14、真宗大谷派宗務所出版部、一九九四年、一三五頁。

(15)(16)　同上、一三六頁。

(17)　「大日本帝国憲法」、江村栄一校注『憲法構想』日本近代思想大系9、岩波書店、一九八九年、四三一頁。

(18)　木下尚江は「社会主義者を評す」（『南信日日新聞』一九一一年一月一二日）の冒頭に「「社会主義者」の一語は今や一世の諺となつた。「切支丹」のように「社会主義者」と云へば、軽蔑の代名詞であると同時に、一面恐怖の代名詞である。丁度徳川時代の「切支丹」のように「社会主義者」と云へば、軽蔑の代名詞であると同時に、一面恐怖の代名詞である。軽蔑を以て恐怖に対するが故に、世は遂に此の「社会主義者」を理解することが出来ない」（『木下尚江全集』第一八巻、二〇一頁）と書いた。この論説は「大逆」事件判決の直前に書かれたものだが、こうした事情は社会主義のみならず、無政府主義についても同様であったことが容易に推察される。

(19)　『宗報』第一一二号、真宗大谷派本山本願寺寺務所文書科、一九一一年一月二五日。『宗報（六）』一九一頁。

(20)　徳冨蘆花「謀叛論（草稿）」、徳冨健次郎著・中野好夫編『謀叛論』岩波書店、一九七六年、一九頁。

(21)　内田義彦「解説」『河上肇集』近代日本思想大系18、筑摩書房、一九七七年。

(22)　河上肇「日本独特の国家主義」『河上肇全集』第六巻、岩波書店、一九八二年、一一二頁。

(23)　同上、一一一頁。

(24)　「大逆心」『精神界』第一一巻第二号、一九一一年二月。

(25)〜(28)　浩々洞「東京だより」『精神界』第一一巻第二号、一九一一年二月。

(29)　石田雄『明治政治思想史研究』未来社、一九五四年。

(30) 暁烏敏「近代人の道」『精神界』第一一巻第三号、一九一一年三月。
(31) 暁烏敏(牛膓鉄乗略記)「忠の本義(九段仏教倶楽部にて)」『精神界』第一一巻第七号、一九一一年七月。
(32)〜(36) 暁烏敏「近代人の道」。
(37)〜(41) 暁烏敏(牛膓鉄乗略記)「忠の本義(九段仏教倶楽部にて)」。
(42) 徳冨蘆花「謀叛論(草稿)」一八頁。
(43)(44) 同上、二三頁。
(45) 神崎清「徳冨蘆花と大逆事件——愛子夫人の日記より——」(『文学』第二四巻第八号、岩波書店、一九五六年)は、「天皇制のなかで天皇と政治機関を分離して、むしろ天皇親政的なものに理想政治を想定し、天皇個人の完全な判断に救済を求めているのが、蘆花の考え方の特長である」と論じているが、ここにこそ近代天皇制国家によるイデオロギー政策の成果と支配の核心を見るべきであろう。したがって、蘆花の演説が、当時の状況からすれば、「沈滞した社会の空気をやぶる爆弾演説」という意味を帯びていたということは否定しえないが、もっとも勇敢な現実批判の態度と天皇の思慕が共存するというその事態は、表面的には逆説的結合だが、天皇崇拝者であるがゆえの態度であったことを押さえておく必要がある。
(46)〜(53) 山辺習学「死の権威、道の権威」『精神界』第一一巻第二号、一九一一年二月。
(54)〜(57) 「信仰の仮面に隠れたる虚無思想」『精神界』第一一巻第三号、一九一一年三月。
(58) 「国家問題」や「社会問題」を考えるうえで、「生死問題」がそれらに対して根本的な位置にあることをいい、まず生と死の問題の解決——つまりは「精神主義」の信仰確立こそが重要であることを力説するのは、清沢満之も同様である(清沢満之「生活問題」『精神界』第二巻第七号、一九〇二年七月)。この問題に限らず、「精神主義」運動は、清沢の死後も清沢の議論を土台にしていると思われるところが少なくない。「精神主義」運動は、絶えず清沢を参照し、それをみずからの議論の土台とすることで、運動の一貫性を確保していた側面があるといえるのではなかろうか。ところで、福島栄寿は、そのような清沢満之の言説を分析し、「「精神主義」とは、諸制度を伴いながら「国民」が創出される中、そうした国家的なあり方とは、相容れない生き方を唱える立場であったと言えよう」(『思想史としての「精神主義」』法藏館、二〇〇三年、五六頁)と指摘している。本章は、清沢を直接扱うものではないが、「大逆」事件の際の「精神主義」運動に限っていえば、福島の指摘とは異なり、国家と相容れない生き方を成立させるものではなかったといえよう。筆者の立場は、「精神主義」は決してストレートに国家を肯定しないが、信仰を起点に徹底した国家への従属を成立させたと考えるものである。

(59)(60)「暁鶏」『精神界』第五巻第一一号、一九〇五年一一月。

(61)井上秀天「忙人閑語」『新仏教』第一二巻第三号、一九一一年三月。井上秀天については、福嶋寛隆「もう一つの非戦論――日本帝国主義確立期に仏教者として――」(『伝道院紀要』第一八号、伝道院、一九七六年)、赤松徹真「井上秀天の思想――その生涯と平和論及び禅思想――」(『龍谷大学論集』第四三四・四三五号、龍谷学会、一九八九年)、拙稿「井上秀天の仏教と平和論」(『仏教史研究』第四〇号、龍谷大学仏教史研究会、二〇〇四年)を参照。

第五章 「精神主義」と明治の終焉

――新たな天皇像の形成をめぐって――

はじめに

明治維新以来、富国強兵と万国対峙を掲げて近代化を推進し、日清・日露戦争の勝利で帝国主義列強の一つとしての地位を得た天皇制国家が、まさしくそれゆえに、日露戦争後に国家目標の喪失という事態に直面し、国民統合の危機を自覚していたことはよく知られている(1)。富国強兵が求心的原理として機能不全になったとき、新たなイデオロギー政策の展開は天皇制国家にとって不可避の課題となったのである。日露戦争後に本格化する家族国家観の形成(2)や国民道徳論の展開(3)のほか、たとえば地方改良運動における神社の統一整理・報徳思想の喧伝(4)などは、それぞれの目的や実行組織の形態は様々でも、大枠として上の課題に照応するものであったといえよう。

こうしたイデオロギー政策の一定の達成は、その裏側に新たな問題を浮上させざるをえなかった。すなわち、天皇制国家への「忠誠」の集中は同時に「反逆」の集中をもたらしたのである。「反逆の政治的集中(5)」の象徴が、いわゆる「大逆」事件であったことはいうまでもない。そこでは「國体」による「否定的な同質化（異端の排除）作用(6)」によって、幸徳秋水ら社会主義者・無政府主義者が弾圧されたのであった。

これに対し、本章で扱う三教会同や天皇の代替わりでは、様々なイデオロギーを動員しながら国民統合を推進する積極的な同質化が前面に押し出されている。これらは「大逆」事件に比して、天皇制国家による強権的弾圧の側面が前景化していない。そのためか、これまで三教会同や天皇の代替わりは近代仏教史研究の課題として、それほど注目を集めてこなかったように思われる。だが周知のように、近代天皇制国家においては、政治的権力者たる天皇が同時に宗教的権威として君臨していた。そして天皇制国家の支配の安定度は、被支配者の自発的奉仕による権力の神聖化と比例する問題であったから、たとえ強権的弾圧が表面化せずとも、三教会同や天皇の代替わりには、天皇制国家がより強固にみずからを再編成する契機があったとしなければならない。特に明治天皇死去に際して、多くの国民による天皇制国家への忠誠競争が現出したことを念頭に置けば、そこでの仏教のありようには単に天皇制国家との関係ばかりでなく、それを支える基盤との関係をも問いうる契機が存するといえよう。国民の自発的奉仕が連鎖・拡大して大勢となったとき、忠誠競争からの離脱を許さないほどの強大な権威性が状況を支配することになる。そして、みずからの思想的根拠を明確に保持しえないかぎり、そうした状況と緊張関係を構築することは困難を極めざるをえないであろう。というのも、天皇の代替わりに際しては、現人神天皇の絶対的な権威性を軸にした国民統合が推進されているのであり、それは天皇制国家への「忠誠」を内面化した人々によって自発的に、しかしほとんど無自覚的に遂行されたからである。そして、そうした立場を最深部で方向づけたものこそが、天皇制国家の宗教的基盤たる民族宗教性であったと考えねばならないだろう。

以上の問題状況を踏まえ、本章は「精神主義」運動の三教会同と天皇の代替わりへの対応について分析・検討する。後で詳しく見るように、「精神主義」運動は、三教会同に対し批判的な立場をとって、天皇制国家の宗教政策に積極的に応じなかった。また、天皇の代替わりの際には、死んだ明治天皇と阿弥陀仏とを同質のものだとする論説を発表している。国家神道体制の成立したなかでとられた前者の態度からは天皇制国家との緊張関係を、のちの「戦時教学」を先取りしているかのようにさえ見える後者の立場からは天皇制国家への追随を、それぞれ確認できそうである。「精神主義」運動のとった天皇制国家への態度に、このような現象的矛盾が少なくないことは、前章までの考察でもあきらかであろう。こうした矛盾に対して、両者を切り離してその一方の立場のみを取り上げても、あるいは両者を単純に二面的だと論じてみても、「精神主義」運動の全体像をあきらかにすることにはならない。数多く蓄積されてきた清沢満之論を一瞥すればあきらかだが、従来の「精神主義」研究の多くは、そのいずれかの立場に甘んじてきたのではないだろうか(7)。そして、おそらくその問題の根底には天皇制国家の宗教的基盤に対する注意の欠落が存するように思われる。したがって、本章の課題は、「精神主義」の構造的な特質を踏まえることで現象的矛盾を統一的に把握し、「精神主義」運動が天皇制国家とどのような関係を構築しようとするものであったのかを、特に天皇制国家の宗教的基盤との関連において解明することでなければならない。

一　三教会同とその周辺

一九一二年二月、内務大臣原敬は仏教・キリスト教・神道(教派神道)の代表を集めて、国民道徳振興のために宗教界の協力を要請した[8]。この三教会同といわれる宗教政策は、一九一一年八月に第二次西園寺内閣が出発してから内務次官となった床次竹二郎によって提案された。床次は、政治と宗教と教育の三者が天皇制国家を軸に一致協力することを構想しており、特に宗教の国家に対して果たしうる役割の大きさを認識していた。彼は宗教に精神上の慰安という機能を認め、それが結果として国民道徳を振興するという見通しのもと、宗教関係者の会同を企画したのである。

この三教会同には計画段階から様々な批判が投げかけられた。たとえば『万朝報』は一月三一日の「政治と宗教」と題する論説で、

床次内務次官ハ我邦に於ける危険思想の発生を以て政府が従来宗教を軽視したるに基づくものなりとし、之が為に宗教家の会合を企画するに至れることハ、次官の言明せる所の如し、然れども危険思想の発生と国家が宗教を軽視すること丶ハ何等関係を有せざることとなるのみならず危険思想を抱きたる者の中にハ、熱心なる仏教徒ありたるに非ずや[9]、

と述べ、「宗教ハ国教を除くの外何れも世界的にして、国家の目的の為にハ却て妨碍を与ふること多く、是れ各国に政教分離の盛んに行はる丶所以[10]」という「政教分離」の立場から、宗教を政治に利用することが「政治上の煩累を誘致する愚挙[11]」だと厳しく批判したのであった。この批判の伏線となっているのは、おそらく「大逆」事件と「教育と宗教の衝突」事件であろう。すなわち、前者は高木顕明や内山愚童らがそれぞれ社会主義や無政府主義を媒介することで国家と対立する仏教理解に立脚したこと、後者は井上哲次郎が見破ったキリスト教の国家を超えた価値とその支配への非適合性を意味

する。[12]『万朝報』の三教会同への批判は、これらの認識が政権担当者に不充分であるという警告の意味を持っていたといえよう。

一九一二年二月二五日、原敬は仏教・キリスト教・神道（教派神道）の代表者約七〇名を華族会館に招待し、彼らを前に、「政府と三教徒と余りに疎遠なるにより一夕の会合を企てたりとの趣旨を述べて併せて彼等の社会風教のためにも尽力を望む旨を述べた」[13]。この原の挨拶のあとは、食事や挨拶、雑談といった程度で会は終わったようだが、この三教会同に積極的意義を見出そうとする三教代表者たちは、翌日会合し決議会を開催した。そこでは三教それぞれの提案を修正して以下の議案が作成され可決された。

吾儕は今回三教者会同を催したる政府当局者の意思は、宗教本来の権威を尊重し、国民道徳の振興、社会風教の改善の為めに、政治、教育、宗教の三者各々其分界を守り、同時に互に相協力し、以て皇運を扶翼し、時勢の進運を資けんとするに在る事を認む、是れ吾儕宗教家年来の主張と相合致するものなるが故に吾儕は其意を諒とし、将来益々各自信仰の本義に立ち、奮励努力国民教化の大任を完うせん事を期し、同時に政府当局者も亦誠心鋭意、此精神の貫徹に努められん事を望み左の決議をなす／（一）吾等は各々其教義を発揮し、皇運を扶翼し益々国民道徳の振興を図らん事を期す／（二）吾等は当局者が宗教を尊重し、政治、宗教及び教育の間を融和し、国運の伸張に資せられんことを望む[14]

ここにあきらかなように、三教代表者は、それぞれが体制内でのみずからの立場の安定化を意図してこの会同を歓迎したのであった。これらの三教会同をめぐる一連の出来事は、「会同問題は遂に一篇の決議文を発表したるのみにて、結局尻切蜻蛉に終れるぞ滑稽なれ(15)」といわれる始末であったが、三教代表者が三教会同に積極的意義を見出して天皇制国家に対する自発的奉仕の態度を揃って明確にしたことは、明治政府出発以後の宗教政策の成果を端的に示すものであったといえよう。こうして、三教代表者は「神道非宗教」論を大前提とした国家神道体制にみずからを再定位したのである(16)。

このようななか、「精神主義」運動の三教会同への対応は、上の三教代表者とは相違し、天皇制国家の宗教政策に呼応しようとする性格のものではなかった。三教会同の翌月の『精神界』（第一二巻第三号、一九一二年三月）では次のような見解が提出されている。

内務次官床次竹次郎(ママ)氏の発企にかゝる仏神耶三教の代表者会同の問題は、今猶ほ論議の中に有之候。床次氏若し既に明確なる宗教的信念を懐かれ候はゞ、曖昧糊塗を事とせずして、堂々として前進せらるべし。若し然らずば、斯種のことには政府の当局者として、余り深入せられざらむことを望む者に候。而して私共にありては、政府の力添は如何にもあれ、常に真向に大法の宣伝に奮進致したく候。祖聖宣はく、「余の人々を縁として、念仏をひろめんとはからひあはせたまふこと、努々あるべからず候」。私共は、いつも此精神を失ふべからず候。東京の有志は、此問題につき、幾度も協議を重ねられ候(17)。

このように、著者は政府当局者に「宗教的信念」の存否を問い、そして「宗教的信念」が不在であるならば、三教会同のごとき宗教政策を進めるべきではないと主張した。だがいずれにしても、「精神主義」運動は政府の立場に左右されない独自の活動を志向しているのである。その論拠となっていたのは、権力者を頼りとして念仏を広めようとすることがあってはならないという「祖聖」＝親鸞の言葉であった。三教会同に際して、彼らは親鸞の言葉を参照することで、大勢となっていた政府の宗教政策への積極的追随とは異なる立場をとったのである[18]。では、かかる「精神主義」運動の立場は、天皇制国家との緊張関係を約束するだけの宗教性に裏打ちされていたのであろうか。

二　明治天皇死去と真宗大谷派

真宗大谷派は三教会同には反対であり、代表者が出席することもなかった。その反対理由を真宗大谷派は、「国家の点」よりいえば、各宗教の「歴史、宗格、道徳の如何を顧みず漫然として平等に国家に結合し教育と提携せしめんとするは頗る軽忽たるを免れず[19]」となり、「宗教信仰の点」よりいえば、「各自絶対なるものにして、毫も他と調和提携するの余地を有せず[20]」とした。つまり真宗大谷派は、三教会同を「宗教者として幾多の信者に疑惑を与ふるのみならず、今正に自覚せんとしつゝある国民の信仰心に迷を与ふるもの[21]」として認識したのであった。だがこうした真宗大谷派の立場は、三教会同の中心課題であった宗教勢力による天皇制国家への翼賛構想、それとの対立を意味するものではない。むしろ真宗大谷派は天皇制国家の宗教的基盤としての立場を積極的に形成していく。以下では明治天皇死去への対応からその点を確認しておきたい。

宮内省は一九一二年七月二〇日に明治天皇重体の旨を、そして七月三〇日には天皇の死去を発表した[22]。真宗大谷派は、天皇の容態が悪化したことを受け、寺務総長大谷瑩誠の名で一九一二年七月二二日に「諭達第六号」を出し、次のようにいった[23]。

畏クモ／今上陛下本月中旬已降／玉体御不例ニ在ラセラレ候処数日来御重症ニ渡ラセラレ億兆実ニ恐懼ニ堪エサル儀ニ有之而シテ復我カ二諦相依ノ教旨ヲ服膺スル輩ニ於テハ誠恐誠懼感傷ノ情更ニ切ナルベキハ勿論ニシテ既ニ（ママ）　両御門跡ニハ御参内（ママ）　天機御伺申上サセラレ候条此際一派ノ門葉ハ緇素ヲ論セス戒慎恐懼／玉体ノ御平癒ヲ跂望シ奉リ且ハ臣民ノ本分ヲ尽シ且ハ（ママ）　王法為本ノ宗風ニ背カザランコトヲ期スヘク殊更僧侶ノ面々ハ言行ヲ慎シミ門徒ヲ誡諭シ不心得ノ次第無之様注意ヲ怠ルヘカラス(24)

ここで真宗大谷派は、明治天皇の容態悪化を受け、法主および前法主が「天機御伺」をしていることをあきらかにしたうえで、教団を挙げて門末に対し「不心得ノ次第」のないように注意を促している(25)。門徒一人ひとりの天皇に対する忠誠を、仲介者となって積極的に調達しようとする教団の立場がそこにはある。その際、教団と門徒との間で大前提となっていた真宗理解とは、「二諦相依ノ教旨」、すなわち近代の真宗を貫く天皇制国家への積極的従属のための教学である「真俗二諦」であった。

一九一二年七月三〇日には、天皇の死を受けて、同日付で大谷光演（彰如）による「垂示」が出されている。そこでは、

嗟乎光演等宿縁厚カラス永ク／聖明ノ治下ニ立ツコトヲ得ス今ヤ卒然／大行天皇升遐ノ凶音ヲ拝承スルニ遇ヘリ慟哭及ハス哀慼何ソ已（ママ）ン恭シク惟レハ大行天皇聖文神武維新中興ノ大業ハ烈ヲ／祖宗ニ並ヘ立憲垂範ノ鴻徳ハ沢ヲ万世ニ貽スノミナラス列国ノ交誼ハ歳月ト与ニ親キヲ加ヘ／帝国ノ威名ハ居諸ヲ追フテ愈々栄ヘ民利共ニ興リ版図古ニ倍ス(26)

といい、明治天皇によって日本の発展がもたらされたという理解とともに、天皇への哀悼と感謝の意

を表し、その遺徳をたたえたのであった。また、

加之／万機ノ暇／聖慮ヲ大法ノ擁護ニ注カセタマヒ我カ宗祖中興ノ両位ニ追謚ノ／聖恩ヲ拝シ又／宸翰ヲ揮フテ扁額ヲ／祖堂ニ掲ケシメタマヒ本山／先皇ノ遺掟ヲ奉シテ堂宇ヲ再建セントスルヤ内帑ヲ出シテ助工ノ貲ヲ賜ヒシノミナラス／聖眷ノ深キ寤寐ニ忘ル、能ハサル所ナリ而シテ復客歳宗祖大師追遠ノ法要ヲ修メシ際／恩賜ノ厚キ光演実ニ門末ト共ニ感涙ニ咽ヒシ所ナリ然ルニ今ヤ感涙未タ涸カサルニ／玉体ノ不予ヲ伝へ驚悚共ニ至リ再ヒ／宮禁ニ趨リテ／天機ヲ伺ヒ奉リ厳父ハ／輦下ニ在リテ伺候ヲ怠ラス門末ト共ニ／玉体ノ平癒ヲ跂望シ奉リ／聖明ノ治下ニ祖教ノ振興ヲ期シタリシニ何ソ図ラン今ヤ／崩御ノ凶音ヲ拝承スルニ至レリ実ニ哀感恐懼ノ至リニ任ヘス(27)

として、明治天皇による教団への恩賜を強調することで、天皇と真宗との緊密な関係を確認したのである。さらに、

然リト雖モ／万世一系ノ国体ハ幸ニ／天位ヲ一日ニ虚フスルコトナク已ニ／今上陛下践祚ノ式典ヲ挙ケタマフニ遇ヘリ／今上陛下当ニ／大行天皇ノ遺烈ニ欽承シ区宇ニ君臨シ億兆ヲ子育シタマフヘキハ赫々日星ノ如シ光演等当ニ／大行天皇聖化ノ下ニ在リシ心ヲ以テ／今上陛下ニ事へ奉リ忠ヲ尽シ誠ヲ輸シ国民ノ本分ヲ愆ラス／天壌無窮ノ皇図ヲ翼賛シ奉ルヘキハ我二諦相依ノ宗風ニシテ乃チ王法為本ノ教旨ナリ是本宗緇素ノ平素体認スル所ナリト雖モ此際特ニ戒慎スル所アランコト光演カ切望スル所ナリ而シテ／大行天皇諒闇ノ間ハ先ツ／国家ノ定制ニ遵ヒ又宗門ノ先蹤ヲ尋子戒慎恐惧哀慼ノ赤誠ヲ致シ所謂ル／朝家ノ御為メ国民ノ為メ念仏候ヘシトノ祖訓ヲ服膺シ二諦相依ノ宗風ヲ愆ル勿ランコトヲ望ム(28)

というように、「万世一系」に連なる新天皇の皇位継承を受け、改めて真宗の信仰が天皇制国家に忠誠を尽くすものであることを門徒に対してあきらかにした。そして、諒闇の間の生活態度を「二諦相依ノ宗風」として再度「真俗二諦」を強調し、それに「祖訓」、すなわち親鸞の消息を接木することによって真宗信仰からのあるべき立場としたのである。(29) ここでは、真宗大谷派が「二諦相依ノ宗風」と「王法為本ノ教旨」を同質のものと位置づけたことに注意しておきたい。「真俗二諦」は、「俗諦」の内容として「王法為本」を主張しうるとしても、他方に「真諦」の次元が存するはずである。もう一つの「真実」たる浄土往生を内容とした「真諦」領域の問題を全く論じないで、「俗諦」領域のみを「王法為本」として押し出すところにこの時点での真宗大谷派の特徴があるといえよう。

以上のように、真宗大谷派は「真俗二諦」の反復によって天皇制国家へ門徒を従属させようとした。教団からの度重なる「真俗二諦」の強調は、「俗諦」に規定されている天皇制国家への従属を全うする生活態度を要求するものであった。

三　「精神主義」の天皇像

恐れ多くも我皇室は世界いづれの国にも類例のなき尊き意義を有したまふのである。神武天皇建国以来日本を御支配ましますす君主であらせらるゝと同時に全臣民の慈親にあらせらるゝのである。支那や印度は申すに及ばず、英国でも露国でも其類例を見ることは出来ないのである。我皇室は日本てふ一大家族の君主にして慈親にましますのである。それは理論上より云ふのではなくして歴史上より実際上よりのことなのである、我日本国民の忠君愛国の思想の深きは全く大君の御稜威と御慈愛に照され育てられたる結晶である。(30)

この文章は、明治天皇の死の三カ月前に『精神界』(第一二巻第四号、一九一二年四月)に掲載されたものである。天皇は記紀神話を背景とした万世一系の「君主」、皇室は家族国家観に定礎された「一大家族の君主」として、さらに「日本国民の忠君愛国の思想」は天皇による涵養の結果としてそれぞれ観念されている。忠君愛国の中核に位置する天皇および皇室が政治的権力と精神的権威の体現者であるという理解は、当時の一般的なそれと大きく相違するものではないだろう。「精神主義」運動がこのように当時の一般的な天皇像を共有しているのはそれ自体興味深い問題だが、さらに注目すべきは、明治天皇の死を契機として「精神主義」独自の天皇像が形成されていることである。天皇の死去直後の『精神界』(第一二巻第八号、一九一二年八月)には、巻頭に黒縁の施された「聖上崩御」と題する文章が掲載されている。

今回の陛下の崩御はあまりに突然であつたので生死無常のことはりを適切に味はして頂きました。又六千万の国民が殆んど命がけに祈願をこめたのに、そのかひもなう崩御遊ばしたに就て業報のいかんともすべからざるものであるといふことをも味はして頂いた。陛下は御生前に命がけ私共を保護して下さつた上に、おかくれになるにも多大の教訓を私共に与へて下さいました。何とも御礼の申やうもない御洪恩であります。(31)

ここに見られるように、この著者は明治天皇の死を「生死無常」や「業報」といった自己の仏教理解を確認しなおす機会、すなわち「教訓」として意義づけ、その「教訓」の提供者たる天皇への感謝

を表明した。そして、

『大経』には阿弥陀如来が私共を済度遊ばす為めに、時には刹利国君となつて下さるると書いてあります。私は／陛下がその権化の御方であると信ぜずにはをられませぬ。(32)

というように、明治天皇を「阿弥陀如来」の化身と信じるみずからの立場を告白したのである。ここには先に見た天皇像との相違が確認されよう。すなわち、ここで万世一系の君主たる天皇は浄土教的文脈で意義づけられているのである。それは国家の神話を読み替えることで、新たな天皇像を構築せんとする作業であった。著者はそうした立場を展開させてさらにこう述べた。

陛下は《ママ》私を救ふが為めに、浄土から態々御来現下さつた大悲の応現でましますのであります。されば／陛下は《ママ》どこに生れておいでになつてをらる丶かと思ふだに勿体ない事で、浄土におかへりになつたことは疑ふ事はできませぬ。故に／陛下に対して、私共の追恩の志は、念仏と読経とに運ばして頂くのが最も充実してをるやうに思ひます。(33)

「精神主義」においては自己の救済を担保する原理をそれまで「絶対無限」や「他力」、あるいは「阿弥陀如来」と規定していたはずである。それに対して、ここでは天皇を阿弥陀仏と重層的に把握することで、天皇を救済者と位置づけ、それへの追恩としての「念仏」や「読経」を実践しようというのである。この「精神主義」の議論は死後領域に限定され、生きている天皇をそのまま浄土教的文脈に置き換えたものではない。とはいえ、自己の信仰の文脈において天皇を理解しようとするこの「精神主義」の立場を、国家の神話の忠実な遵奉者ということはできないだろう。というのも、「精神主義」は記紀神話によって定礎された天皇像を反復したのではなく、独自の天皇像を形成したからである。[34]

ただしここで重視すべきは、「精神主義」がその立場を先鋭化させて、国家の神話の正否を問い直そうとはしない点であろう。そこからは、「精神主義」の天皇像が国家神道との原理的な対立関係を構築しないばかりか、むしろ従来の天皇像に新たな宗教的価値を付与する役割を果たすことが浮き彫りになってくるのではないか。様々な制約がありながらも、すでに近代合理主義の立場からなされていた記紀神話に対する相対化を考慮に入れると、「精神主義」の天皇像が天皇制国家のイデオロギー支配を補強するのはあきらかであろう。そもそも、「精神主義」の議論が天皇を浄土教的文脈に包摂していくなかで、天皇と自己の信仰との異質性を何ら主張しえないのは、その宗教的立場が国家神道体制に埋没しきっているからだとも考えられるのである。かくして、「精神主義」は従来の国家の神話に基づく天皇像に主観的解釈をほどこし、浄土教的文脈における阿弥陀仏としての天皇像を形成することによって、自己の従属に内発性を、そして国家の神話に新たな絶対性を与えたのであった。

ところで、夏目漱石『こゝろ』（岩波書店、一九一四年）や徳冨蘆花『みゝずのたはこと』（新橋堂書店ほか、一九一三年）などを参照すれば、明治天皇の死が当時の人々にとって巨大な喪失感をもたらしたことは容易に想像しうる。『精神界』（第一二巻第一〇号、一九一二年一〇月）には、「去ぬる十三日は、吾等七千万の蒼生が、先帝陛下に対し奉り、最後のお別の日に候」[35]として、明治天皇の葬儀への参列報告が掲載されている。そこでは、霊轜が眼前を通過する際の自己の内面を告白するなかで、「されば今こそ最後の御別れなれ南無阿弥陀仏、されば今こそ最終の御別れなれ、南無阿弥陀仏、南無阿弥陀仏」と、称ふるも早や胸にせまりて湯の如き涙はこぼれ候[36]」というように、明治天皇に対する素朴な心情ゆえの大きな喪失感と、それを必死に埋めようとする念仏とが描き出されている[37]。上の文章には続けて「明治天皇の聖史」の回顧が綴られている。そこで、次にその回顧文にあらわれている「精神主義」の天皇像を検討しておきたい。

「明治天皇の聖史」の回顧は、まず「五箇条の御誓文」に言及し、「吾等蒼生は、この大御心に育まれて国是の新運と共に洪恩に浴しつゝ、今日の生を賜はりたることに候[38]」と天皇に感謝することから始められている。ここには「明治天皇の聖史」をそのまま自分史と重ね合わせて論じる著者の立場がうかがえる。回顧文は続けて、

明治十四年十月、断乎たる御裁決ありて、明治二十三年吾等は新に国会開設の詔勅を賜はりたり、吾等蒼生は何たる天恩の寵児に候ぞや。斯の詔勅を賜りてより、吾等は愈々自由に育はれたり／宗教的自由の生命を賜はりたり、吾等は諸道兄姉と共に、斯の詔勅と大日本帝国憲法の告文とを拝記して再び皇恩の厚きに感謝いたし度候[39]。

といい、「国会開設の詔勅」や「大日本帝国憲法」によって自分たちに「自由」が与えられたことを「感謝」しているので、この著者の理解した「自由」の内実が、いわゆる「恩賜的」性格のものであったことは疑えない。そして、大日本帝国憲法の告文を引用し、「吾等蒼生は斯の告文を拝し奉りてより、愈々世界史上の人となるの幸運を付与せられ候[40]」と述べている点から、それを「恢復的」性格へと転化させる志向の不在もまた否定しえないのである。それは、「次で吾等は教育勅語を賜はり、戊申詔書を賜はり、又韓国併合の詔書を賜はり、内外挙げて明治聖代の頂点に、安んじて身を置くに至りぬ、まことに洪恩溢るゝ、といふも、語の未だ尽きざるを覚ゆる次第に候[41]」という明治時代の一連

の詔勅に対する態度からもあきらかだろう。

この回顧文に一貫するのは明治天皇の遺業を讃えて、それへの感謝を述べるという論調である。著者は「明治天皇の聖史」に感謝を繰り返し、そこに生きてきた幸運を喜ぶ。だが、明治天皇に対する感謝が極まったとき、突如論調は暗転することになる。つまり彼は、その天皇からの「恩寵」に対して、「然れども浅ましき哉、吾等仏教徒は斯く重々の恩寵を犠牲にして果して何事か為し来りたる(42)」と反省的に自己のありようを問い直すのであった。

同じく明治天皇を回顧した佐々木月樵の「朕には其途なし（於遙拝法会）」（『精神界』第一二巻第一〇号、一九一二年一〇月）は、「先帝陛下の御一生は、初めより終りまで、楽は衆と共にたのしみ、すべての苦みと責任とは常に我身一人にて引うけて居て下されたのである(43)」という明治天皇像を描き出している。先と同様に五箇条の誓文から始まるその回顧は、軍人勅諭、教育勅語、戊申詔書、済生勅語を合わせ、それを「先帝陛下が永へに我等の為めに説き残し下された五時の御説法とも仰がるゝのである(44)」というように、仏教的文脈に位置づけている。この回顧に特徴的なのは、佐々木が天皇の「一切すべてを引うける(45)」態度を何度も繰り返し強調している点である。そして回顧が天皇の死の場面を迎えるとき、天皇とともに肯定されてきた現実はやはり暗転して、「あてにならぬ世である(46)」と捉え直されている。佐々木はそこで、「何れをもまことの色と定めなん／日ごとにかはる紫陽の花(47)」という「先帝陛下の最後の御絶唱ともきゝ伝へ(48)」られる短歌を引用し、「げに、世の中は何一つ定まったものはない、／常にかはり通しである(49)」と再度強調した現実の無常、それに「御慈悲」を対置する。すなわち、「かはらぬのは、御慈悲のみである。然らば何事も唯すべてを一人に引うけて下さるるかはらぬ御慈悲にまかすより外はないのである[50]」と。無常な現実のなかで唯一不変である「御慈悲」こそが、彼が立脚せんとする地平にほかならない。ただし、その「御慈悲」が「何事も唯すべてを一人に引うけて下さるるかはらぬ御慈悲」と言い換えられている点を看過してはならないだろう。なぜならそれは読者に対して、「御慈悲」の内実が阿弥陀仏だけではなく、繰り返し強調された明治天皇の態度こそを連想させる巧妙な仕掛けだからである。かくして、回顧文からも「精神主義」の天皇像――浄土教的文脈における阿弥陀仏としての天皇像――は立ち現れたのであった。

こうした天皇論との関連で注目しておきたいのは、九月一三日の明治天皇大葬にあわせて殉死した乃木希典について、『精神界』がどのように論評したのかである。乃木の殉死が当時の人々にとって大きな衝撃であったのは、殉死に関する議論が活発になされていた状況からもうかがえよう[51]。事件の翌月の『精神界』（第一二巻第一〇号、一九一二年一〇月）では早速この事件について論じられている。そこで著者は、たとえば陋習打破から殉死を批判するのではなく、

去ぬる十三日夜、乃木将軍夫妻は／うつし世を神さりまし〻大君の／みあとしたひて我はゆくなり／出てましてかへります日のなしと聞く／けふの御幸に逢ふぞかなしき／と、各自一首の辞世を残して、先帝陛下に殉せられ候。我等は驚嘆と哀愁の涙を以て、同将軍夫妻の犠牲的精神に深く感嗚するの外無之候[52]。

と乃木の「犠牲的精神」に共感する立場を表明している。さらに次のようにもいう。

将軍は自己の責任を重んじて逝けり。其死は懺悔の表現なり。（中略）我罪は将軍に勝れり。日々、汚劣の生を反覆して、自他を損ふこと幾何ぞ。而も自ら愧ぢず、怖れず。今将軍の死に接

して、戦慄の思、我に迫るを覚ゆ。／将軍は先帝の殊恩に感じて逝けり。其死は感恩の標示なり。（中略）されば将軍の受けられたる皇恩よりも、我が受けたる所は、遥に大なり。然るに感恩の至情頗る薄く、唯我欲の生を送れり。将軍の死は、我を打つて、我をして今更の如く我が忘恩の生を覚らしむ。[53]

このように「精神主義」運動は、明治天皇死去の際と同様に、乃木殉死事件を内観反省の契機にしようとしているのである。つまり彼らは、具体的現実の問題を自己の信仰の問題として引き受けたのであった。殉死した乃木を、内観反省の機会の提供者であることを理由に「善知識[54]」として理解するのも、彼らにとってはこの事件が信仰の問題にほかならなかったからであろう。ただし彼らがここで反省しているのは、天皇に対する責任の自覚の不徹底、および「皇恩」の自覚の不充分さである。とするなら、その反省の背後に存したのは、やはり天皇制国家への自発的奉仕の徹底化という目的意識であったと考えるべきであろう。すなわち、ここで彼らは自己の信仰を、天皇制国家への従属の徹底性を指標として問い直したのであった。

以上のように、「精神主義」運動は、天皇や乃木と自己との関係性を浄土教的文脈に置き換え、自己の報恩の不徹底を反省したのである。ここからは彼らが現実の諸事件を、自己の信仰を確認する機会として受け止めていたことがわかる。その際、彼らにとって中心的な課題であり続けたのは、現実の諸問題との関係性をどう構築するのかといったことではなく、自己を内観反省して信仰を確立するということであったに相違ないだろう。現実の諸問題が平板に抽象化されて信仰論の前置き程度の意味しか与えられないのも、そうした問題関心の所在に起因するといえよう。とするなら、彼らが執拗に問題にし続けた信仰の確立とはいかなる現実との関係をもたらそうとするものであるのかが次に問題となる。

四　「精神主義」における国家の問題

「先帝曩に図らずも御大患の床に臥したまふこと、なるや、一時、此日本は祈禱の国となりました」[55]とは、多田鼎「祈禱論」（『精神界』第一二巻第一〇号、一九一二年一〇月）の冒頭部である。明治天皇の病気平癒を祈願する人々の存在を踏まえ、多田は、「此事によつて、私共は愈々陛下の聖徳の大なることを仰ぐと共に、又国民の忠愛の精神を察することを得て、此事の尊いことを思ひます」[56]と述べている。周知のように、一九一二年七月二〇日に宮内省が明治天皇の重体を発表してから、日本国内には天皇の病気平癒を祈願する現象が広く見られた。すでに実質としては成立していた「祈禱の国」が、いまや明確に状況として現出したのである。かかる状況を受けて発表された多田の「祈禱論」は、「祈禱は人間の精神の最高の階段ではない。真実の宗教には、祈禱以上の特別な境涯がある」[57]というように、「真実の宗教」のありようをあきらかにすることで祈禱を批判する論説である。[58]すでに「精神主義」運動が『精神界』（第八巻第一二号、一九〇八年一二月）に「一切の宗教の中にて祈禱なき宗教は我等の宗教のみ也。一切の仏教の中にて祈禱なき宗教は、親鸞聖人の宗教のみ也」[59]と述べて、「祈禱なき宗教」がみずからの立場であり、同時にそれが親鸞の宗教の独自性だと確認していたことからすれば、この祈禱批判は何も唐突な議論ではなかった。問題は、「精神主義」運動が明治天皇の病気平癒祈願が大勢となった状況下で改めて祈禱批判を展開したことの持つ意味や、その祈禱批判が状況を支配する宗教的権威性との緊張関係をどこまで構築しえたかであろう。

多田はまず、人は自己の弱さに気づいたとき祈り求めずにはいられないといい、その立場に基づくものこそ「一般の宗教」であるという。だが、「人間の自然の情であるがために、祈禱の心は、決して絶対に固い者でもなく、正しい者でもない」[60]のであり、それは「他力本願の教」、「真宗」のとる立場ではないとした。なぜなら、

至上の如来の大御心は、常に休まずに、動きづめであらせらるゝ。(中略)私共は只其御はからひに安んじて、私共の出来得るだけの務を尽さむことに骨折らせて頂く。自ら受持の務をも尽さずして、仏に祈り、神に求むるといふことは、誤ではないか。[61]

というように、現実に「如来の大御心」は常時発動しているのであって、それが存する以上、祈禱はそもそも不当な要求にすぎないからである。多田のこの主張は、現実の諸問題に向き合うなかで生じてくる人間の甘え、それを認めない厳格な態度のようにさえ見える。多田は続けてこう述べる。

君に病がある。私共は陛下が永の間の御苦労を感謝せねばならぬ。其御大患は偏に私共が陛下に与へたのであることを恐入らねばならぬ。此感謝と懺悔との中にあつて、愈々如来本願の大悲、我が上にと同じく、彼の上にも在ますことを喜びて、益々謹み嗜みて我が本務にいそしまねばならぬ。君についても同じく、親についても同じである。[62]

このように多田は、たとえ天皇の病気の原因が自己にあると受け止めて「懺悔」しても、あるいは天皇の苦労に「感謝」しても、それらをいずれも「如来本願の大悲」に対する「喜び」へと収斂させ

ていく。となるのも、多田がここで述べたように、「精神主義」は「如来本願の大悲」の存在によって、すでに現実の一切が所与のままで完成形だと理解するからである。それゆえ多田は現実をそのままで全面肯定するとともに、あとは「本務」を勤めねばならないと説いたのである。

多田はさらに次のようにいう。自己が「現在は過分の恩寵に育まれ」ているのだから、「人間としてをることさへ、過分である(63)」と理解すべきであるのに、現実を不幸や逆境と捉えてさらに何かを祈り求める態度が生じてくる。そのような態度のなかにこそ、「自己の罪業の影をながめ、又之に注がせたまふ仏恩を拝み、愈々己を警め、又之を喜ばせて頂く(64)」のである、と。つまり彼にしてみれば、「感恩及び労作、是より外に何事が人生にあるべきぞ(65)」ということになるのである。だがいくら議論を追跡してみても、多田は肝心の「本務」や「労作」の内実を何もあきらかにしない。したがって、「信は祈でない、覚である。覚めて喜び、覚めていさむ。是が信仰の道である(66)」と祈りを否定し、信仰のありようを述べたところで、その信仰がどのような生き方をもたらすのかがあきらかにされないのだから、「私共は真に祈り得ぬ此儘の上に加はれる本願に気づかせて頂いて、始めて祈らぬ儘、汚れの儘、此儘に進ませて頂く(67)」という自己の恣意性に対するそのままの肯定、さらには、「本願の大悲に気づいて、真実に国恩、皇恩、又は衆生の恩寵に感じて見れば、何とぞ国家も栄えよ、君にも幸あれ、衆生も仏道に向へとの望が起らずにをられませぬ(68)」という現実の権力秩序に対する全面肯定のほかに何の方向性も示唆されないのは、当然の帰結であったといえよう。

以上のように、「精神主義」運動の祈禱批判は、信仰を起点とした所与の現実と自己のありようの全面肯定、およびそれゆえの祈禱不要論がその根拠となっていた。ここで「精神主義」運動は、祈禱による天皇制国家への自発的奉仕が連鎖・拡大していくなかで、祈禱に依拠せずとも現実の権力秩序を神聖化する立場があることを示したといえよう。したがって、そこに天皇制国家の宗教的基盤との異質性を認めることはできない。「精神主義」運動の祈禱批判は天皇制国家の宗教的基盤たる民族宗教性を否定したのではなく、逆にそれの肯定に支えられていたのである。

多田の「祈禱論」発表から約三年後、一九一五年一一月一〇日に大正天皇の即位の礼が、同月一四・一五日に大嘗祭が行われた[69]。大正天皇の即位は、一九〇九年二月の皇室令第一号として登極令が公布され、そこで規定されていた践祚・即位の礼・大嘗祭が初めて行われる場となったのである。これら神道儀礼に則った祭祀の遂行は、天皇の神格化を果たすために不可欠なものであったし、現人神天皇の神聖性・絶対性を中核に置いた近代天皇制国家にとって、国民統合という政治的機能の側面からも極めて重要性の高いものであったといえよう。

一九一五年一〇月に発表された金子大栄「親鸞聖人の国家観」(『精神界』第一五巻第一〇号)は、「吾々国民が、長い間待つて居つた、御大典の挙げさせられるのも間近となつて、人々は満腔の誠意をもて、之を歓喜奉祝しやうとするに際し、私の心は是非とも、この『親鸞聖人の国家観』を明かにして、御大典に逢へる紀念としたくなつた[70]」というように、この大正天皇の即位をきっかけとして親鸞の国家観の解明を試みたものである。天皇の代替わりは、「精神主義」運動にとって、国家の問題を考える契機ともなった。ここでは、「精神主義」における国家の問題を考察して、彼らの信仰理解の一端をあきらかにしておこう。

仏教は国家といかなる関係を構築すればよいのか。真宗大谷派はそれを問い直すことなく、門徒の天皇制国家への従属を基礎づけるために「真俗二諦」を反復していた。金子が論じるのは、こうした教団のありようとは一線を画した仏教と国家の関係である。たとえば、

従来の仏教は、徒らに国家の平安を祈願するといふやうなことに没頭して、自己の問題を忘れて居つたのである。之に対して親鸞聖人の宗教の偉大なるところは、真実に個人の覚醒を要とせられたるところにあるではないか。(71)

というように、金子は親鸞の宗教を踏まえ直すことで他律的な従来の仏教を批判し、問題の中心に国家ではなく「自己」を据えた。金子はまた、国家と癒着して勢力の維持・拡大に終始する近代日本の仏教のありようを批判の射程に入れ込んで次のようにいう。すなわち、「僧侶は信徒の霊魂の未来を指示し得るといふ伝習的な特権に連結して、忠君愛国の思想を布教し。為政者はこれが報酬として僧侶を保護するといふ思想(72)」は、「これからの時代に於いて行はるべきものでない(73)」と。ここには、真宗教団が来世の浄土往生と現実での天皇制国家への従属をともに「真実」として説いたありよう、すなわち「真俗二諦」が批判的に捉えられている。それでは、金子は仏教がどのように国家との関わりを構築すべきであるというのか。彼は次のように提言する。

吾々国民は、最早放縦な思想から醒めて、厳粛に自己の問題を考へねばならぬ。教家は徒に偽善的な忠君愛国の思想を説くことを捨てゝ、国家に対する個人の真責任を徹底せしめねばならぬ。為政者は国家は過去に建設され終りたるものを保守のみであるといふ考を捨てゝ、常に未来の理想の上に建設しつゝ行かねばならぬことを考へねばならぬ。かくて我が、今上陛下の治世は光栄に満たさるゝであらう。(74)

金子は「国民」と「教家」と「為政者」がそれぞれの役割を果たすことで、「今上陛下の治世」に「光栄」が結果されると論じている。そして彼は宗教を「忠君愛国の思想」から一度切り離して「自己」へと引きつけたところで問題化し、責任ある個人の覚醒によって主体的な国家への参画をもたらそうとしているのである。このように、金子は、教団という仲介者を斥け、個々人の信仰に基づく自発性によって国家と関わることで、それが結果的には天皇制国家を支えうると論じたのであった。

こうした「精神主義」の立場は、露骨な国家主義や国民道徳に違和感を覚えるような人々に対して、天皇制国家と関わる新たな方法を提示したともいえよう。けれども、それが天皇制国家への従属という同様の役割を、既存の様々な宗教勢力などとは別の方法で調達するにすぎない以上、「精神主義」は天皇制国家への従属の調達を他の宗教勢力との分業体制のなかで遂行していたということになるのである。したがって、それは新たな社会形成の原理とならないばかりか、天皇制国家を支え続けた宗教的基盤であったといわねばならない。

おわりに

以上より、三教会同と天皇の代替わりをめぐって「精神主義」運動が示した立場は、天皇制国家への従属を既存の宗教勢力とは相違した方法によって調達するものであったといえよう。ここでその相違点に注意を向けるなら、おおよそ以下のようになるだろう。たとえば真宗大谷派の「真俗二諦」では、同様に天皇制国家への従属を結果しながらも、その生き方を定礎するのは「俗諦」であって、

「真諦」ではない。真宗大谷派が、天皇の代替わりの際に「俗諦」における天皇制国家への従属のみを強調して「真諦」と現実との関係を論じなかったのは、そうした信仰理解に起因する。これに対して「精神主義」では、天皇制国家への従属が、信仰それ自体が結果する現実の全面肯定からもたらされる。つまり「精神主義」の場合は、彼らの確固たる信仰への志向が天皇制国家への従属の徹底化を促し続けることになる。さらに「精神主義」は、教団という仲介者を持たずとも従属の調達が可能であったから、その従属は一段と徹底性を帯びたのではないだろうか。このように考えるとき、先に見た「精神主義」運動の三教会同批判も、天皇制国家への従属それ自体に対するものでは当然なく、他の宗教勢力の従属方法との相違の表面化として把握することができるのである。もとより「精神主義」と「真俗二諦」との相違など、天皇制国家への従属を前提とした方法の相違にすぎず、信仰が現実のなかに新たな原理性をもたらさないという両者に共通する問題性こそが重視されねばならない。そしてその意味で、「精神主義」が「真俗二諦」の枠組みを突き破るものではなかったということも。

また、この両者に共通する天皇制批判の欠落をやはり軽視すべきではないだろう。周知のように、これはそのまま近代日本史全体を貫く問題でもある。先に見たように、三教会同のごとき政府主導の政策には両者とも反対の立場をとった。ただし、それがそのまま天皇制国家全体への批判に展開していくのではなく、むしろ天皇制とそれを軸にした国家をどのように支えていくのかという関心からなされていることは、天皇の代替わりをめぐる彼らの立場からあきらかである。改めていうまでもなく、天皇に依拠した現実批判はどこまでも天皇制国家を強化していく側面を伴わざるをえない。われわれはこうした現実批判しか起こらないことそれ自体をも、天皇制国家の宗教的基盤の問題として押さえておく必要がある。現実の政治と不可分の関係にある宗教性、それとの異質性を保持しえない立場からは現実全体を批判の射程に置くことができない。したがって、仏教・親鸞を踏まえようとしながらも、それを天皇制国家の宗教的基盤との等質性としてしか理解しえなかった「精神主義」には、天皇制国家のもとで収奪された普遍的価値の回復はもはや成立するはずもなかったのである。

明治天皇死去に際して「精神主義」が形成した、阿弥陀仏としての天皇像は、天皇制ファシズムに積極的従属の態度をとった「戦時教学」において、繰り返し論じられるようになる。本章の考察を踏まえれば、「精神主義」は、阿弥陀仏と天皇、あるいは靖国と浄土の結合を論じた「戦時教学」の先駆的形態と考えることもできる。(75) 単なる表現上での類似にとどまらず、「精神主義」による天皇制国家への徹底した従属は「戦時教学」を検討するうえでの重要な問題をも提起しているといえよう。そうした見通しのもと、第六章では十五年戦争期にまで考察の射程を伸ばして、「精神主義」が天皇制ファシズムとどのような関係を構築していったのかを検討しよう。

註

（1）隅谷三喜男「国民的ヴィジョンの統合と分解」（久野収・隅谷三喜男編『近代日本思想史講座Ⅴ　指導者と大衆』筑摩書房、一九六〇年）、神島二郎「帝国日本の思想」（橋川文三・松本三之介編『近代日本政治思想史Ⅰ』近代日本思想史大系第三巻、有斐閣、一九七一年）、有泉貞夫「明治国家と民衆統合」（『岩波講座　日本歴史』第一七巻、近代4、岩波書店、一九七六年）参照。

（2）石田雄『明治政治思想史研究』（未来社、一九五四年）、松本三之介「家族国家観の構造と特質」（『明治思想における伝統と近代』東京大学出版会、一九九六年）参照。

（3）たとえば井上哲次郎については、山田洸「井上哲次郎と国民道徳論」（『近代日本道徳思想史研究――天皇制イデオロギー批判――』未来社、一九七二年）を参照。

（4）宮地正人『日露戦後政治史の研究』（東京大学出版会、一九七三年）、見城悌治「日露戦後～大正前期における「道徳」と「宗教」の思想史的位相」（『日本史研究』第四八七号、日本史研究会、二〇〇三年）参照。

（5）丸山真男「忠誠と反逆」、小田切秀雄編『近代日本思想史講座Ⅵ　自我と環境』筑摩書房、一九六〇年。

（6）丸山真男『日本の思想』岩波新書、一九六一年、六三頁。初出一九五七年。

（7）従来の「精神主義」研究の問題については、本書序章を参照。清沢満之研究については本書第一章も参照。

（8）三教会同については、土肥昭夫「三教会同――政治・教育・宗教との関連において――（一）・（二）」（『キリスト教社会問題研究』第一一号、第一四・一五号、同志社大学人文科学研究所、一九六七年・一九六九年）、藤井健志「戦前の日本における宗教教団の協力――三教合同の分析――」（中央学術研究所編『宗教間の協調と葛藤』佼成出版社、一九八九年）を参照。

（9）（10）（11）「政治と宗教」『万朝報』一九一二年一月三一日。

（12）当時の状況からすれば、「危険思想」が社会主義・無政府主義をさすことはほぼ間違いないだろう。とするなら、「危険思想を抱」いた「仏教徒」とは「大逆」事件に連座した僧侶、つまり高木顕明や内山愚童らを想定していると考えられる。また、周知のように、井上哲次郎が著した『教育ト宗教ノ衝突』（敬業社、一八九三年）には、キリスト教批判の要点が、「第一、国家を主とせず、第二、忠孝を重んぜず、第三、重きを出世間に置いて世間を軽んず、第四、其博愛は墨子の兼愛の如く、無差別的の愛なり」（一二五頁）とまとめられている。国家主義とキリスト教が相容れないという点が井上の議論の中核を形成していたことからすれば、ここで『万朝報』の指摘が「教育と宗教の衝突」事件を踏まえたものであったと考えるのは決して不当ではないだろう。さらに井上は、こうした特徴がキリスト教のみならず仏教にも共通するという反論を念頭に置いて、「仏教にては国家及び忠孝に関する教ありて耶蘇教と同日の談にあらず」（同上）と、仏教の天皇制国家への適合性を論じている。ここで仏教が天皇制国家に脅威を与える存在として認識されていなかったことは、普遍性を喪失して民族宗教化した仏教のありようを物語っているかのようである。本章で取り上げている『万朝報』の「政教分離」の主張に関わって重要なのは、井上によるキリスト教批判の要点が『万朝報』では宗教一般の問題として捉え直されていることだろう。ただし、そうであれば神道の宗教性はどのように把握されることになるのだろうか。政治と宗教の形式的な「分離」ではなく、国家権力の内面への侵犯に対する否認を起点とした政教分離を要求しうる人間が成立するか否かは、そうした問題と切り離せないだろう。そしてそこで問われているものこそ普遍宗教性の存否にほかならない。

(13) 原敬日記、一九一二年二月二五日。原奎一郎編『原敬日記』第三巻、福村出版、一九八一年、二一九頁。

(14)(15) 「三教会同の決議」『万朝報』一九一二年二月二七日。

(16) これに関わって注目すべきは、神社は宗教ではなく国家の祭祀であるという認識に基づき、床次が三教会同の計画から神社神道を除外していたことであろう。これは、政府の宗教政策において、「神道非宗教」論が大前提となっていたことを示すものであり、それはまた、国家神道が「超宗教」としての地位を獲得した結果として押さえなければならないだろう。

(17) 浩々洞「東京だより」『精神界』第一二巻第三号、一九一二年三月。

(18) ただし、『精神界』には、その後積極的にこの問題を取り上げて批判を展開した形跡は見られない。「精神主義」運動は、翌月の浩々洞「東京だより」(『精神界』第一二巻第四号、一九一二年四月)で三教会同の経過を読者に報告しているが、そこで三教会同に対する態度は何もあきらかにされていない。

(19)(20)(21) 「大谷派反対理由」『万朝報』一九一二年二月二六日。

(22) 明治天皇の死とその周辺の状況については、飛鳥井雅道『明治大帝』(筑摩書房、一九八九年)参照。

(23) すでに西本願寺教団については、赤松徹真「天皇の代替りと真宗――西本願寺教団の場合――」(『龍谷史壇』第九六号、龍谷大学史学会、一九九〇年)が具体的に問題にしている。そこでは、明治天皇の大葬、大正天皇の即位・大葬、昭和天皇の即位などへの西本願寺教団の対応が検討されている。

(24) 大谷瑩誠「諭達第六号」『宗報』第一三〇号、真宗大谷派本山本願寺寺務所文書科、一九一二年七月二五日。引用は、『宗報(七)』「宗報」等機関誌復刻版15、真宗大谷派宗務所出版部、一九九四年、一五五頁。

(25) また、同号の「彙報」欄には、「聖上陛下御不例」として明治天皇の病状を詳しく示して、法主と前法主が

「天機御奉伺」をしたことが報告されている。

(26) 光演「垂示」『宗報』号外、真宗本山大谷派本願寺寺務所文書科、一九一二年七月三〇日。『宗報(七)』一七五頁。

(27) 同上、一七五〜一七六頁。

(28) 同上、一七六頁。

(29) また、大谷瑩誠の名による「諭達第七号」(『宗報』号外、真宗本山大谷派本願寺寺務所文書科、一九一二年七月三〇日)では、「畏クモ今回／大行天皇ノ崩御ニ付御垂示之趣僧俗一同敬承可有之ハ勿論特ニ僧侶ノ言行ハ自然一般ノ楷式トモ可相成儀ニ付戒慎恐懼御垂示ノ主旨ニ背カサランコトヲ務メ国民喪等国家ノ定制ニ遵ヒ宗門ノ旧儀ヲ愆ラス奉悼或ハ御中陰ノ法要ヲ奉修スト雖モ誠意ノ発揚ヲ本トシ奇矯ニ渉ラサルコトニ注意シ言論挙動渾ヘテ謹慎ノ態度ヲ失フコトナク説教其他僧俗会合ノ場合ニハ聖徳ヲ奉賛シ哀悼ノ至誠ヲ喚起シ国民ノ本分ヲ全フシ二諦相依ノ宗風ニ背カサランコトヲ勉ムヘシ」(『宗報(七)』一七七頁)と、門徒の基本的な生活態度を規定している。他にも大谷瑩誠は「所達」や「教学部達」などを出して、服装や法要次第などについても規定している。

(30) 和田龍造「忠孝より見たる如来心」『精神界』第一二巻第四号、一九一二年四月。目次には上記のようにあるが、本文では「忠孝より味ひたる如来心」となっている。

(31)(32)(33) 「聖上崩御」『精神界』第一二巻第八号、一九一二年八月。

(34) なお、暁烏敏が『神道と仏道』(北安田パンフレット第四三、香草舍、一九三五年)で、「生仏として天皇陛下を仰がせてもらふことが出来る」(七二頁)と述べているが、ここには死後ではなく現実の天皇を仏教的文脈で捉え直す立場があらわれている。これを本章との関連で考えれば、明治天皇死去の時点よりも、「精神主義」が、天皇制国家の神話を仏教的文脈で読み替える作業において、より積極性を発揮しているといえよう。逆にいえば、本章で考察対象とした時点では、神道と仏教とが現実と死後とをそれぞれ分業する、そうした枠組みが影響力を保持していたことをうかがわせる。こうした枠組みがどのように再編されていくのかについては本書の第六章で考えてみたい。ところで、このような暁烏の発言を、福島栄寿「国民「宗教」の創出――暁烏敏 天皇「生仏」

論をめぐって――」(大桑斉編『論集 仏教土着』法藏館、二〇〇三年)は、「国民の「宗教」である天皇制の論拠たる国体神話を、仏教の解釈コードで読み直しながら、国体神話を換骨奪胎して、真宗的世界観へと奪取していく、そのような意味をも持っていたと考えられる」と指摘し、さらに、「敏(暁烏――引用者)の神仏一致的仏教論の展開は、仏教者が、「神々の世界」を、神道の側から奪取せんとする闘争、という意味を持っていたように思える」とも論じているが、これが現実の天皇制国家の宗教的基盤たる民族宗教性に仏教が完全に変質したことを意味するものであり、具体的歴史状況において国家神道体制を補完するものであったことが見落とされてはならないだろう。これについても本書第六章で検討する。

(35)(36) 浩々洞「東京だより」『精神界』第一二巻第一〇号、一九一二年一〇月。

(37) 丁字生「洞日記」(『精神界』第一二巻第九号、一九一二年九月)には、明治天皇死去前後の浩々洞の様子が細かく記されており、興味深い。

(38)～(42) 浩々洞「東京だより」『精神界』第一二巻第一〇号、一九一二年一〇月。

(43)～(50) 佐々木月樵「朕には其途なし(於遙拝法会)」『精神界』第一二巻第一〇号、一九一二年一〇月。

(51) 松本三之介「明治の終焉――乃木将軍の殉死」『明治思想史――近代国家の創設から個の覚醒まで――』新曜社、一九九六年。

(52) 浩々洞「東京だより」『精神界』第一二巻第一〇号、一九一二年一〇月。

(53)(54) 「乃木将軍の死」『精神界』第一二巻第一〇号、一九一二年一〇月。

(55)(56)(57) 多田鼎「祈禱論」『精神界』第一二巻第一〇号、一九一二年一〇月。

(58) 超自然的な威力による欲望充足を期待して、呪術や自然崇拝に基づく祭祀儀礼を行うありようこそ、民族宗教の特質であり、その典型が神道であることはいうまでもない。そして、すでに先行研究があきらかにしたように、日本の歴史で、祭祀権の掌握と支配権の掌握とが不離一体であったのは、こうした民族宗教性こそが政治権力の基盤となっていたことを意味している。祭政一致体制の背後には、こうした政治の宗教性に関わる問題が伏在していた。このような民族宗教性を否定的に踏まえることで成立した親鸞の宗教を、「精神主義」はどのように捉えようとするのであろうか。

(59)（本領）「祈禱なき宗教」『精神界』第八巻第一二号、一九〇八年一二月。
(60)〜(68)　多田鼎「祈禱論」。
(69)　大嘗祭については、戸村政博「大嘗祭と天皇制」（富坂キリスト教センター編『大嘗祭とキリスト教』新教出版社、一九八七年）を参照。
(70)〜(74)　金子大栄「親鸞聖人の国家観」『精神界』第一五巻第一〇号、一九一五年一〇月。
(75)　詳しくは本書の第六章で検討するが、暁烏敏や金子大栄のほか、曽我量深や山辺習学らが、こぞって積極的な「戦時教学」の推進者となったことをここで想起しておきたい。また、日露戦争期の「精神主義」による戦争肯定の特質については、本書第三章を参照。

第六章　十五年戦争期の「精神主義」
――暁烏敏と金子大栄を中心に――

はじめに

周知のように、一九三一年九月の柳条湖事件を皮切りとして軍部の独走は始まり、一九三二年三月に満州国建国が宣言された。同年九月、各国に先駆けて満州国を承認した日本は、それを契機として一九三三年三月に国際連盟脱退を表明し、国際的孤立化の道を歩むこととなった。また、急進的な国家改造運動が一九三二年二月からの血盟団事件や五月の五・一五事件を惹き起こして政党内閣が崩壊すると、満州事変以降独走する軍部はさらにみずからの支配の地歩を確立すべく、国体明徴運動を展開していった。一九三五年の天皇機関説事件はそれを象徴する事件であるといえよう。立憲主義が大きく後退していくなかで、治安維持法による逮捕者がピークに達する一九三三年には、二月に小林多喜二が虐殺され、六月には佐野学と鍋山貞親が転向するが、共産党もまた壊滅へと追い込まれていったのである。他方で、五・一五事件前後からの陸軍内部における皇道派と統制派の抗争激化を背景とした一九三六年二月の二・二六事件を機に、軍部の政治的発言力は強まっていった。

やがて一九三七年七月の盧溝橋事件の後、日本政府が不拡大方針を変更して戦線を拡大していく一方で、国民政府が八月に抗日自衛を宣言し、九月に第二次国共合作を成立させて、中国は抗日戦争に突入した。こうして盧溝橋事件が日中全面戦争に発展し、さらには持久戦へと転化していくなかで、日本では総力戦体制の樹立が緊急の課題となった。「挙国一致」「尽忠報国」「堅忍持久」をスローガンとして一九三七年九月に始められた国民精神総動員運動や翌一九三八年四月に制定された国家総動員法は、そうした要請に応えるものであった。一九三九年九月にヨーロッパで大戦の火ぶたが切られてからは、政府のもとでは「一国一党」の樹立が目指され、一九四〇年一〇月に大政翼賛会が組織されることになる。こうして、天皇制国家のもとで国民生活すべてを物心両面にわたって統制・動員し、画一的支配を可能とする状況が生まれた。いわゆる天皇制ファシズムである。軍事費の比重が増大する一方で国民生活が深刻さを増していったこと、労働者や農民への統制が強化されていったことはいうまでもない。

一九四〇年七月に成立した第二次近衛内閣のもとでは「大東亜共栄圏」建設の構想が打ち出され、さらに九月には日独伊三国軍事同盟が締結された。日本は北守南進の態勢を固めるために一九四一年四月に日ソ中立条約を結び、南方侵略へと進むが、これによってアメリカなどからの経済制裁を受けることとなる。日米交渉が難航するなか、一九四一年一〇月に第三次近衛内閣のあとを受けて成立した東条英機内閣は、御前会議でアメリカとの開戦を一二月八日と決定し、真珠湾攻撃へと至ったのである。

以上の政治状況を踏まえつつも、本書の問題視角から特に注意しておきたいのは、政治状況と不可分に存在した天皇制国家の宗教的基盤の強化という問題である。十五年戦争期には、一九三二年五月の上智大生靖国神社参拝拒否事件のほか、一九三五年一二月の第二次大本事件や一九三六・七年のひとのみち教団弾圧など、天皇制国家のもとで国家神道の抑圧性・排外性が顕在化してくる。一九三九年四月の宗教団体法の公布と翌年四月の施行によって宗教団体の統制と動員が法的にも整備され、また「皇紀二千六百年」の一九四〇年には、その祝賀式典の前日となる一一月九日に設置された神祇院のもとで神社行政が拡充強化されて、植民地や占領地での神社創建なども相次いだ。(1)

この時期に積極的に鼓吹されたイデオロギーがおよそどのような内容であったのかは、文部省編『国体の本義』(一九三七年五月)や教学局編『臣民の道』(一九四一年七月)などを一瞥すればあきらかである。両者を並べてみるとき、そこにはかなり明確な論調の変化と、にもかかわらず一貫した立場の存したことが確認できる。『国体の本義』の「結語」には、「世界文化に対する過去の日本人の態度は、自主的にして而も包容的であつた。我等が世界に貢献することは、たゞ日本人たるの道を弥々発揮することによつてのみなされる。国民は、国家の大本としての不易な国体と、古今に一貫し中外に施して悖らざる皇国の道とによつて、維れ新たなる日本を益々生成発展せしめ、以て弥々天壌無窮の皇運を扶翼し奉らねばならぬ。これ、我等国民の使命である(2)」と述べられ、『臣民の道』の「結語」は、「今こそ我等皇国臣民は、よろしく国体の本義に徹し、自我功利の思想を排し、国家奉仕を第一義とする国民道徳を振起し、よく世界の情勢を洞察し、不撓不屈、堅忍持久の確固たる決意を持して臣民の道を実践し、以つて光輝ある皇国日本の赫奕たる大義を世界に光被せしめなければならぬ(3)」と結ばれている。『国体の本義』が「肇国の由来」を闡明して、「西洋思想の摂取醇化」を契機とした「国体明徴」という「歴史的使命」を説く一方で、『臣民の道』は「世界新秩序の建設」に向けた「高度国防国家体制の整備」と「国家総力戦体制の強化」のために、「皇国臣民としての修練」を徹底させることで、総力戦体制を支える自発性・能動性を調達しようとしている。

こうした内容の相違が存するとはいえ、両書に共通するのは、「我が国は現御神にまします天皇の統治し給ふ神国である。天皇は、神をまつり給ふことによつて天ツ神と御一体となり、弥々現御神としての御徳を明らかにし給ふのである[4]」という主張や、「我が国は、皇祖天照大神が皇孫瓊瓊杵ノ尊に神勅を授け、この豊葦原の瑞穂の国に降臨せしめ給ひしより、万世一系の天皇、皇祖の神勅を奉じて永遠にしろしめし給ふ。臣民は億兆心を一にして忠孝の大道を履み、天業を翼賛し奉る。万古不易の我が国体はここに燦として輝いてゐる[5]」といった立場に見られるように、現人神天皇とその天皇が統治する国家の神聖性を強調する点である。かかる主張は、民族宗教性を基調とする政治支配、すなわち天皇制国家による祭政一致の支配を告げるものだといえよう[6]。総じていえば、十五年戦争期には、天皇制国家支配の神聖化が進められるとともに、対外戦争の神聖化がなされたのであった。そして、あらゆる思想がもはやその独自性を発揮しえなくなった状況下で、仏教教団が戦争翼賛の態度を示したことはいうまでもない[7]。日清・日露戦争以来、天皇制国家による戦争に協力し続けてきた仏教教団にとって、それは当然の帰結であった。真宗教団もその例外たりえず、「真俗二諦」を教学的根拠にしながら「戦時教学」を形成・展開していったのである[8]。

改めていうまでもなく、戦争協力への深刻な反省は、どのような戦後社会を構想するかという問題とも不可分であり、それは戦争協力の実態を踏まえることなくしては成立しえない。それゆえ、戦前の状況からして戦争協力は不可避であったと開き直る立場は論外というほかないが、その一方で多くの仏教の戦争協力の史料をただ並べてみても、それは単なる告発という域を出ないだろう。重要なのは、戦争に抵抗した仏教徒を手放しで賛美し、戦争に抵抗しえなかった仏教徒を非難することではなく、それぞれの立場をもたらした原因を追究し続けることである。したがって、いま改めて天皇制ファシズムに取り込まれていった多くの仏教の実態を解明しようとするなら、どのようにして天皇制ファシズムに取り込まれていったのか、どのように天皇制国家による戦争とみずからの信仰とを一体化させていったのかが究明されねばならない。

そこで本章は、十五年戦争下で展開された「精神主義」運動の中心メンバーによる神仏関係論に注目し、それと戦争との関連を考察してみたい。天皇制国家の宗教的基盤たる神道的宗教性が状況の全体を覆っているなかで、彼らは仏教徒としてどのような神仏関係論を展開したのか。その問題を追跡する作業は、天皇制国家の宗教性と「精神主義」との関係、およびそれを規定した要因の解明にとっての重要な手がかりを、われわれに与えてくれるだろう。(9)

ところで、前章までは「精神主義」運動の機関誌『精神界』を主たる分析対象としてきたが、『精神界』は一九一九年に第二〇巻第二号をもって廃刊している。この結果、「精神主義」運動は運動体としての性格を喪失していくが、それは「精神主義」が無くなったことを意味しない。「精神主義」は、暁烏敏や金子大栄、曾我量深や山辺習学といった人々の信仰の核として生き続けている。したがって、十五年戦争期の「精神主義」運動全体の把握は困難であるけれども、清沢門下の信仰とその歴史的立場を、「精神主義」の展開として考えることは可能であろう。そこで、本章では特に「精神主義」運動の中心人物であった暁烏敏と金子大栄を取り上げて論じることとする。その理由は、この両者が清沢満之を出発点とした「精神主義」の系譜を典型的に表現する人物だと考えるからである。すでに暁烏については多くの先行研究によって、「戦時教学」を積極的に展開した仏教者としての彼の立場は徐々にではあるが解明されてきた(10)。それに関連する問題として、戦時下に彼が『十七条憲法』や『古事記』についての独自の解釈を展開したことも注目されている。他方、金子については未だ充分に研究が蓄積されていないことに加えて、彼が『浄土の観念』（文栄堂、一九二五年）などで示した真宗理解が異安心となったことのみがあまりに有名で、「戦時教学」を展開した教団とは異なった立場を形成したと考えられる傾向にあった。そのため、金子に関しては戦争協力の事実自体がほとんど知られていない段階である(11)。以下では、両者の相違を注視しながらも、「精神主義」の戦争協力と神仏関係論の統一的な解明を目指して考察を進めていきたい。

一　暁烏敏における神仏と戦争

暁烏敏の戦争協力に関する研究はすでに多くの蓄積がある。先行研究のなかで暁烏は、彼がかなり熱狂的に戦争協力の発言を繰り返したことも手伝ってか、近代日本の仏教による戦争協力の代表例のように捉えられてきた。同時に「精神主義」運動の出発点に位置する清沢満之に対して天皇制国家への批判的立場、戦争への抵抗の可能性を見ようとする論者にとって、暁烏は清沢の立場を著しく変質させた人物として理解されてきた(12)。暁烏のみならず清沢門下の戦争協力は、清沢の立場からの変質の結果として把握される傾向にあり、暁烏の戦争協力に関しても「精神主義」の系譜としてではなく、彼の個性に還元してきたきらいがある。[13]しかしながら、すでに見たように、日露戦争の際の「精神主義」運動は総じて戦争肯定の立場であったのだから、何も清沢門下のうちで暁烏だけが戦争に協力したということにはならない。むしろ彼の個性を見ようとするなら、その戦争協力の仕方にこそ求められねばならないだろう。本書第三章で考察した日露戦争期の『精神界』には、積極的に神仏関係論を展開した形跡はみられない。したがって、第三章では神仏関係論ではなく、「精神主義」の信仰構造に注目して戦争への対応の原因を考察した。しかし十五年戦争期の暁烏や金子にとって神仏関係論は、どのように戦争との関係を構築するかという課題に対して重要な根拠を与えるものとなっている。そこには日露戦争期の「精神主義」の分析からだけでは見えてこなかった、戦争協力を規定した宗教性そのものに切り込む条件が整っているといえよう。

ところで、十五年戦争期の暁烏について最低限確認しておきたいのは次の点である。一九三八年以降、暁烏には政府から様々な役職の依頼があった。彼はそれを天皇からの大命として励んだという。そのうちのいくつかを挙げれば、たとえば一九四〇年には大政翼賛会石川県支部顧問、一九四二年には大政翼賛会調査委員、大政翼賛文化団体連盟顧問、金沢大谷報国推進隊長にそれぞれ就いている。[14]そうした活動の一方で発表された著作は、「北安田パンフレット」(香草舎、全六〇巻)をはじめ多数にのぼる。[15]

以下ではまず、戦時下での暁烏の立場が鮮明にあらわれている『臣民道を行く』(一生堂書店、一九四二年)から戦争への対応を追跡してみよう。本書は、「上篇　大東亜戦争以前」と「下篇　大東亜戦争始まる」から成っており、一九四一年一二月八日の開戦前後の立場の相違を検討できる史料としては比較的まとまったものである。以下ではこの史料に即して、暁烏による戦争肯定の立場を追跡しておきたい。まず、「上篇 大東亜戦争以前」に配されている「捧げまつる魂の禊」と題する一文から、暁烏が天皇制国家とどのように関わっていくべきだと説いているのかを確認しておこう。暁烏は善悪や道徳といった世俗的価値を、苦しみと関連づけてこう論じている。

吾々が善を好み、悪を恐ろしがつて居るのは人生の半ばの生活である。所謂道徳的生活と云ふものはやはり宇宙の真実に徹しない生活です。だから不道徳の生活も苦しいが代りに道徳も苦しいものです、苦しいと云ふことは真実に触れないからです。真実に触れた生活は苦しみはないのです。不道徳に行くのぢやなし道徳に行くのぢやない、善悪を超えた世界ですな。善悪を超えた世界は信謗ともに摂取する世界、それが絶対です、唯一です、無限です、それが本願であります。(16)

暁烏は、苦しみの原因を「善」「悪」の観念や「道徳」の有無ではなく、「真実」に触れるかどうかの問題であると指摘し、「善悪を超えた世界」こそを「絶対」「唯一」「無限」であり「本願」なのだとして奨励している。というのも、彼にとってはそうした「絶対無限」に基礎を置いた生活こそが「心配ない」「人生」を約束するからである。そしてさらに次のようにいう。

此の絶対無限のお力に乗托し動かされて行く生活は広々としたもので底力があるのです。其の力を力の如く認識する時に、菩薩皆摂取すると云ふ大きな肚が出来るのです、此肚がはつきりして居ると人生何が来ても心配ないのです。今、日米問題がどうなるか、心配は要らぬのです。どつちでもよい。君命に乗托して行く。戦争よし、平和よし、戦争が来らば来れ、戦争に乗托し、平和が来らば来れ平和に乗托します。ものが騰れば騰るに乗托し、下れば下るに乗托します。(17)

暁烏は人生の心配が除かれたならば、「戦争」と「平和」のいずれが訪れようとも、「君命に乗托して行く」ことができるという。ここでは戦争がその人為的側面を捨象されたことで、あたかも自然現象のように受け止められている。したがって、自己が現実の歴史状況を支える一員だという自覚と、それゆえに平和を創り出そうとする主体性が暁烏には完全に欠落してしまっている。むしろここで暁烏は、状況が常に自己に覆いかぶさってくる自然現象のごときものであるかぎり、それによって不安や苦悩を感じないようにすることこそが肝要だと説いているのである。暁烏が「絶対無限」に期待したのは、まさしく不安や苦悩の解消、つまりは精神的安定であったといえよう。そして、「昭和維新は勤王精神に依つて成る」と題する一文の結論部分で、

私共はいつも此の聖人の御教に照されまして、自己の愚を明かにしまして、心から　陛下の詔を承り　陛下のみ民の衆言を聞かして貰ひまして、従ふ心持を以て、聞く心持を以て、御奉公さして戴くと、自ら大君の則にかなひ、自ら神慮にかなひ、仏智にかなうて御奉公を全うせしめられることを確信するのであります。／今や日本の国は非常重大な時期に遭遇して居ります。吾々の小さな量見を振り舞はして、右ぢや左ぢや前ぢや後ぢや、南ぢや北ぢやと言つて居る時は過ぎました。唯専心一意、大御心を拝して、陛下の大御心のままに、陛下の信頼されます所の内閣指導のままに、すなほに信順致しまして、各々其の分に応じて、其の職域に於て、十分に御奉公さして戴きたいと思ひます。儲かるとか、損するとか成功するとかせぬとか云ふやうなかかはりを擲つて、各々其の分野に於て、自己の運命の総てを捧げて　陛下の臣民としての御奉公をさして戴きます。さうして此の世一生は愚、死んで未来までも、還相廻向のお誓のままに、日本国に生れ

出て来まして、天壌無窮の皇運を扶翼する為に、永遠の命を以て、陛下の臣民として御奉公さして戴くことを喜び勇んで居る次第であります。[18]

と述べたように、精神的安定によって状況に振り回されることのない自己を獲得したとき、暁烏は天皇への忠誠を全うできる「臣民道」を歩むことになったのである。つまり、自己の信仰と天皇への忠誠は矛盾するのではなく、前者を踏まえることで後者が全うされると暁烏は説いたのであった。彼は自己の信じる真宗を踏まえながらも、それによってこそ天皇への忠誠が成立することを論じてみせたのである。

以上を踏まえ、次に「下篇　大東亜戦争始まる」の検討へと移ろう。「大東亜戦争の第一の勝利に感激して」と題された文章には、真珠湾攻撃の感想が述べられている。暁烏は、『朝日新聞』（一九四二年一月二日）に掲載された真珠湾攻撃の記録を、「その記録はどんな修身書よりも、私たち日本臣民の精神を鼓舞してくれらる《ママ》か解りません。いつまでもその教訓を受けて行きたいやうな気持ちで、その全文を載録さして貰ひます[19]」と前置きして引用し、それに続けて、

これを読んで泣かぬものはなからう、そしてこぶしを握つて立ち上がらぬものはなからうと思ひます。えらいことをやつたものだ、えらいことになつたものだと思はれます。これを読んで第一に感ずることは我が海軍将兵諸士の忠誠と、思慮と、義勇と、技能とであります。唯感じ入つて感謝と讃美の思ひに満たされて合掌する外はありません。これと同時に天佑といふことも切実に感じられます。[20]

と述べ、戦争を熱狂的に支持する立場を示している。さらに、「神国日本の現実を、二十億の民が拝

みさへすれば、世界の新秩序は、成就するのであります。日本の軍人が、捷つたといふよりも、神様が之の姿を人間に現はされたといふ方が、適当のやうであります[21]」というように、戦争の背後に宗教性を見出し、そこに戦争の勝利を結びつけようとしている。いまや暁烏は仏教用語を駆使して現実を意味づけていく立場さえも喪失して、神道的文脈を用いることで眼前の戦争を意義づける者となったのである。そうした神道的文脈による現実解釈は日本の直面する戦争のみならず、次のように世界全体の動向にも適用された。

神意は人間を害する活動と人間を救ふ活動との両面に顕現して、そこにはげしい戦争を起し、その燃焼によつて人類の文化を新鮮にせられるのである。戦争は、神が人類を浄化せられるみそぎはらひの活動である、天意によつて破壊されてゆく代表となつて現はれるものもあり、天意によつてこれを破壊していくものとして現はれるものもある。米英がむごたらしい敗北をしてをるのも神意の顕現であり、我が国のめざましい勝利を得つつあるのも神意の活動であるのである。ルーズヴェルトもチャーチルも決して無駄事をしてをるのでない。彼は破壊せらるべき人類のけがれを代表し、彼の敗れることによつて世に神意を明かにするために遣はされた神の御使であると思はしめられるのである[22]。

このように世界のあらゆる現象が「神意」の「活動」や「顕現」として理解されれば、すべての現実は肯定されるべきものへとなるほかなく、現実に対する一切の疑念は不要なものとなろう。したがって戦争もまた、「戦争は闘争であるが、闘争によつて平和が開かれるのである。戦争は固定した文化を破壊するが新しき文化を生み出すのである[23]」と、「平和」や新たな文化創造の契機として積極的に肯定されたのであった。[24]以上のように、暁烏の開戦後の立場の特徴は、現実を神道的文脈で解釈していった点に求められよう。

それでは続けて暁烏の神仏関係論を確認しておきたい。仏教徒でありながらも神道的文脈を多用する暁烏は、いかなる神仏関係論を構築していたのだろうか。結論的にいえば、戦時下での暁烏の神仏関係論は神仏の等質性を軸に展開していった。たとえば、「神様の道と仏様の道と、二つも三つもあるのではないのです。ただ一つであります[25]」といい、

印度のお釈迦さんのみが仏陀ではない。世の中の多くの人は、仏陀と云へば印度の人と思うてをる。あれは間違ひです。天照大神も仏陀です。天孫邇々芸命を葦原の中つ国へお下しになる時、鏡を授けられ、それに添へて仰せられた詔の如きは、まるきり仏教です。[26]

というように、それは「天照大神」と「仏陀」でさえも等質なものとして理解する立場となってあらわれてくる。さらに、神武天皇の建国と阿弥陀如来の浄土建設がそれに臨む「心」の次元では同質だとする見解も示している。すなわち、「神武天皇が日本の国に臨ませられる御心が、阿弥陀如来が浄土を建設せられるお心なのであります[27]」や、「私は弥陀の浄土を建てられた本願と、日本建国の時の御精神とを一つとして仰がせて頂いてをるのであります[28]」と述べているが、ここには全く相違する両者を対象的に把握せず、自己の「主観的事実」を独白する暁烏の立場がみられる。そもそも「精神主義」の立場は、「私共は神仏か存在するか故に神仏を信するのではない、私共が神仏を信するか故に、私共に対して神仏か存在するのである。又私共は地獄極楽かあるか故に地獄極楽を信するのではない、私共か地獄極楽を信する時、地獄極楽は私共に対して存在するのである[29]」と清沢満之が論じたように、

自己が信じることによって神仏は存在すると考えるのが原則だったから、暁烏の主観主義的な神仏論は突発的なものではない。彼にとって、問題は解釈の妥当性や客観性ではなく、自己の「主観的事実」だったのである。こうして暁烏は、記紀神話と浄土教を重層的に把握することで天皇制国家を二重に神聖化したのであった。

こうした主観的解釈は天皇権威を確認するなかでも用いられた。彼は「惟神の道」を説くなかで、「大体この惟神の道と申しますと、ひよつと聞くとお宮さんのことであらう、神主さまのことであらう、かういふ工合に考へます。ところがこの惟神の道は神社にのみある道でないのであります。神主さまのみの道でないのであります。これは日本精神なんであります。だんだん注意してみますと、御代御代の天皇の御精神がこの惟神の大道であります[30]」といい、大正天皇の即位式の勅語、昭和天皇の即位式の勅語にふれ、「古い言葉で云へば、天皇陛下は惟神の道を眼のあたり現して下さる現身の神様であらせられます。日本国に惟神を顕現し、神の御像を現して下さるのが天皇陛下であります。天皇陛下は惟神の道をこの国に教へるためにお位にお即き下さつたといふことが窺はれるのであります[31]」と述べている。暁烏はここでも「惟神の道」を具体的・客観的な「神社」や「神主」から主観的な次元へと絞り込んで、「日本精神」と捉え直している。そしてそれを顕現させている「現身の神様」として天皇を把握したのであった。天皇を「生神」として把握した暁烏は、天皇以外の人間が神仏として意味づけられることを厳しく批判してもいる。たとえば暁烏は、「近代のいかがはしい宗教の徒は生仏様或は生神様を語ります[32]」といい、大本教の出口王仁三郎やひとのみちの御木徳一を例に出してから次のように述べている。

生神様があつたり、生仏様があつたり、生如来様があつたりする。近代の生神様は刑務所へゆく。生如来様になると変なことになる。これは皆罰である。どこか頭がぼつとするのです。だから他から生仏様というたり、生神様というたり、生如来様と云はん方がよい。日本の国の生神様はただ一人いらせられます。それは万世一系の天皇陛下でまします。先日も或坊さんが、○○○○《（ママ）》も凡夫でないかというた。言語道断である。○○○○《（ママ）》は凡夫でありません。神様です。仏様です。どんな形をなされてもどんな考をなされても、天皇は神聖にして侵すべからず、です。天皇陛下は神であり仏であります。これが日本の国体であります[33]。

このように、第二次大本事件やひとのみち教団弾圧を引き合いに出して、現実のなかでの神聖性が天皇の占有とならねばならないことを暁烏は積極的に説いたのである。ここではさらに、天皇を「神」として押さえながらも同時に「仏」でもあると論じ、国家と同じく二重に神聖化していることに注意しておきたい。暁烏はまた、『十七条憲法』の第三条について論じるなかでも、

第三条はこの神ながらの道と、仏法の道とが、現実の世界に実現してをる道を明かにせられたのであります。神の道と仏の道とが一体になつて我らの現実の世界に顕現してましますのが我が天皇陛下であります。天皇陛下は血の上から申せば皇祖皇宗のお心の現であります。世界的の真実といふ点から申しますと、仏様の御現でましますのであります。我が天皇は現人神でまします。現人神と申すのは、この人間と同じ形をしてお出になる神様といふことであります。現人神は即ち現人仏であります[34]。

というように、天皇を「現人神」のみならず「現人仏」として把握する立場を主張している。ところ

で、十五年戦争期には多くの仏教者が『十七条憲法』解釈を通して、自己の踏まえる仏教と現実の天皇制国家との関係を論じている。というのも、『十七条憲法』に仏法を敬うように書かれていることや、皇室の一員たる聖徳太子が仏教受容に関わっていることは、仏教徒にとって自己の立場を正当化する有力な根拠だったからである。『十七条憲法』に論及する仏教徒の多くは、それによって天皇制国家のもとで仏教の果たしうる役割を主張していたといえよう。暁烏もその例に漏れず、『十七条憲法』を援用しながら神仏関係論を構築していったのである。

この憲法には明かに日本の神ながらの道が書いてあるで《ママ》のあります。そしてその名が憲法と申されるやうに、日本の国の法が書いてあります。所謂国体明徴といふ言葉は今日に始つたことでない。この憲法の上にはつきり教へさせられてあるのであります。この憲法は聖徳太子の御胸に開かれた心の華であります。／そこで私がこの憲法をいただきますとき、日本の神ながらの道も、仏様の道も日本の天皇の道も一つになつて教へられてあることを窺ふのであります。随つて私は、神様も仏様も天皇様も渾然と一つになつて、その御前に跪く自分の相に見出すのであります(35)。

一九三五年の天皇機関説事件によって、天皇を統治機構の一機関として把握する見解が否定されたことは周知のとおりである。これは軍部や右翼勢力の台頭と立憲主義の後退という側面を伴う問題であった。暁烏はそのような状況下で、国体明徴運動をきっかけにした軍部の政治的主導権奪取を追認し、国体明徴に宗教的根拠を与えようとしたのである。彼はまた軍国主義化していく日本において、「阿弥陀如来は、「此の日本に生れよ。」と云はれたのではなからうかと思ひます。この良い国にをつて不平のあるのは自分の心が暗い証拠であります(36)」と述べて、日本に対する不平を持つことを阿弥陀如来の指示への不平と重ね合わせて論じた。暁烏によれば、日本に不平を感じることは信仰の不徹底を意味するのであって、逆に信仰を徹底しさえすれば、「私の魂は我が祖先の御魂であり、我が国の御魂であり、皇祖皇宗の御魂である。この皇祖皇宗の御魂が親しく我らと同じ形を現して我らを覧はす現人神即ち天皇陛下と御姿を現して我々の前に立たせられるのであります。その前に跪いて頭を垂れて合掌し、我我の過去・現在・未来のすべてを御前に投出し、何らの不安なく、何らの不足なく暮してゆく、その信念をこの憲法の御教によつて導かれてゐる喜びを禁じえないのであります」(37)という立場を感得するはずなのである。暁烏はさらに『十七条憲法』の第三条を用いながら、

第三条にはこの神ながらの道は仏法を背景として具体的に形を現はしたまうた天皇陛下の御言葉をお示しになりました。詔を承けては必ず謹めと仰せられました。かく神道と仏道と皇道とを中心に掲げられまして、我ら日本の臣民が神を尊み、仏を敬ひ、天皇の仰を謹むといふ道をゆかねばならぬといふことを教へに下さいました(38)。

と神道・仏道・皇道の一体化とそれへの服従を説き、また第十五条に論及して、

「私に背いて公に向ふは是れ臣之道なり。」私とは自力であります。私に背く、それを背中にする、それを背中にして公に向ふ。公は神仏のお心、天皇陛下のお心であります。その方に向ふことが臣下の道である。神道・仏道・皇道その神道・仏道・皇道は我々の歩む道ではない。我々の仰ぐ道であります。我々の歩む道は臣の道であります(39)。

と述べている。暁烏によれば「私」は「自力」であり「公」は神仏および天皇の心である。ここで暁烏は、「公」と「私」の二重構造と、「私」の否定による「公」への従属を説いているが、彼の示した

「公」「私」の二重構造は、「私」の領域を現実にはいささかも確保していない。つまりこの主張は、文字通り滅私奉公の奨励にほかならない。それゆえ、こうした立場は、私に背いて公に向ふは臣の道なり、天皇陛下に身も命も捧げるのが臣民の道であります。飛んでもない卑怯な魂なんか　陛下に捧げては御迷惑である。吾々は　陛下に捧げる生命此の　陛下に捧げる魂を十分に教養して、どつしりした、落着を以て御奉公申上げる覚悟がなければならぬ。さう云ふ意味に於て私共は新しく、聖人の御教を受けて、死生の巷にどつしりした据りを得て、何でも来いと云ふ大きな天地とともに動き天地と共に遷る此の大きな本願に乗托し、摂取の大きな生命を認識し、其の生命をささげて、朗かな思ひで御奉公申上げるやうに致したいと思ひます。／さう云ふ意味に於きまして、私共は此の非常時局下には、聖人の教を深く内心にいただきまして、さうした心の力を得、其の偉大な力を　大君に捧げて、此の時局下に於ける臣民の忠誠の道を全うして行きたいと念願するのであります(41)。

というように、戦争状況においては自己の生命をも投げ出して天皇への忠誠を全うする主張へと容易に接続可能なのである。このように、暁烏は何事に対しても動じない立場を真宗によって確保しておきさえすれば、どのような状況をも受容しうるのだと論じた。つまり、精神の領域を任意に操作することで精神的安定を確保することこそが、彼が宗教に期待したものであったといえよう。こうした暁烏の立場を踏まえるとき、「この頃国防といふことがやかましく云はれます。軍艦もいる、飛行機もいる。いりますけれども、一国の和がなければ飛行機も軍艦も、何があつても国防の根本が定らんのであります。だから国防の第一線は精神統一である。国民精神の統一こそ国防の第一線である。その点では我々は国防の第一線に働いてをる戦士だと信じてをります[42]」と、彼自身が「国防の第一線」で働く「戦士」として自己を規定したことも理解できるのである。

ここまで検討してきたように、戦時下の暁烏は、現実の天皇を「生仏」と把握したのであった[43]。それは国家の神話と仏教との二重の宗教性によって天皇を神聖化するものだった。それとともに天皇制国家も、神武天皇の建国と阿弥陀仏の浄土建設を重層的に把握することで二重に神聖化したのである。このように天皇制国家を神聖化した暁烏にとって、戦争を神聖化して聖戦思想を鼓吹するのは極めて当然のことであったといえよう。

そして暁烏は、神聖な国家で生活する人間が生活に不満を感じることはありえないのであって、もし不満を感じるのならそれは感じる人間の「心」が不充分であることに起因すると考えた。こうした現実認識は清沢以来の「精神主義」の特徴だが、暁烏もまた、神聖な現実をありのままに受容していく生き方、つまりは「臣民の道」を行く立場を信仰によって基礎づけようとしたのであった[44]。そこで暁烏は、具体的現実の善悪の彼岸に「絶対」「無限」「本願」を確認し、それによって精神的安定を確保しようとしたのである。彼は自己と結びつくはずの「絶対」や「無限」を、現実を超えた地平に確認しながらも、そのまま現実の天皇制国家に転化した。つまり、「絶対」は人間の価値ではなく、天皇とそれに連なる神仏および国家と結びつけられたのである。神仏の絶対的な権威と合一した天皇のもとで、自己の価値の絶対性を自覚できない人間は、神聖化された天皇と国家に従属し続け、戦争に動員され続けるほかかない。暁烏の説く信仰からは、結果としてはこのような人間が成立するといわざるをえないであろう。

二　金子大栄における神仏と戦争

以上の暁烏の立場は、あまりに熱狂的な戦争賛美によって、「精神主義」の系譜のなかでも例外的存在として片づけられるかもしれない。確かに、一つの事例のみで「精神主義」のすべてを代表させるのは不充分であろう。けれども、たとえば山辺習学も戦時下で親鸞理解を梃子にした天皇制国家との関わり方をこう説いている。

元より国家は威厳ある存在であるから、全国民はその命令に服しなければならないことは明かであるが、併し強ひられるのでなく、喜んで一身を捧げる人物の数を増せば増す程国家の隆昌は見られる筈である。「朝家のおん為め、国民の為めに念仏申し合はす」人こそ、聖人がこの国の為めに期待した唯一のものであつた。(45)

ここには親鸞の消息が護国思想的に解釈され、権威ある国家に喜びを伴って服従すべきことが説かれているが、戦時下でのこうした発言が戦争協力へと連続することは必至であろう。このように「精神主義」関係者の戦争協力の史料を提示することはそれほど困難な作業ではない。もう一例、真宗大谷派が一九四一年の二月に開催した真宗教学懇談会を紹介しよう。これは、「政府も近来宗門の教義に対してその内容を検討し、国体の本義と国策に矛盾するものはこれをどしどし廃して聖戦に邁進しようとする意図があるのであります。だから吾宗門に於ても来る四月には新宗憲発布にあたり教義を新解釈して高度国防国家に資せんと致して居ります(46)」という状況認識のもとで、「宗門の中堅たる諸氏[47]」に「真宗教義の現代即応の指針を示[48]」すことを求めた会合であった。この懇談会には、「精神主義」運動の関係者たち（暁烏敏、曾我量深、金子大栄、山辺習学）を含めた二六名が出席し、「一、神祇観（本地垂迹、大麻、靖国神社問題）／一、浄土教ノ厭欣思想ニ就テ（国体観）／一、真俗二諦（臣民道）／一、時代相応ノ真宗教学ニ就テ[49]」といった問題について熱心に議論している。たとえば曾我量深は靖国神社問題を議論するなかで、「死ぬときはみな仏になるのだ。国家のために死んだ人なら神となるのだ。神になるなら仏にもなれる。弥陀の本願と天皇の本願と一致してゐる[50]」と発言しているが、こうした立場には暁烏の神仏関係論と同質のものを看取しうるのではなかろうか。

以下では、暁烏とはやや異なった位相から戦争協力の論理を組み立てていった事例として金子大栄を取り上げ、その戦争への態度をやはり神仏関係論との関連で考えてみたい。周知のように、金子は異安心問題によって、一九二八年、大谷大学教授を辞任に追い込まれ僧籍も剝奪された人物である。それは、彼の『浄土の観念』や『真宗における如来及び浄土の観念』（真宗学研究所、一九二六年）における主張が、東本願寺議制会議により宗義違反とされたことによる。金子が大谷大学に復職するのは一九四二年のことだが、それまでは、一九三〇年からは広島文理科大学講師を勤めたほか、一九三二年から国民精神文化研究所嘱託となっている。また一九三〇年には、金子と同じように大谷大学を追われた曾我量深とともに京都に創設された興法学園に参加している。その他にも、一九四一年に高野山大学講師、一九四三年には満州国の新京建国大学講師を歴任している。

それでは、まず金子の戦争への対応を、大谷大学復職後に発行された『皇国と仏教』（教化資料叢書5、大谷出版協会、一九四三年）から確認しておこう。本書は、太平洋戦争開戦から一年後を機会として、一九四二年一二月に東本願寺の教学部が主催した宗務所員対象の講演を収録したものである。そこで金子は仏教徒として、戦争と平和をどう論じたのであろうか。この問題について、まず金子は、「宗教家はすべて平和といふことを願ふ。従つて時によると戦争罪悪論が出るといふやうなことにもなつて、五六年前さういふことが問題とせられたこともあつたやうであります」と切り出し、次のように続けた。[51]

しかしどうも仏教思想から申しますと、戦争は罪悪であると一概には言へません。そこにはいろ〳〵の問題があります。が何よりも、先程申しましたやうに昨年の今日　御詔勅を拝するやうになりまして、ことに聖戦といふ意味がはつきりして来てをります。世界の平和といふことを、御軫念遊ばされまして、その上での戦ひであります。されば今日の大東亜戦争を何う思つてゐる人があらうとも、私達仏教徒、ことに真宗教徒は、思召通り聖戦であるといふことを心から奉戴して、それを徹底しなければならぬ。聖戦であるといふことを徹底するといふことは、即ち平和のための戦ひであるといふこと、さうして世界の平和といふことは、日本が勝たなければどうしてもあり得ないことであるといふこと、その道理を深く〳〵信ずることに外ありません。それが我々の命を捨て、奉公して行く根本の精神にならなければならぬといふことを思ふのであります。[52]

金子は聖戦思想を内面化することで「命を捨て、奉公して行く根本の精神」を持ちうるのであって、その聖戦思想を徹底することこそが仏教徒と真宗教徒の当為だと説いたのであった。さらに、「仏教徒に課せられてをるところの大きな役割」を、「国家は言葉の通りに世界平和を建設せんとするものであり、またさうしなければならぬといふ事を、内、国家にも徹底せしめ、また占領地の住民にも更に敵国へもそれを知らせる」[53]ことであると述べ、それを宗門の仕事として考えていくべきだと指摘した。ここに見られる他者性を排除した独善的な「平和」の主張も軽視しえないが、特に注目しておきたいのは、金子があくまで「仏教徒」としての自覚を持ちつつ、その役割を戦争協力に求めていることである。彼の「仏教徒」としての自己規定は、日本の仏教受容に関わった聖徳太子の『十七条憲法』論とも関連する。

すでに見たように、暁烏が神仏関係論を展開していくなかで、『十七条憲法』解釈は議論の重要な一角を形成していた。ほかにも、山辺習学は一九四〇年五月に開催された講演会で登壇し、「精神鍛錬」と題した講演を行っているが、そこで山辺は、「日常の生活の上に思ひを潜めて精神上の指導者の教を味ふことが心身鍛錬の近道であると信じます。そして又この視野に立つて考へれば、かゝる難局に立つといふことは、ほんたうに生き甲斐のある人間にならせて頂く絶好の機会であると存じます。この心身鍛錬によりて皇国の民と生れた喜び、御国の偉大なる恩恵が感ぜられて、「背私向公」の精神が自ら湧き来ることであります。是が宗教的鍛錬の特殊地であると存じます[54]」と講演を締めくくっている。ここでもやはり『十七条憲法』の第十五条「背私向公」が結論として登場してくる。金子も同様に『十七条憲法』に論及したものが数多く見られるので、そのなかから本章の考察に関連する問題のいくつかを拾い上げてみたい。まず、『親鸞聖人に映ぜる聖徳太子』（目黒書房、一九三九年）から、金子が『十七条憲法』をどのように読もうとしているのかを確認しておこう。

十七条の憲法を仏教徒として見れば、必ず十七条の上に皆仏教的精神が流れてゐるに違ひないことが知られるであります。勿論日本精神と云ふものを深く信ずる心持からすれば、十七条の全部の上に日本精神が現れてゐるに違ひないのであります。十七条憲法の上には神様のことが述べられてゐない、斯う云ふことが屢々論ぜられてゐるやうであります。さう云ふことを論ずる人にも相当に意見はありませうけれども、併し一方から申しますれば、十七条憲法は、全部が悉く随神の道であると斯う云うてよいのではないでせうか。随神の道と云ふのも、何も特別に神様のことを出して来なければならないのではなくして、仏法がよければ仏法を受容れ、儒教がよければ儒教を受容れる。総べて斯う云ふ風に、よきものがあればよきものを受容れると云ふ処に、随神の心の一面があるのではないでせうか。(55)

ここで金子は『十七条憲法』の内容について述べてはいるが、より正確には『十七条憲法』の内容よりも『十七条憲法』の読み方を論じているといえよう。その読み方には具体的に書かれている内容や解釈の妥当性・客観性などが全く問題になってこない。ここには、受け取る側の主観的立場によってその内容がどのようにでも変化すること、それゆえ『十七条憲法』には「仏教」や「日本精神」を読み込みうること、そして、「よきものを受容れる」『十七条憲法』の立場それ自体に「随神の心」を認められることが論じられている。(56)金子もまた、清沢や暁烏と同様に主観的解釈を展開したといえよう。

これを踏まえて考えてみたいのは、「神様」を持ちだしてこないにもかかわらず、「仏教」や「儒教」を包摂する「随神の心」を積極的に読み込んでいく金子が神仏の相違をどのように意識していたのか、である。金子は、先の山辺と同じく登壇した一九四〇年五月の講演会で、一九三九年に宮崎県の国分寺の跡を訪れたときのことを回想しつつ、神仏の関係について次のように述べている。

私はその国分寺の盛であつた時のことを思ひ出しました。神在す処には必ず仏が在したのである。

仏法は先程申しましたやうに神の心に受容れられたのである。仏法と神の心とは今日一部の人々が論ずるやうに相背くものでは断じてない[57]。

ここからは金子が神仏の矛盾を積極的に解決すべき課題としていたことと、暁烏の神仏関係論の特徴である神仏の等質性と近似した議論を展開していることがわかる。けれども注意深く見れば、金子は暁烏のように神仏を等質だと主張してはいない。この議論ではあくまでも「仏法」は受容される側、つまりは「神」に対する従属的地位に置かれている。神仏は決して矛盾しないが等質でもない。金子があえて「神様」を持ちださなかったのも、神仏の両者を対象的・並列的に論じないためであろう。こうして金子は、「仏法」を「随神の心」や「神の心」に対する従属的地位に置きながらも、それによって安易な神仏の同化を避け、「仏法」の独自性を確保しようとしたのである。

一九四一年五月、金子は「国民精神と日本仏教」と題されたみずからの還暦記念講演会において、「和の世界観」という演題で講演している。金子はこの講演で当時自明視されていなかった「日本哲学」なるものさえ持ちだして、「十七条憲法といふ立派な国民聖典がある。この国民聖典を常に念頭に置いて、行住坐臥に忘れぬやうにこの精神を拝読致してをりますれば、こゝから立派に日本的世界観は明かになつてゆく、日本哲学も成り立つ。別に外を尋ねる必要はない[58]」と述べ、『十七条憲法』を「日本的世界観」、あるいは日本国民としてのありようと関連づけて論じようとしている[59]。ここで論点のひとつとなっているのは、国体と差別の関係である。

日本の国体は、身分といふ点から言ふならば厳正差別の国である。決して平等を許さない。所謂平等思想といふものは、日本の国体とは根柢的に異るものである。従つてその上下の身分といふものの根柢は何処にあるかと言ふと、それは第三条である。「詔を承けては必ず謹め」と仰せられるこの第三条が、身分といふものの原理である。これは「君は則ち天なり、臣は則ち地なり」として、天地の道理から推して来て、君は天にてましますのである、臣民は地であるのである。その天地の間に臣民の位次にも上下の分といふものが秩序整然と行はれてをる、それが厳正差別の国である。(60)

このように、日本の国家は差別的性格であり、国家に成立している階層的身分秩序の原理が『十七条憲法』の第三条に求められると金子は論じた。金子はさらに議論を展開して、「厳正差別の日本の国体には、その厳正差別の国柄が成り立つといふことには、すでに絶対平等の御心が予想されてをる。言ひ換へれば神の道の中にすでに仏の智といふものが備つてをるのである」(61)と続ける。ここでの「神の道」とは「その身に行ふべきところの分」を、「仏の智」とは「心に修むべきところの自他平等の方面」(62)をそれぞれ意味する。つまり金子はここで、差別のなかに平等が成立していると論じたのである。戦時下に限らず、日本の仏教が差別と平等、戦争と平和のごとき原理的に矛盾する両者を「即」や「一如」の語で強引に結びつけ、現実の差別や戦争を肯定してきたことは周知のとおりである。すでに見たように「精神主義」の場合も、清沢満之が「社会主義」を論じるなかで、「仏ハ平等ト共ニ差別ヲ立テ自由ト共ニ不自由ヲ認ム」(63)というように、同様の議論を展開していた。この金子の議論もそうした枠内のものであるといえよう。つまり、金子のいう「平等」も「それ自体はイデオロギーを持たないで、たゞ真心一つを以て行かうとするところの仏教は、これによつて上下の分をして上下の分たらしめるのである。厳然たる差別の底を流れるものに和みを与へ、さうしてその差別をしていよ

〜差別たらしめるところの働きを勤めたものが、一如平等を説いたところの仏教であります[64]」というように、実質としては現実の差別を肯定するものにほかならなかった。金子はここでも仏を神に吸収させず、その独自の働きを主張してはいる。だが「神の心」に対する従属的地位に甘んじることで彼が守った「仏教」の内実とは、差別を肯定して平等の本来性を空洞化するものだったといえよう。金子が天皇制国家の支配のために「仏教」の利用価値を主張して、他の多くの自称「仏教徒」と同様の「平等」しか示しえなかったのは、彼の守ったはずの「仏教」がすでに普遍宗教としての本来性を喪失し変質しきっていたからにほかならない。したがって、そうした立場から人間が歴史とどのように関わるべきかを論じてみたところで、次のようにしかならないのである。

人間が戦争のことより外に何も知らないならば、人間は歴史を持たないものである。如何に戦うても戦の原理は平和である。平和といふ願ひがあればこそ本気になつて戦ふことが出来る。平和の原理を以て戦ふものは必ず勝つ。今日の時局に於ける日本軍の強みは、実に興亜の理想の為であり、世界の平和を眼指してゐるからでありませう。こゝに神意の戦といふことが成立する。戦も歴史を形成するものとなるのであります。さうすれば人間の歴史原理は、祖先が神であるといふことに於てのみ成り立つ。祖先が神でないならば、人間は歴史生活をすることの出来ない者であります[65]。

金子はまた、日本にとっての「歴史の意義」とは「我々は皆神の子孫であると説くところにある[66]」といい、人間が単なる生物として生きているのではなく、歴史生活をしている存在なのだから、「生物の記録」と「人間の歴史」とは異なるものだともいう。しかし、「平和の原理」や「神意」のみならず「人間の歴史」も戦争の勝利を必須条件として事後承認的に存在するしかないなら、戦争に勝ち続けることでしか人間は人間たりえなくなる。人間として存在することをも戦争の勝利と切り離せないという金子の論理が、戦争の勝利へ向けた主体的な翼賛を国民に促す思想動員となっていることは疑えない。だからこそ金子も、「神が祖先であるといふことを身を以て証明せよ(67)」と啖呵を切ってみせているのである。

ところで戦争の遂行は、いかにそれが聖戦であろうとも、戦死者とその遺族の問題を不可避とする。そうした問題は、むしろ聖戦論を背景にしてこそ浮上してくるのだともいえよう。金子も一九三八年一一月に「宗教の領域」と題する講演で遺族感情に論及しているのだが、その際にも金子は神と仏が矛盾しないことを論じている。金子はまず、

屢々汽車の中で戦死者の英霊と共になるのであります。駅々では様々の団体が送り迎へせらるる。さうしますと家族の人々はそれに対して静かに答礼をして居られます。其処には全く厳粛なる礼儀が行はれて居るのであります。国の為に死んだ人の為に国としての弔ひが行はれて居るのであります。其処には国家と云ふことだけで十分に充されたものがあるのであります(68)。

というように、国家により戦死者が「英霊」として弔われることで「十分」だとする立場を述べる。だが続けて、

併しながら汽車が進行致し駅を離れて、さうして次の駅にと行く間には、女の人達などは私の息子はどうして死んだやら、私の夫はどうして死んだやらと、涙潸然として絶えない姿を見るのであります。（中略）さうして其真は御国の為に捨てたのだからと云ふさう云ふ心を以てしても、

其下から流れる所の涙である。さう云ふ風な涙を一体何者が救ふのであるか、何者が其涙を根柢からぬぐふのであるか。涙其ものを光あらしめるのであるか。斯う云ふ一段になりますと云ふと、全く其人々の立場、即ち国家的でない其人の立場と云ふものが出て来て、ひたすらに此悠久無限の法界に向ひ合掌念仏しなければ居れなくなるのであります。(69)

として、国家の立場と国民の立場、それぞれの領域において発揮される役割の相違を踏まえ、それを神と仏への信仰の相違と重ね合わせることで、「神を拝むことと仏を拝むこととは両立しないかの如く考へられてゐることは反省せられて宜いものであると思ふ(70)」という結論を導き出している。ここでも金子は天皇制国家による慰霊の意義を認めつつも、それとは別の「領域」に仏教の独自性を確保しようとしている。だが、そうして「宗教の領域」を設定するとき、別次元に存する天皇制国家による慰霊を「宗教」とは把握しえない。つまり、ここで金子は直接的ではないが「神道非宗教」論を主張しているともいえるのである。こうした金子の立場をさらに浮き彫りにするためにも、靖国神社を戦争と関連づけて論じている暁烏敏の立場を見よう。

靖国神社に参拝する熱意はたしかに戦争からいただいた尊いたまものの一つである。各府県に立派な護国神社の建設をみたのも、今次大東亜戦争が生んだ尊いたまものである。戦争によつて天皇陛下を拝がむ心をいよいよ明瞭にしていただき、同胞兄弟のうちに臣民道実践の尊い姿を発見し、これらの霊位に対して神格を発見し、衷心から尊敬と感謝とをささげることのできるやうになつたのも大東亜戦争が生んだ尊いたまものである。(71)

このように、暁烏は天皇制国家の宗教性へ自己を完全に溶解させていった。戦争も、さらに次の戦争に向けた動員の装置たる靖国神社も、暁烏にとっては全面肯定すべきものとなっている。そこで参拝の「熱意」や「拝がむ心」などを問題にしているのは、彼が天皇制国家を純粋に肯定できる精神態度を重視しているからである。何事についても言挙げせずに純粋な心で受けいれていく生き方こそ、神道的宗教性に立脚した人間の典型的な姿である。暁烏が求めたのは、そうした生き方とそれをもたらす信仰だった。他方で金子の議論は、ひとりの人間のなかに信仰を二元的に並存させ、それぞれが国家と宗教との「領域」を担当するとした点に特徴がある。(72) 駅に着けば国家によって遺族感情を慰められ、汽車の進行とともに涙して念仏するその立場は、国家主義への全力投入も、あるいは国家主義と矛盾する宗教的立場の徹底も求められない。

以上の金子の立場を、われわれはどのように理解すべきであろうか。一切の思想がその独自性を発揮しえなくなった状況下で、仏教固有の「領域」を確保しようとする困難は想像に難くない。仏教を神道的に解消する暁烏の立場をみるとき、金子の立場には「仏教徒」としての自覚の確かさを認めざるをえないだろう。金子は仏教徒としての自覚に基づき、みずからの立場を二元化して、自己の信仰とは別「領域」でのみ天皇制国家の宗教性を受容することで、戦争協力を第一義とするような信仰の確立を防ごうと考えたのではないだろうか。確かに、そうした立場からの戦争協力は、表現としては積極的な戦争協力としてあらわれようとも、軍国主義や侵略主義を自己の第一義的な課題とすることは成立し難いと思われる。金子の構築した論理は、天皇制国家の宗教性を完全に信じ込む一歩手前で踏みとどまるための、必死の概念操作だったのかもしれない。(73)

だが、そうした立場を確保しようとする作業によって、金子は天皇制国家の宗教性に取り込まれていった。戦争協力を進めていくなかで金子が守ったはずの仏教は、天皇制国家の権力秩序や戦争の肯定を結果せざるをえず、彼の説く仏教は戦争へのさらなる動員を促す役割を果たすものとなったのである。

おわりに

ここまで検討してきたように、十五年戦争期の暁烏と金子の立場は、そのどちらもが天皇制国家と戦争を神聖化し、国民を戦争へと動員していく役割を果たすものであった。彼らの神仏関係論は、十五年戦争期に天皇制国家の宗教性と自己の立場とを一体化させていくものであったといえよう。無論、その一体化の過程は両者の間に相違が認められる。暁烏の場合は、神仏の等質性を積極的に説き、それを軸に天皇や国家、さらには戦争を二重に神聖化していこうとするものだった。そして金子の場合は、神仏の同化を回避して仏教の独自の領域を守ろうとしながらも、天皇制国家の宗教性に取り込まれていったのである。

この両者の相違を踏まえながらも、やはり両者の共有した問題については論及しておきたい。それは、両者ともが天皇制ファシズムを肯定してはいるものの、それが彼ら自身にとっては第一義となっていなかった点である。金子の場合は仏教徒としての立場をどこまでも貫こうとする姿勢が暁烏に比べて明確であり、彼が仏教の「領域」を守ることに必死だったことは理解できる。だが、戦争への全力投入を熱狂的に要請していた暁烏にしても、その点は同様だったと筆者には思われる。彼は仏教を神道的に解消しながらも、なお彼なりには主観的解釈という方法によって自己の信仰を貫いたのではないか。暁烏は現実を直截的に肯定していくときでさえも、その跳躍台としたのは自己の精神的安定をもたらす信仰であったし、彼自身はそうした信仰の確立を熱狂的に説き続けているという自負があったはずである。数多くの講演や精力的な執筆活動はその証であろう。少なくとも暁烏と金子の自負としては、主観的解釈の援用や必死の概念操作によって、眼前の現実とは別の「領域」に仏教を求め、それによって現実に埋没しきらない自己や、戦争を第一義としない自己を精神的安定とともに確保しようとしたといえるのではないか。勿論、そこで彼らの理解した仏教が、仏教と呼ぶに値するものであるかどうかは別の問題である。

こうした立場は、戦時下の彼らにとっては深刻な現実の戦争状況をしたたかに生き抜いていくために必要な技術、あるいはそれが天皇制国家による支配から仏教徒としての彼らが守り抜いた最後の一線なのかもしれない。しかしながら、だとすれば、むしろそこにこそ天皇制国家による内面収奪の成果とそれゆえの民族宗教性をみなければならない。天皇制を部分的にだけ受容して自己の信仰を守ったと思ったとき、歴史のなかにどのような生き方が成立したのかといえば、それは現実の全面肯定、つまりは天皇制国家とその戦争の全面肯定ということではなかったか。確かに天皇制を完全に信じ込むことのない立場からは、天皇主義者や国体論者としての主体性が成立しえない。天皇制国家にとって、国家主義者や軍国主義者は支配のための有用な存在であるに違いないが、自己の主体性を発揮して能動的に戦争を支え続けようとする人間とともに、何ら主体性を発揮しえずにただ他律的に状況を追認し続ける人間もまた、天皇制国家にとっては支配体制を支える有力かつ不可欠な存在なのである。

そして、そうした生き方をもたらすものこそが民族宗教性であり、その清算――普遍宗教としての仏教の回復が本格的に問題となるのは、敗戦を俟たねばならなかったのである。

註

（1）村上重良『国家神道』（岩波新書、一九七〇年）、同『国家神道と民衆宗教』（吉川弘文館、一九八二年）、赤澤史朗『近代日本の思想動員と宗教統制』（校倉書房、一九八五年）、辻子実『侵略神社――靖国思想を考えるために――』（新幹社、二〇〇三年）参照。

（2）文部省編『国体の本義』内閣印刷局、一九三七年、一五六頁。

（3）教学局編『臣民の道』内閣印刷局、一九四一年、九一～九二頁。

（4）文部省編『国体の本義』一〇二頁。

（5）教学局編『臣民の道』三〇頁。

（6）こうした神道的宗教性への論及は、当然だが一九四四年六月に刊行された『神社本義』にこそ特徴的である。ここではこれ以上踏み込まないが、「結語」の部分のみを確認しておこう。「結語」には十五年戦争末期にもかかわらず、次のようにさらなる動員を調達しようとする立場が見られる。「我等日本人が先づみづから拠り進むべき道は、古今を貫ぬいて易らざる万邦無比の国体に絶対随順し、敬神の本義に徹し、その誠心を一切の国民生活の上に具現し、もつて天壌無窮の皇運を扶翼し奉るところにある。これ即ち惟神の大道を中外に顕揚する所以である。まことに天地の栄えゆく御代に生れあひ、天業恢弘の大御業に奉仕し得ることは、みたみわれらの無上の光栄であつて、かくして皇国永遠の隆昌を期することができ、万邦をして各々その所を得しめ、あまねく神威を諸民族に光被せしめることによつて、皇国の世界的使命は達成せられるのである」（神祇院編『神社本義』印刷局、一九四四年、一三二～一三三頁）。

（7）市川白弦『仏教者の戦争責任』（春秋社、一九七〇年）、同『日本ファシズム下の宗教』（エヌエス出版、一九七五年）、中濃教篤編『講座　日本近代と仏教6　戦時下の仏教』（国書刊行会、一九七七年）、ブライアン・アンドルー・ヴィクトリア『禅と戦争――禅仏教は戦争に協力したか――』（光人社、二〇〇一年）、栄沢幸二『近代日本の仏教家と戦争――共生の論理との矛盾――』（専修大学出版局、二〇〇二年）。

（8）　西本願寺教団の「戦時教学」については、福嶋寛隆監修・「戦時教学」研究会編『戦時教学と真宗』（全三巻、永田文昌堂、一九八八～一九九五年）のほか、赤松徹真「天皇制ファシズム期の真宗――西本願寺教団の報国信仰運動をめぐって――」（日野昭博士還暦記念会編『歴史と伝承』永田文昌堂、一九八八年）、同「日本ファシズム成立期の真宗――日中戦争との関係を中心に――」（『仏教史学研究』第三一巻第二号、仏教史学会、一九八八年）、同「戦時下の教学と融和運動――西本願寺教団の場合――」（仲尾俊博先生古稀記念会編『仏教と社会』永田文昌堂、一九九〇年）、同「総力戦下の真宗の「神祇」・「国体」観の位相」（『龍谷史壇』第一〇六号、龍谷大学史学会、一九九六年）、同「総力戦下の神仏問題と本願寺派「宗制」」（『真宗研究』第五二輯、真宗連合学会、二〇〇八年）、大西修『戦時教学と浄土真宗――ファシズム下の仏教思想――』社会評論社、一九九五年）を参照。また真宗大谷派については、真宗大谷派教学研究所『教化研究』の「資料・真宗と国家」の特集号を参照。

（9）　ここで本章が特に神仏関係論に注目する理由を確認しておきたい。これまでみてきたように、天皇制国家は民族宗教性をその基盤として支配の安定を獲得していた。そうした事態はまた、内面性を民族宗教性によって侵蝕された人間が広範に存在することと不可分である。この民族宗教性の内面への侵蝕とは、実質として人間の尊厳性を基礎づける普遍的価値の収奪を意味したから、普遍的価値を収奪された人間は残存するエゴイズムによって内側から縛されてしまい、自己の尊厳性を自覚できないばかりか、むしろそれをみずから掘り崩し続けてしまうのである。そこからは、自律した生き方やその繋がりの輪を広げていくことなど一切成立しえない。そのように自己を内縛するエゴイズムに否定を加え、生き方を転回する原理をもたらすものこそが普遍宗教にほかならない。なぜなら普遍宗教は現実を超えた超越的原理を具備するからである。普遍宗教に限らず、宗教一般はそれを担う人間を通してしか歴史のなかにあらわれないが、超越的原理を主体化することで人間は自己の尊厳性を自覚し、すべての人間の尊厳性の回復へと向かうのである。天皇制国家がみずからの基礎を民族宗教性に求めていたことは、普遍宗教に立脚する人間の成立を阻害し続けることであったから、歴史のなかで普遍宗教に立脚することは困難を極めた。だが、みずからを内縛するエゴイズムと絶えず格闘し、それを否定的に踏まえようとするとき、普遍宗教への回路が信仰主体に開かれているのであって、その立場は普遍宗教を阻害し続ける現実との対決へと信仰主体を導く。かくして神仏関係論は、民族宗教と普遍宗教との相剋という問題視角から把握し直すことができるだろう。民族宗教と普遍宗教との原理的相違は、固定化した対抗的図式のなかに吸収すべきものではなく、両者の信仰主体における内面的相剋、および信仰と現実との緊張関係の存否によって考えられなければならない。

(10)　福島和人「真宗仏教徒の戦争観——暁烏敏の場合——」(下出積与博士還暦記念会編『日本における国家と宗教』大蔵出版、一九七八年)、大西修「戦時期の真宗思想(3)——隠された「力への意志」——」(『戦時教学と浄土真宗』)、福島栄寿「近代日本における自他認識——アイデンティティと「信仰」——」(『日本思想史研究会会報』第二〇号、日本思想史研究会、二〇〇三年)、同「国民「宗教」の創出——暁烏敏　天皇「生仏」論をめぐって——」(大桑斉編『論集　仏教土着』法藏館、二〇〇三年)、同「「国民宗教」の創出——戦時期・暁烏敏の教説をめぐって——」(『真宗研究』第四八輯、真宗連合学会、二〇〇四年)、同「日本主義的教養と一九三〇年代の仏教者——暁烏敏と記紀神話の世界——」(『季刊日本思想史』第六九号、日本思想史懇話会、二〇〇六年)、中島法昭「柏木義円と暁烏敏——一九三〇年代の思想と行動——」(信楽峻麿先生傘寿記念論集編集委員会編『現代社会と浄土真宗の課題』法藏館、二〇〇六年)。本章については特に福島栄寿の一連の研究を参照した。だが暁烏の立場とその評価に関する筆者の見解は、福島のそれとは異なるものである。

(11)　金子については、中島法昭「金子教学の一断層」(『真宗研究会紀要』第二二号、龍谷大学大学院真宗研究会、一九八九年)のほか、大西修『戦時教学と浄土真宗』を参照。

(12)　例を挙げれば次のようなものがある。たとえば阿満利麿『日本人はなぜ無宗教なのか』(ちくま新書、一九九六年)が、「清沢満之の「精神主義」も、その弟子暁烏敏らによって、変質を被り、単なる心の平安を得る私的な技術となりさがった。とくに暁烏敏の主張は天皇制国家にひたすら追随するばかりで、師の清沢満之のいのちであった信心至上主義は、すがたをひそめて、戦争協力と時勢順応を鼓吹する醜い宗教に成り下がった」(一一九頁)と述べているのはその典型例だが、その他にも、安冨信哉「宗教的「個」の課題——「精神主義」における自己と他者——」(日本哲学史フォーラム編『日本の哲学』第八号、昭和堂、二〇〇七年)も、「精神主義といった場合、清沢自身のそれと清沢以後の門下の人々が表明するそれとの間に必ずしも同一視できないギャップも看取されるようである」としており、「精神主義」の変質は多くの研究者に支持されているように思われる。ただその一方で、暁烏敏が国立ハンセン病療養所・長島愛生園で一九三四年に行った説教に「ファシズム正当化」を指摘する菱木政晴は、「暁烏敏的な近代教学の現実肯定主義のルーツは、やはり彼の師・清沢満之にもとめるべきだろう」（「近代の日本と仏教思想――真宗大谷派の「近代教学」再検討――」『非戦と仏教――「批判原理としての浄土」からの問い――』白澤社、二〇〇五年、一四四頁）と論じている。

(13) 清沢の「精神主義」から大きな変質が認められるかどうかは、当然ながら清沢理解が大きく関わってくる問題であり、清沢と暁烏の両者に対する充分な比較検討を要するが、あらかじめ見通しを述べておくと、筆者の立場は暁烏に「精神主義」のひとつの帰結を認めようとするものである。

(14) 当時の暁烏の活動については、野本永久『暁烏敏傳』（大和書房、一九七四年）、福島和人「真宗仏教徒の戦争観」を参照。

(15) この時期の暁烏の著述活動は、一九二一年に個人出版社として設置された香草舎が支えていた。香草舎については、野本永久『暁烏敏傳』の「にほひくさ」および「薬王樹」の項を参照。

(16) 暁烏敏「捧げまつる魂の禊」『臣民道を行く』一生堂書店、一九四二年、一一七頁。

(17) 同上、一一七〜一一八頁。

(18) 暁烏敏「昭和維新は勤王精神に依つて成る」『臣民道を行く』一五五〜一五六頁。

(19) 暁烏敏「大東亜戦争の第一の勝利に感激して」『臣民道を行く』一八一頁。

(20) 同上、一八九〜一九〇頁。

(21) 同上、一九五頁。

(22) 暁烏敏「大東亜戦争の理念より新秩序建設の大法に及ぶ」『臣民道を行く』二三二〜二三三頁。

(23) 暁烏敏「戦争によって浄化された日本臣民」『臣民道を行く』二六九〜二七〇頁。

(24) 暁烏は、「大東亜戦争は、外に向つて各国各民族のわづらはしき牆壁をやぶらるると同時に、私共日本臣民の生活の上において種々の垢とけがれとを払ひきよめて下さるみそぎのおはたらきをして下さることが味はれるのである」（「戦争によって浄化された日本臣民」二七〇頁）というようにも述べている。やはり戦争に対する宗教的粉飾が神道的文脈でなされている。
(25) 暁烏敏『神道と仏道』北安田パンフレット第四三、香草舎、一九三五年、六九頁。
(26) 暁烏敏『日本仏教の特質』北安田パンフレット第三三、香草舎、一九三二年、一五九頁。
(27) 暁烏敏『神道と仏道』五七頁。
(28) 暁烏敏『皇道・神道・仏道・臣道を聖徳太子十七条憲法によりて語る』北安田パンフレット第四七、香草舎、一九三七年、一九頁。
(29) 清沢満之「宗教は主観的事実なり」『精神講話』浩々洞、一九〇二年。大谷大学編『清沢満之全集』第六巻、岩波書店、二〇〇三年、二八四頁。
(30) 暁烏敏『神道と仏道』九～一〇頁。
(31) 同上、一〇頁。
(32) 暁烏敏『皇道・神道・仏道・臣道を聖徳太子十七条憲法によりて語る』一二二頁。
(33) 同上、一二八～一二九頁。
(34) 同上、一二〇～一二一頁。
(35) 同上、三八～三九頁。
(36) 同上、一九頁。
(37) 同上、三九頁。
(38) 同上、一六七～一六八頁。
(39) 同上、一七五～一七六頁。
(40) ここで「私」を真宗信仰で否定すべき対象たる「自力」と規定したことは、「公」の肯定を「他力」の肯定として捉えるべきだという主張を言外に付随させたといえよう。つまり暁烏は「他力」と滅私奉公の結合を示唆したのである。
(41) 暁烏敏「捧げまつる魂の禊」『臣民道を行く』一二六頁。
(42) 暁烏敏『皇道・神道・仏道・臣道を聖徳太子十七条憲法によりて語る』五四～五五頁。

(43) 「精神主義」運動が明治天皇の死去に際して、死んだ天皇と阿弥陀仏とを重層的に把握していたことを想起しておきたい（本書第五章参照）。戦時下での天皇論は、明治天皇死去の際にその原型があったということもできるだろう。
(44) 清沢満之のこうした信仰理解については本書第一章を参照。
(45) 山辺習学『わが親鸞』第一書房、一九四一年、二一五頁。
(46)(47)(48) 「真宗教学懇親会記録」、北陸群生舎編『資料集　大日本帝国下の真宗大谷派教団』一九八二年、三頁。
(49) 同上、二頁。
(50) 同上、一五頁。
(51) 金子大栄『皇国と仏教』教化資料叢書5、大谷出版協会、一九四三年、二三頁。
(52) 同上、二三〜二四頁。
(53) 同上、二九〜三〇頁。
(54) 山辺習学「精神鍛錬」、みのりの会編『日本仏教の諸問題』丁子屋書店、一九四〇年、二九〜三〇頁。
(55) 金子大栄『親鸞聖人に映ぜる聖徳太子』目黒書房、一九三九年、一〇〜一一頁。
(56) 金子のこうした理解は他にも、「仏教と云ふものは、印度に起り、支那に伝はつて日本に来たのでありますが、印度や支那では之を弘むることは出来なかつたのであります。然るに日本のみが仏教を弘めることが出来たのであります。このやうに仏教と云ふよいものを持つて来ることが出来た処に日本人のよさがあり、随神の御精神があると云はねばならないのです」（『親鸞聖人に映ぜる聖徳太子』一四頁）と述べられたりもしている。だが、これを論拠にして次のようにいうとき、それは日本の優越性を誇示するための議論となっている点を見逃してはならないだろう。すなわち、「万国に行はるべき真、これが他の国には見失はれんとしてゐるにも拘はらず、日本の随神の御心だけはそれを把持して居られる。斯う云ふことがはつきり解れば、始めて吾々は外国に向つて物を言ふことが出来るのであります。諸外国も亦日本人の言ふ事を尤もだと肯づくことが出来るのであります。日本人の言ふ事を尤もであると肯づくことの出来るのは、元来日本人のもつてゐる真は世界の有ゆる人のもたねばならぬ真であるからであります」（同上、一四〜一五頁）というように、金子の議論は一見すると仏教の「真実」

性の主張のようだが、同時に自国中心主義に立った「随神の御精神」の喧伝によって、侵略戦争や植民地支配を肯定する論理の構築でもあったといえよう。

(57) 金子大栄「金鼓の音」、みのりの会編『日本仏教の諸問題』一〇三～一〇四頁。

(58) 金子大栄「和の世界観」、正親含英編『和の世界観』金子大栄師著作刊行会、一九四一年、五三頁。

(59) この当時は「支那哲学」と「印度哲学」を「東洋哲学」と称していた。「東洋哲学」が学問領域として認知される一方で、「日本哲学」は自明の学問領域ではなかった。この点については、末木文美士「戦時下京都学派と東洋／日本」(『他者・死者たちの近代』近代日本の思想・再考Ⅲ、トランスビュー、二〇一〇年。初出二〇〇四年)参照。

(60) 金子大栄「和の世界観」七四頁。

(61) 同上、九五頁。

(62) 同上、九四頁。

(63) 清沢満之「社会主義」一九〇〇年二月五日。大谷大学編『清沢満之全集』第二巻、岩波書店、二〇〇二年、一九八頁。こうした清沢の議論については、本書第二章を参照。

(64) 金子大栄「和の世界観」九八頁。

(65) 同上、一五三～一五四頁。

(66) 同上、一五二頁。

(67) 同上、一五四頁。

(68)(69)(70) 金子大栄「宗教の領域」『日本文化』第三八冊、日本文化協会、一九三九年。

(71) 暁烏敏「戦争によって浄化された日本臣民」二六八頁。

(72) 暁烏はまた靖国神社について、『日本は仏国なり』(北安田パンフレット第四五、香草舎、一九三六年)で、「日本の国では戦死者は靖国神社に神として祀ります。百姓の子供でも戦死すれば靖国神社に祀られます。この神様の御魂は、乃木さんの神様、東郷さんの神様と、神様が二つ三つない。靖国神社の神様も、乃木神社の神様も、東郷神社の神様も、一つの御魂であります。無量寿の命の御魂です。(中略)人間が生まれるといふは神の御魂がこの世に生れたまうたのであります。それが活動あそばした相を靖国神社に祀るのであります。だから日本の国民全体が靖国神社に祀られる神であります」（一〇二～一〇三頁）や、「靖国神社に神として祀るといふのは国民全体が祀られる神と祀る神とが一体になつて、神国日本の神ながらが現れてをるのであります。我々は祀る神様であります。靖国神社の霊は祀られる神様であります。そこが上下心を一にするところであります。仰がれたまふ天皇と、仰ぎまつる臣下と、一つ魂に触れ合うてをるのが日本の国柄であります。ここに非常に偉大なところがあります」（一〇三～一〇四頁）と述べているが、やはり金子とは異なって、天皇制国家のイデオロギーを直截的に表現する論調である。金子の場合、天皇制国家の宗教性とは異なった回路を確保しようとするが、暁烏は天皇制国家の宗教性へ一致させていこうとする志向が強いように思われる。しかし、いうまでもなく暁烏は勿論のこと、金子でさえも天皇制国家の宗教的基盤から自由な立場を獲得していたとはいえないだろう。

（73）これに関わって想起しておきたいのは、本章でも論及した「真宗教学懇談会」での金子の様子である。金子はこの懇談会で時折涙を流しながら発言している。福島栄寿が指摘しているように、「太平洋戦争勃発前夜の情況下において、様々な葛藤に苦渋しながら、時に思い切るように発言する金子の様子」（「神道非宗教論をめぐって――せめぎあう神と仏――」『教化研究』第一三三号、真宗大谷派教学研究所、二〇〇四年）がここには認められよう。しかし重要なのは、この金子の「葛藤」の内容を吟味しつつも、彼がどのように天皇制ファシズムへ取り込まれることになっていったのかを解明することでなくてはならないだろう。

結章　天皇制国家と「精神主義」

清沢満之と「精神主義」をめぐる研究は、二〇〇三年の清沢没後一〇〇周年を契機として一気に活発化した。多くの研究書や論文が発表されたほか、新版の『清沢満之全集』（全九巻、岩波書店、二〇〇二～二〇〇三年）が刊行されたことで、研究状況は大きく変化したように思われた。だがそれ以降、数としては一定の研究成果が発表されてはいるものの、清沢や「精神主義」を持続的な問題関心のもとで追究する研究はあまりにも乏しかったといわざるをえない。それは一時的な流行物として仏教が消費されている現実をなにほどか反映した結果なのかもしれないけれども、本質的な問題を粘り強く問い続ける立場の不在こそが研究状況を大枠で規定したとみるべきであろう。そして、それは天皇制国家の宗教的基盤と通底する問題でもある。

上のごとき研究状況のなかで本書が課題としたのは、清沢満之とその門下の信仰と歴史的立場に対する総体的把握によって、「精神主義」運動が天皇制国家とどのような関係を構築しえたのかを解明することであった。それゆえ本書は、たとえば浩々洞メンバーの個別の仏教研究の成果などには一切論及しえず、主題との関連面からばかり考察を加えることとなった。その一面的な接近によって見落とした問題も少なくないと思われるが、そもそも網羅的な考察が「精神主義」運動の全体像を解明することにそのまま繋がるものではないし、そうした個別の問題も「精神主義」の基本的立場との関連において検討されるべきだと筆者は考えるので、まずは本書の課題とした天皇制国家と「精神主義」運動の関係がいくらかでも解明できたのなら、これまでの本書の叙述も無駄ではなかったといえよう。

以下では本書の考察を通して確認できたことをまとめておきたい。各章の考察によって、清沢満之とその門下による「精神主義」運動が、天皇制国家のもとでの具体的な諸問題に対して、かなり一貫性のある対応を示してきたことがわかった。その一貫した部分を中心に、また本書で充分に展開しきれなかった問題も含め、次の四点に絞って整理しよう。四点とは、「精神主義」の信仰構造、天皇制国家の宗教性、天皇制国家と「精神主義」の関係、清沢満之とその門下、である。

まず、「精神主義」の信仰構造についてまとめる。

第一に、清沢とその門下は、現実の生活のなかで生じる「煩悶憂苦」を解消し、精神的安定を獲得することを課題としていた。したがって、信仰の確立は精神的安定の獲得と重ね合わせられていたのである。

第二に、清沢とその門下は、その精神的安定が「絶対無限（者）」（あるいは「他力」、「如来」、「阿弥陀仏」など）によってもたらされると考えた。また、現実は頼みにならない相対的なものであり、自己に「煩悶」をもたらす磁場なのだと理解していた。彼らはそうした現実の相対化を徹底することで

「絶対無限」と接することができると考えたから、現実の相対化を執拗に繰り返したのである。

第三に、清沢とその門下は、信仰主体が「絶対無限」に接するのは自己の精神内においてであると考えた。そのため外的状況に振り回されて「煩悶憂苦」を感じる自己を転回させ、精神的安定の獲得に向かおうとするとき、彼らは自己の外面と内面を二元化し、「不如意」なる外面の断念および外面とは無関係な内面への沈潜によって「絶対無限」に接しようとした。すなわち「精神主義」に特徴的な現実の相対化とは、自己と現実状況との関係性を無価値化することであり、信仰を確立するためのいわば前提的作業の一環だったのである。

第四に、清沢とその門下は、「絶対無限」に接すると信仰主体は精神的安定を獲得するのであって、精神的安定を得たならば現実に不足や不満を感じることが無くなるはずだと認識していた。それゆえ、彼らにとって眼前の現実を満足して受けいれることは、信仰の課題としてあった。

第五に、清沢とその門下は、現実を全面肯定できないのは信仰の不徹底に起因すると理解した。つまり信仰を確立しているかどうかは、現実の無条件肯定を指標としていたのである。それゆえ現実に向き合うとき、自己の選択・判断を伴う主体的な生き方は全く必要なかった。ただただ現実を受容すればよいのである。むしろ選択・判断によって責任を感じることとなれば、それは「煩悶憂苦」の原因になる。そうした「煩悶憂苦」を、ということは責任を感じなくて済むようになることに、彼らは救済をみたのであった。そして現実の全面肯定は信仰確立の結果であったから、その肯定は「絶対無限」への感謝を生じさせることになったのである。

次に、天皇制国家の宗教性についてまとめる。

第一に、天皇制国家は現人神天皇の神聖性・絶対性を中核に置く祭政一致の支配体制をとっていた。大日本帝国憲法やその告文、さらに教育勅語や『国体の本義』『臣民の道』などからも確認できるように、天皇制国家のもとでのあらゆる出来事は天皇制国家の宗教性と密接に絡みついていたのである。

第二に、天皇制国家の支配は、支配を自然なものとして受容し続ける国民が広範に存在してこそ安定する。そうした国民を成立させる際に民族宗教性の果たした役割は絶大であった。神道が国家に採用されたのも、このような事情に関連するといえよう。なぜなら、神道を踏まえることで成立する人間、つまり現実の諸問題に言挙げせず純粋な気持ちで受けいれていく人間は、支配を安定させるのに必須の人的資源だからである。それは普遍宗教を踏まえることで成立する人間とは異なる。神道を「非宗教」としたことで、天皇制国家の宗教政策は円滑に進められることとなったわけだが、その円滑さは宗教政策の狡猾さのみによってもたらされたのではなく、より根本的には、国民の側にそうした政策と絡みついた宗教性を拒絶するだけの立場が存しなかったことに起因する問題である。そして、その国民の立場を規定していた民族宗教性こそが天皇制国家を支え続けた基盤となったのである。

第三に、国民に宗教政策をそれとして自覚させないほどにまで天皇制国家の宗教性の内面化が進行すれば、国民は内面性から支配体系に縛りつけられるために、支配の人為性を対象化することが困難となる。また、天皇制国家のもとで生きる人々は、すでに環境として存在する天皇制国家の宗教性を内面化しながら主体形成を進めるわけだから、結果的に民族宗教性に内縛された主体とならざるをえない。そこには、いわば天皇制国家による内面への介入が常態的に成立していたといえよう。したがって、そうした天皇制国家による介入を斥ける歴史的条件は、民族宗教性への否定の原理の獲得ということになる。あらかじめ排除された生き方を成立させるという歴史的困難さとともに、より本質的には主体の転回それ自体に関わる信仰の難題がそこにはある。

第四に、国家による内面への介入は、国民から普遍的価値を収奪するという意味を持ったから、国民は自己の尊厳性を自覚できなくなっていた。それゆえ、社会問題や戦争によって人間性が蹂躙されても、それを人間の尊厳性の問題として受けとめて否定的関係を切り結ぶのではなく、ひたすら国家の忠良なる臣民として受容していく方向をとったのである。そして普遍的価値を自覚できない人々は自律と連帯をみずから放棄し、また自律し連帯しようとする人々を排除していった。民族宗教性を内面化することは、天皇制国家の価値観を内面化することでもあったから、国民同士は相互に監視し合い、みずから自律と連帯を予防し続け、天皇制国家の支配を安定させたのである。

第五に、真宗教団は「真俗二諦」を正統教義と位置づけたことで、いつでも天皇制国家支配に適合しうるだけの教学的根拠を用意した。その結果、真宗教団は「真俗二諦」を反復強調することで、一貫して天皇制国家を支える側に立ち続けたのである。それは「大逆」事件のように、教団構成員に弾圧が加えられたときでさえも変わることはなかった。「真俗二諦」によれば天皇制国家への従属も「真理」であったから、「真俗二諦」に基づくかぎり天皇制国家への従属は不可避となった。つまり、真宗教団も天皇制国家の宗教的基盤を共有していたのである。

第六に、天皇制国家の宗教性を全面的に受けいれずに、部分的にのみ受容した場合でも、自己の信仰と天皇制国家の宗教性が並存する場合は、信仰それ自体の変質を認めなければならない。天皇制国家の宗教性と矛盾を感じることなく並存可能な信仰とは、すでに民族宗教化した結果としてのありようなのである。

続いて、天皇制国家と「精神主義」との関係についてまとめる。

第一に、「精神主義」は現実の無条件肯定を結果するのであるから、天皇制国家の政治支配に対しても何ら否定的立場を構築しえなかった。それは、「精神主義」の信仰構造からして当然の結末であったといえよう。そして、そうした天皇制国家への従属は、天皇制国家の宗教性の共有という問題とも不可分である。

第二に、清沢とその門下が課題とした信仰による精神的安定の確保は、普遍的価値を収奪されエゴイズムに内縛された人間のありようをそのまま是認したうえで、宗教によってそのエゴイズムを充足するものだった。つまり「精神主義」は、エゴイズムを否定的に踏まえるだけの原理性を具備してはいなかったのである。ここからは自己の尊厳性やその平等の自覚はもとより、その自覚による自律した生き方や連帯の輪を広げる営為は成立し難い。それゆえ、清沢とその門下がどれだけ現実を相対化しようとも、天皇制国家支配に対する原理的な緊張関係の構築とは無縁であったといわざるをえない。「精神主義」運動は精神的安定を多くの人々に供給する救済活動として展開し、その受容者に一定の安慰をもたらしたのであろう。けれども、それが終局的に天皇制国家の支配体系に多くの人々を縛りつけたことを重視すべきである。そもそも精神的安定の確保が仏教徒の信仰の課題となる点に、天皇制国家による内面収奪の一定の達成を見ることもできるだろう。どのような課題のもとで信仰を構築するかがその信仰の内実を大きく左右することからすれば、近代日本の仏教徒が天皇制国家の宗教性に規定された思想形成を不可避としたことそれ自体が大きな問題である。

第三に、清沢とその門下が踏まえた信仰は民族宗教性に基礎づけられており、それゆえ自己の信仰と天皇制国家の宗教性との原理的矛盾を自覚できなかった。彼らは信仰を確立する際に現実を徹底的に相対化して、現実とは別の領域に自己の信仰の根拠を求めた。だが、そうして現実とは異なった信仰の領域を設定したことは、同時に天皇制国家支配という現実やそれを支える宗教性を肯定することともなった。こうした現実と信仰の二元論的把握が、信仰の絶対性や自律性の確保を意味しないことは明白である。それは現実のなかに新たな原理性を成立させないという、信仰そのものに内在する問題として考えられねばならない。

第四に、清沢とその門下は、天皇制国家への従属を第一義とはしておらず、どこまでも自己の精神的安定を志向していたが、結果的に現人神天皇のもとに成立する国家や国家による戦争に対して、否定的立場を構築しえなかった。つまり彼らは、天皇制国家の支配こそが自己の精神的安定を妨げている原因の根幹に関わっており、それの解体を外しては精神的安定も充分に確保しえないという発想には立っていなかった。むしろ、問題をすべて自己の信仰へと一括し、信仰を確立しさえすれば精神的安定が成立すると考えていたのである。その意味で、清沢とその門下は天皇制国家の直截的肯定のために自己の信仰を確立しようとしたわけではない。だが、信仰の確立がそのまま天皇制国家のもとで成立する現実の全面肯定となっていたから、彼らは天皇制国家に従属するほかなかったのである。

第五に、「精神主義」はその内実からして、「真俗二諦」と全面的な対立関係を構築するような性格のものではなかった。むしろ「真俗二諦」と同様の枠組みを共有しながら、その一部分を強調しているにすぎないのであって、両者にはそのかぎりでの相違しかない。「真俗二諦」が来世往生と世俗権力への従属という二元論なら、「精神主義」はそれぞれに分離した内面と外面を代入して、精神的安定と現実の全面肯定という二元論となっているのである。清沢とその門下は天皇制国家による強権的弾圧が前景化したときでも、逆に積極的統合が進められていくときでも、「絶対無限」による精神的安定を確保しようとして信仰確立を追求し続けていた。それはただやみくもに護国を強調し、世俗権力をそのままで「諦」といってはばからない真宗教団の立場とはやはり一線を画していたといえる。けれども、信仰が現実に新たな原理を成立させないこと、真宗の民族宗教化といった「真俗二諦」の問題性を「精神主義」が共有していることはあきらかである。

最後に、清沢満之とその門下との関係についてまとめる。

第一に、清沢満之の「精神主義」はかなり忠実に彼の門下へと継承されたように考えられる。そもそも本書の清沢理解とこれまでの多くの清沢理解とが大きく異なっているので、そうした理解自体に批判的な見解もあると思われるが、清沢自身の「精神主義」に内在した問題が清沢門下の諸活動によって顕在化した面を完全に否定することはできないだろう。たとえば、足尾鉱毒事件の暁烏敏の「服従論」にはあきらかに清沢の立場との共通性が認められる。両者の「自由」と「服従」についての理解が、第二章のような足尾鉱毒事件への対応をもたらしたといえよう。また日露戦争期の『精神界』には、現実の相対化を徹底することで信仰を確立しようとする立場が見られた。それは清沢の立場を継承した結果であるが、同時に信仰の絶対性を現実に転化して戦争を肯定したのも、清沢の立場を継承したことによって成立したのである。そして清沢門下は「大逆」事件の際、「死」の問題を通して現実の無常を説く一方で、信仰の絶対性を踏み台にして世俗道徳の徹底した遵奉者が成立することを論じていた。政府による上からの政策ではなく、自己の信仰を起点とする自発性・能動性こそが世俗道徳の徹底化へと接続するのである。こうした立場は「精神主義」の基本的立場に忠実であるがゆえにもたらされたものであろう。さらに、三教会同への批判も自己の「宗教的信念」を問題関心の中心に据える「精神主義」ならではの批判であるし、明治天皇死去の際にみられた多田鼎の祈禱批判も、「精神主義」の結果する現実の全面肯定を踏まえるとき、天皇制国家を肯定する祈禱不要論として正しく理解できるのである。天皇制国家の宗教性を受容する清沢以来の「精神主義」は、やがて天皇と阿弥陀仏を、あるいは神武天皇の建国と阿弥陀仏の浄土建設を重層的に把握することになるが、それは信仰の絶対性が現実に転化する「精神主義」の構造から生じた問題であったといえよう。他方で金子大栄のように宗教の領域を現実とは別に設定することも、「精神主義」における現実の相対化という特質が表出したものである。というのも、「精神主義」からすれば現実は相対的であり、そこに宗教は存在しないからである。以上の問題とともに確認しておきたいのは、清沢とその門下に一貫して存したのが、いかなる状況でも、「絶対無限」による精神的安定を確保しようとして、信仰確立を第一義的に追求し続けていく立場であったことである。

第二に、清沢満之とその門下の間にみられる信仰構造の一貫性については、上にまとめたようになるが、それぞれの状況下での言論の調子にはそれなりの変化が認められよう。特に日露戦争以降、現人神天皇を中核に置く国家への自発的従属は、十五年戦争に突入していくまでに、積極性を加速させ、ついには天皇制国家の宗教性に自己の立場を溶解させることになる。こうした論調の変化については、「精神主義」における状況への受動的追随という歴史的性格、これを基本に運動の展開を捉えるとき、それが信仰理解の変化ではなく、歴史状況の変化への対応に根ざしたものとして把握できる。たとえば、「精神主義」運動の展開を追跡すると、ついつい暁烏の過激な発言にばかり注意が向けられがちだが、発言の過激さを、暁烏の個性だけに還元するのではなく、歴史的文脈と丁寧に突き合わせながら検討することが大切である。

第三に、上のように考えるとすれば、清沢とその門下との間に変質を前提して論じることは適当ではない。もとより本書の考察も充分なものではないから、清沢とその門下との関係については両者の研究をさらに積み重ねていくなかであきらかにしていくほかないが、まずは変質を前提せずに検討していくことが必要である。その際、信仰とその歴史的立場の総体的把握という視点の存否が理解の質を左右する鍵となるだろう。

以上が本書のささやかな結論ということになる。残された課題は多い。「精神主義」研究に限定しても、たとえば大正期の「精神主義」についての考察が求められようし、第六章の考察を踏まえて、戦後の「精神主義」を検討する必要もあるだろう(1)。また、天皇制国家との関係だけではなく、そのもとで生きていた人々の生活世界のなかで「精神主義」運動が果たした役割を丁寧に跡づけていくことも重要な課題である。他にも浩々洞三羽烏の一人である多田鼎が「精神主義」を離れていくが、多田が「精神主義」をどのように清算したのかも検討しなければならない。そして多田のみならず、暁烏敏や金子大栄、曾我量深や山辺習学といった中心メンバーについての個別研究も不可欠である。こうして考えていくと、「精神主義」に関する研究課題だけでも山積しているが、関連する研究課題を網羅的に進めさえすれば、その全体像が解明できるということではない。重要なのはむしろ問題の立て方と分析方法であり、それを規定する研究主体の問題意識である。

そうしたこととの関連で想起しておきたいのは、一九三二年より国民精神文化研究所の嘱託の所員となっていた金子大栄が、一九四一年に同研究所発行の『日本仏教思想資料集』の解説として次のように仏教研究の立場を説いていることである。こうした主張を、現在のわれわれはどのように受け止めればよいのだろうか。

日本に行はるゝ仏教を研究することは、但に仏教思想そのものを知ることではなくして、正しく日本精神文化の一分野を明らかにすることである。日本仏教徒の代表的著作に於ては、必ず日本精神を顕彰するものがなくてはならぬ。其事は直接に明示されてゐるものも尠くはないが、併し我等は夫よりも一層深く仏教教学そのものの精神内容に留意せねばならぬであらう。その直接に明示されてあるものは、仏教を行学することを以て、国恩に奉答せんとするものである。その専心に仏教を学修するものは、以て深く神の御意を心証せんとするものである。されば両者は共に日本仏教徒の精神として見らるべきものであらねばならぬ。(2)

こうした仏教史研究の国家主義的偏向をどのように清算して、戦後仏教史研究は出発したのであろうか。(3)そしてそこには天皇制国家と仏教、神と仏の間に原理的な緊張を見出すだけの立場と方法が要請されるはずだが、それは現在の仏教史研究にとってどれだけ自覚的なものとなっているのだろうか。例を挙げればきりがないが、たとえば自己の宗教性を意識することさえなく、神社の祭礼に参加しながらも無宗教の立場を標榜するような者に、戦前の仏教史を他人事として済ますことが可能な思想的根拠があるとは到底思えない。むしろ、抵抗なく他人事として済ませてしまう必然性――宗教性が、その立場には伏在するということなのだろう。そして、そうした自己の宗教性への問い直しを外しては、清沢とその門下によって残された課題を清算することはできない。

天皇制国家と「精神主義」をめぐる問題は、いまだ様々なかたちで生き続けている。それは決して過去の問題でもなければ他人事でもなく、われわれ自身の問題なのである。

註

（1）これに関連して、筆者はすでに「精神主義」における戦争責任の問題について、第六章と同じく暁烏敏と金子大栄に注目し、彼らの敗戦直後の立場について考察を加え、それが戦時下からの連続性において把握できることを指摘した。拙稿「日本文化史における近代仏教の意義――暁烏敏・金子大栄における戦争責任の問題――」『アジア諸地域における仏教の多様性とその現代的可能性の総合的研究 二〇一一年度 研究報告書』龍谷大学アジア仏教文化研究センター、二〇一二年。

（2）金子大栄「日本仏教思想概観」『日本仏教思想資料集』国民精神文化文献二三、国民精神文化研究所、一九四一年、二頁。

（3）福嶋寛隆「仏教史研究における実践性の回復を」（『歴史のなかの真宗――自律から従属へ――』永田文昌堂、二〇〇九年。初出一九七三年）参照。

初出一覧

本書は、二〇一一年一月に龍谷大学へ提出した博士論文に修正を加えたものである。各章の初出は以下の通りである。

序　章　新稿

第一章　「清沢満之の信仰とその政治性――「精神主義」運動の出発点――」
（赤松徹眞編『日本仏教の受容と変容』永田文昌堂、二〇一三年刊行予定）

第二章　「「精神主義」と社会問題――足尾鉱毒事件を中心に――」
（『近代仏教』第一六号、日本近代仏教史研究会、二〇〇九年）

第三章　「日露戦争期の「精神主義」とその周辺」
（『龍谷史壇』第一二八号、龍谷大学史学会、二〇〇八年）

第四章　「「大逆」事件と「精神主義」」
（宇治和貴・斎藤信行編『真宗の歴史的研究』永田文昌堂、二〇一一年）

第五章　「天皇制国家と「精神主義」――三教会同・天皇の代替わりをめぐって――」
（『仏教史学研究』第五二巻第二号、仏教史学会、二〇一〇年）

第六章　「十五年戦争期の「精神主義」――暁烏敏と金子大栄を中心に――」
（赤松徹眞編『日本仏教史における「神仏習合」とその周辺』永田文昌堂、二〇一三年刊行予定）

結　章　新稿

あとがき

仏教と歴史との関係について考えるきっかけとなったのは、一九九五年の阪神淡路大震災と地下鉄サリン事件だった。あの年、私はちょうど二度目の中学校三年生だった。いまでも大して変わらないが、大人の世界に苛立ち、周囲とうまく馴染めずに、かといって鬱積した感情を言葉にするだけの力もなく、ただ漠然と日常生活のなかに遍在する些細な違和感を引きずって暮らしていたように思う。やがて気がつくと、震災と事件をめぐる一連の動きにくぎ付けとなっていた。震災のみならず、震災後の社会のありように怒り、また、殺人にまで及ぶ行為と宗教の救済が関連している事件だと聞いて驚愕した。そのうち、どうにも重苦しい気持ちになっていた。それらの問題によって突きつけられた社会の歪みに絶望し、自分が生きている社会や、これからどう生きていったらよいのかが、ますますわからなくなっていたからである。

宗教と社会との関係について勉強すれば、自分なりの生き方が見つかるのではないか、いつしかそう思うようになっていた。現実の重苦しさの正体を知ることで、自分の生の重苦しさに風穴を開けられるような気がしたのだろう。龍谷大学の仏教史学専攻に進学したのも、あのときから自分自身が一体何を考えてきたのかがわかるかもしれないと思ったからである。仏教史学専攻を設置している大学は龍谷大学しかないという。そこにしかないのなら、そこにしかないものがあるはずだから、それを学びたいと思った。

龍谷大学に進学してからは、どういうわけか先生や友人に恵まれ続けた。急に人生が豊かになって、自分でも驚いた。

大学一回生の基礎演習の担当教員は児玉識先生だった。児玉先生のお人柄に触れて、大学という場所や大学教授という存在が一気に身近になった。学校嫌いだった私が、いまでも大学の近くをウロウロしているというのは、児玉先生に出会っていなければありえないことだったろう。あるとき児玉先生に、「歴史を研究するのに何の意味があるのですか」という、いまでは到底できない無礼な質問をして怒られたこと、その日の晩に二時間にも及ぶ熱いお電話を頂戴したことは、大事な思い出である。児玉先生はまた、大学院への進学が決まったときに、「今日から俺と君とはライバルだ」と言ってくださった。早く児玉先生の「ライバル」に相応しいだけの実力をつけなければと思うが、それがそう簡単なことではないというのを日々思い知らされている。

三回生からは赤松徹眞先生のゼミに入れていただいた。研究テーマはほとんど迷わず清沢満之にした。卒業論文を提出する二〇〇三年は清沢没後一〇〇周年に当たる。活発化していく研究状況と並走しながら、自分なりの理解を得たいと思って悪戦苦闘した。とにかく私は論争がしたかったから、時として極端な議論を意識的に展開してみたりもした。ただ、ゼミでの赤松先生は常に冷静沈着で、独特の間合いから発せられる的確な指摘には説得力があった。丁寧に調べ、粘り強く物事を考えていくという、当たり前のことが大切なのだと実感するのに、随分と時間を要した。三回生以来ご指導いただいただいているが、そうした基本的な問題さえ満足にしえない教え子を見て、赤松先生も呆れられたことだろう。博士課程の単位取得満期退学にあたって、いただいた色紙には「概念・言葉の操作だけでは研究は出来ない」と書いてくださっていた。そろそろ何とかしなければいけないと、あれからずっと考えている。

大学院に進学してからは福嶋寛隆先生のゼミにも参加させていただくことになった。忘れもしないのは、ゼミでの最初の研究発表のとき、「いまの発表のなかに自分で考えたことが一つでもあったのですか」と言われたことである。その圧倒的な迫力に怖気づいた私は、厳しいご指導がやさしさだと気づくのに時間がかかった。福嶋先生は、いつまで経ってもピント外れなことを言う私に、基本的方角を指し示し、問題の核心が何であるかを繰り返し教えてくださった。それをどこまで理解できているのかは甚だ心もとないが、福嶋先生との出会いによって、研究のみならず、私の生き方に大きな変化が生じたことだけは確かである。

大学院に進学してからは、仏教史学合同研究室で同年代の優秀な仲間を相手に延々と議論した。議論の行きつく先は、たいてい研究主体の立場性や問題意識だった。自分自身が問われるその局面に突入すると決まって緊張した。自分の浅薄さが浮き彫りになるからである。しかし、彼らとともに議論した時間は、いまの私にとってこの上なく貴重な時間だったと確信している。私にとって本書は、あのときの議論の続きでもある。自分なりに考えて書いたつもりになっているが、あのときの議論がなければ出てこなかった言葉ばかりだろうから、本書は彼らとの共同研究のような気もする。二葉憲香という名前を知ったのもその頃だった。龍谷大学で仏教史研究をするには避けて通れない人物であるという。必死になって著作集を読んだが、よくわからなかった。仏教史の完全な把握のためには、研究主体における仏教史の成立が不可欠である、という肝心なところがいつも不安だった。いまも不安である。ただ、ずっと意識してきたし、これからもし続けたい。

やがて貧弱な内容ながらも、論文らしきものを書くようになってから、手強いライバルが増えた。絶えず強めの刺激を与えてくれる彼らは、怠惰な私でもそれなりに頑張ってみようと思わせてくれる大事な存在である。彼らの研究の速度にはついて行けそうにないが、これまで通り自分なりの研究で応答していきたい。

そうこうしているうちに、少しまとまったものを書くことができた。

本書のもととなったのは、二〇一一年一月に龍谷大学に提出した博士学位請求論文である。論文の審査は、赤松徹眞先生、林智康先生、藤原正信先生がご担当くださった。あまりに粗末な内容でうんざりなさっただろうが、審査の際には先生方が丁寧に読んでくださったことがよくわかって本当に嬉しかった。そこでいただいた多くの懇切なコメントに、本書でどれだけ応えられたのかは、正直なところ自信がない。今後の研究の大切な指針とさせていただく所存である。

こうして自分の人生を振り返ってみると、本書の刊行はほとんど奇跡的なことだと思えてならない。書き終えたいま、あのときに自分自身が考えていたことを、ほんの少しではあるけれども言葉にできたような気がしている。

最後に、本書完成までの過程で出会えた多くの先生や友人、また職場の同僚に、そしていつも温かく見守ってくれた家族に、感謝の言葉を記しておきたい。ありがとうございました。これからはもう少し頑張ります。

そして、本書の刊行を支えてくださった法藏館の皆さまと、ご担当くださった田中夕子さんにも、この場を借りて御礼を申し上げたい。

二〇一三年四月八日

近藤俊太郎

日本仏教史研究叢書刊行にあたって

仏教は、普遍的真理を掲げてアジア大陸を横断し、東端の日本という列島にたどり着き、個別・特殊と遭遇して日本仏教として展開した。人びとはこの教えを受容し、変容を加え、新たに形成し展開して、ついには土着せしめた。この教えによって生死した列島の人々の歴史がある。それは文化・思想、さらに国家・政治・経済・社会に至るまで、歴史の全過程に深く関与した。その解明が日本仏教史研究であり、日本史研究の根幹をなす。

二十世紀末の世界史的変動は、一つの時代の終わりと、新たな時代の始まりを告げるものである。歴史学もまた新たな歴史像を構築しなければならない。終わろうとしている時代は、宗教からの人間の自立に拠点をおいていた。次の時代は、再び宗教が問題化される。そこから新しい日本仏教史研究が要請される。

新進気鋭の研究者が次々に生まれている。その斬新な視座からの新しい研究を世に問い、学界の新たな推進力となることを念願する。

二〇〇三年八月

日本仏教史研究叢書編集委員

赤松徹真　大桑　斉
児玉　識　平　雅行
竹貫元勝　中井真孝

近藤　俊太郎（こんどう　しゅんたろう）

1980年京都府に生まれる。2003年龍谷大学文学部史学科仏教史学専攻卒業、2008年龍谷大学大学院文学研究科博士後期課程単位取得満期退学。現在、本願寺史料研究所研究助手。文学博士（龍谷大学）。論文に「井上秀天の仏教と平和論」（『仏教史研究』第40号、2004年）、「清沢満之の信仰とその歴史的立場」（『仏教史研究』第41号、2005年）などがある。

日本仏教史研究叢書
天皇制国家と「精神主義」
――清沢満之とその門下――

二〇一三年六月二〇日　初版第一刷発行

著　者　近藤俊太郎
発行者　西村明高
発行所　株式会社　法藏館
京都市下京区正面通烏丸東入
郵便番号　六〇〇-八一五三
電話　〇七五-三四三-〇〇三〇（編集）
　　　〇七五-三四三-五六五六（営業）

装幀者　山崎　登
印刷・製本　亜細亜印刷株式会社

ISBN 978-4-8318-6041-5 C1321

日本仏教史研究叢書

【既刊】

京都の寺社と豊臣政権　伊藤真昭著　二八〇〇円

思想史としての「精神主義」　福島栄寿著　二八〇〇円

糞掃衣の研究　その歴史と聖性　松村薫子著　二八〇〇円

『遊心安楽道』と日本仏教　愛宕邦康著　二八〇〇円

日本の古代社会と僧尼　堅田　理著　二八〇〇円

日本中世の宗教的世界観　江上琢成著　二八〇〇円

近世宗教世界における普遍と特殊　真宗信仰を素材として　引野亨輔著　二八〇〇円

日本中世の地域社会と一揆　公と宗教の中世共同体　川端泰幸著　二八〇〇円

日本古代の僧侶と寺院　牧　伸行著　二八〇〇円

「精神主義」は誰の思想か　山本伸裕著　二八〇〇円

法　藏　館　　価格税別